INHALT

W0065657

Vorwort

Was geschieht,
wenn die Seele schreit,
wenn die Psyche leidet,
wenn das Gefühlsleben durcheinander ist,
wenn das Leben von Ängsten geplagt wird,
wenn sich die Seele gegen Schmerzen aufbäumt,
wenn der innere Mensch resigniert und verzweifelt,
wenn das Gemütsleben überfordert und zerrissen ist,
wenn Fühlen und Empfinden mit der Realität
zusammenstoßen,
wenn die Seele mit Tabletten und Drogen betäubt wird,
wenn das Nervensystem zusammenbricht?

In Vorträgen und Beratungsgesprächen werde ich immer wieder mit Zerrformen des Glaubens konfrontiert, mit sogenannten „ekklesiogenen Neurosen". Böse Zungen sprechen von „Pietismus-Neurosen", weil besonders fromme Menschen davon heimgesucht werden. Und in der Tat, eine falsch verstandene Frömmigkeit, eine problematische religiöse Erziehung, falsche Vorstellungen von Gott, von Nachfolge und Heiligung, fanatische Glaubensüberzeugungen und sexfeindliche Erziehungspraktiken sind die wesentlichen krankmachenden Faktoren.

Nicht die Kirche Jesu Christi macht krank, sondern ein falsch verstandener und praktizierter Glaube kann seelische Störungen und psychosomatische Schäden hervorrufen. Ekklesiogene

Neurosen fallen nicht vom Himmel. Die Betroffenen haben oft eine lange Leidenskarriere hinter sich.

Welche Glaubensfehlformen rufen seelische Störungen hervor? Welche destruktiven Erziehungspraktiken legen die Grundsteine für unglückliche Menschen und Christen? Welche Menschen und Persönlichkeitsstrukturen neigen besonders zu Störungen und Krankheiten?

Und vor allen Dingen:
- Was können Junge und Erwachsene tun, um psychisch gesund heranzuwachsen?
- Wie kann die Seele ihr Gleichgewicht wiederfinden?
- Wie können psychisch Belastete aus den Schwierigkeiten herausfinden?
- Wie kann man die Seele streicheln, stärken und befrieden?
- Wie kann therapeutische Seelsorge einen Heilungsprozeß einleiten?

Wenn die Seele schreit, dürfen Schmerzen, Verletzungen und Ängste nicht einfach *zugedeckt* werden. Eine zudeckende Seelsorge verschärft häufig das Leiden. Christen sind nicht aufgerufen, kommentarlos alles zu schlucken und zu erdulden. Wenn die Seele schreit, kann Gott sie wieder heilen und ganzmachen.

Wer die Augen zudrückt, den Kopf in den Sand steckt oder resigniert Seelenschmerzen aus Gottes Hand nimmt, ohne zu prüfen, was er selbst dazu beigetragen hat, daß die Seele leidet, der handelt nicht im Geiste Gottes.

Die Bibel zeigt Wege, die wir gehen können: „Durchforsche mich, Gott, sieh mir ins Herz, prüfe meine Wünsche und Gedanken!" (Psalm 139,23)

Seelische Störungen werden nicht verschleiert:
- Wir bitten Gott um eine Analyse
- Wir bitten den Herrn um einen detaillierten Prüfungsbericht
- Wir bitten den Heiligen Geist um eine Differentialdiagnose.
Therapeutische Seelsorger sind dabei Werkzeuge.

Eine eigenmächtige Selbsterkenntnis ist in der Regel ein Selbstbetrug:
- Wir lügen uns in die eigene Tasche.
- Wir rechtfertigen uns.
- Wir suchen passende Alibis.
- Wir reden uns treuherzig heraus.
  Unser Herz ist bis über die Haarspitzen verlogen.

Geistliche Selbsterkenntnis beinhaltet:
- Wir müssen die Sprache der verletzten Seele verstehen, ihre Angst und Schreie.
- Wir müssen in seinem Namen innere Arbeit leisten, sie ist anstrengend und schmerzhaft.
- Wir müssen im Gebet die Abgründe unserer Seele aushalten.
  Wer diese ganzheitliche Selbsterkenntnis zuläßt, wer sich vom lebendigen Gott durchleuchten läßt, der kann mit seiner Hilfe heil werden.

Das Buch will nicht nur in Wunden herumstochern, sondern konkrete Hilfen anbieten, wie junge und erwachsene Christen mit seelischen Schwierigkeiten umgehen können.

Therapeutische Seelsorge will Glaubens- und Lebenshilfe vermitteln, „ekklesiogene Neurosen", seelische Störungen und psychosomatische Krankheiten zu erkennen.

Therapeutische Schritte und konkrete Schritte des Glaubens sollen betroffene Christen befähigen, besser mit Schwierigkeiten fertig zu werden.

Kapitel 1

Macht die Kirche krank?

Was sind „Ekklesiogene Neurosen"?

Die Bezeichnung, die laut oder leise in Gemeinden, bei Ärzten und Therapeuten Verwendung findet, beinhaltet:
Ekklesia = Kirche,
ekklesiogen = durch die Kirche verursacht.

Es handelt sich also um seelische Störungen (Neurosen), für welche die Kirche im weitesten Sinne verantwortlich oder mitverantwortlich gemacht wird.

Ein gläubiger Mensch schüttelt selbstverständlich seinen Kopf, wenn ihm zugemutet wird:

„Die Kirche Jesu Christi macht Menschen seelisch krank!"

„Die Kirche macht Christen zu Neurotikern!"

„Die Kirche ist die Ursache für psychisch Gestörte!"

Er ist der festen Überzeugung, die Kirche Jesu Christi ist:

... ein Hort der Geborgenheit,

... ein Ort der Hilfe,

... eine Stätte des Vertrauens,

... „eine Gemeinschaft der Heiligen",

... vermittelt uns Heil und Heilung für Leib und Seele.

Und doch ist es unbestreitbar, es gibt ungezählte Christen, die seelisch krank sind, die an sich, an der Kirche und im Glauben leiden und die durch mißverstandene christliche Verkündigung und Sozialisation seelisch aus dem Gleichgewicht geworfen wurden.

Woher stammt der Begriff?

Es war ein Berliner Frauenarzt, Dr. E. Schaetzing, der 1955 zum ersten Mal diesen Begriff formulierte und die Kirche beschuldigte. Er löste eine enorme Unruhe aus, die bis heute weiter schwelt. Er stach in ein Wespennest, das bis heute nicht beruhigt ist. In erster Linie verstand Schaetzing unter ekklesiogenen Neurosen Sexualneurosen, wie er sie in seiner Praxis zu Gesicht bekam und die er der Kirche in Folge einer prüden und pharisäerhaften Verkündigung zur Last legte. Auch viele Selbstmorde und Selbstmordversuche seien die unabweisbaren Folgen einer dogmatischen Kurzsichtigkeit und Borniertheit. Wörtlich heißt es in einem Aufsatz bei ihm:

„Selbstverständlich sind die Eltern die wesentlichste Zwischeninstanz für alle Erziehungsfragen; dennoch dürfte die Behauptung, daß gerade die Vertreter der Kirche für unsere Erziehung und Ausrichtung im christlichen Sinne in erster Linie verantwortlich zeichnen, kaum auf Widerstand stoßen. Als ich im Jahre 1955 zum ersten Mal den Terminus ‚Ekklesiogene Neurosen' für eine ganz bestimmte Neurosenform prägte, wurde ich wirklich mißverstanden. Ich hatte nie und nimmer behauptet, daß alle Neurosen ekklesiogen seien; auch lag mir ein Angriff auf irgendeine der verschiedenen Konfessionen oder gar auf die Religionen selber völlig fern. Meine Nomenklatur sollte lediglich *eine* Quelle der so häufigen Sexualneurosen kennzeichnen und bezog sich dementsprechend auf ein falsch verstehendes und wohl auch falsch verstandenes Christentum, das ich ‚dogmatisch' genannt hatte. Früher sagte man ‚pharisäisch'."[1]

Für Schaetzing sind ekklesiogene Neurosen:
   ... menschliche Fehlhaltungen,
   ... falsche Erlebnisverarbeitungen,
   ... Selbsttäuschungen über die Wirklichkeit,
   ... verzerrte Weltbildvorstellungen,
   ... Selbstmordgefährdungen und

... Sexualneurosen, die durch „puritanische Brutalität" der Verkündigung und falsche Erziehung im jungen Menschen hervorgerufen werden.

Schaetzing fährt schwere Geschütze auf, wenn er behauptet:

„Unter den ersten 7000 Patienten der ÄRZTLICHEN LEBENSMÜDEN-BETREUUNG litten 1 378 an neurotischen Erkrankungen. Von diesen wieder waren 513 ekklesiogenen Ursprungs. Während bei anderen Ärzten durchschnittlich 10–20% der neurotischen Patienten ekklesiogen erkrankt zu sein pflegen, sind es also in der ärztlichen Lebensmüden-Betreuung 38% vermutlich deshalb, weil zahlreiche spezifische Beziehungen zwischen ekklesiogenen Neurosen und Selbstmordgefahr einerseits und den Berufen der kirchlichen Amtsträger andererseits bestehen. Von den ersten 618 kirchlichen Amtsträgern litten 226 an schweren neurotischen Störungen, 207 davon waren ekklesiogene Neurosen."[2] Schaetzing hält die Stuttgarter Jubiläumsbibel für eine Fundgrube „ekklesiogener Neurotisierungen" und kennzeichnet bestimmte Kommentare als „geradezu haarsträubend".

Die Stelle 1. Mose 3,16: „Ich will dir viel Schmerzen schaffen, wenn du schwanger wirst; du sollst mit Schmerzen Kinder gebären ...", entspräche nicht mehr der modernen Geburtshilfe und widerspräche in makaberer Weise den Richtlinien des englischen Frauenarztes Dick Read.

Fassungslos steht er vor dem Kommentar zu 1. Mose 38,8, der Onan eine „widernatürliche Sünde der Selbstbefleckung" bescheinigt, „die der Pestilenz gleicht, die im Finstern schleicht und manches junge Leben schon vor dem Aufblühen vergiftet".

Das Thema greift er an anderer Stelle noch einmal auf und macht eine gefährliche Verkündigung und Erziehung für die unangemessenen Gewissensbisse vieler Jugendlichen in bezug auf Selbstbefriedigung verantwortlich. Unter den 7000 Patienten der ärztlichen Lebensmüden-Betreuung „... und der (186 größtenteils jugendlichen zwanghaften) Onanieskrupulanten waren durch ‚ekklesiogene' Einflüsse erkrankt. Die Mehrzahl von ihnen stand in Selbstmordgefahr. Unter männlichen Jugendlichen werden die verbreiteten Onanieschuldgefühle fast ausschließlich durch ‚ekklesiogene' Erziehung zu selbstmordgefährdender neurotischer Fehlhaltung vertieft. Da Selbstmord einer der häufigsten Todesursachen im Jugendalter ist, kommt diesen Fragen erhebliche Bedeutung zu."[3]

Der Frauenarzt Dr. Schaetzing steht mit seinen Vorwürfen nicht allein. Der Theologe und Therapeut Dr. Klaus Thomas, der Leiter der Ärztlichen Lebensmüden-Beratung in Berlin, schlägt ähnlich harte Töne an. Seine Anschuldigungen sind bedrückend.

In einer Dokumentation der Ev. Allianz nennt er erschreckende Zahlen:

„In der Bundesrepublik einschließlich Berlin (West) wird als Mindestzahl der ärztlich behandlungsbedürftig neurotisch Kranken angegeben: 3 Millionen. Ärzte, die auf ekklesiogen Erkrankte achten, geben deren Anteil meist mit 10–15%, einzelne bis zu 50% an.

Unter den bisher 22 000 Patienten der Ärztlichen Lebensmüden-Betreuung Berlin sehen wir rund 7 000 Neurotiker, davon rund 3 000 ekklesiogen Erkrankte; das entspricht rund 43%."[4]

Die sexuelle Problematik spielt bei den ekklesiogen Erkrankten eine Hauptrolle. Die Zahlen belegen, daß von den 3 000 ekklesiogen Erkrankten 2 970 Symptome zur Sprache brachten, die Onanieskrupel, Homosexualität, Perversionen, Frigidität und Impotenz beinhalteten. Ein krankmachendes Wirken der Kirche, das heißt eine krankmachende Erziehung und eine problematische Verkündigung haben in erster Linie sexuelle Schwierigkeiten im Gefolge. Woran liegt das?

Sexuelle Symptome:
... sind Spiegelbilder eines irrigen Lebensstils;
... verraten Angst, Skrupel und ein krankhaftes Gewissen;
... verraten Selbstwertstörungen und damit Beziehungsstörungen;

16

... sind Anzeichen für Menschen, die in ihrer Geschlechts-
identität Störungen aufweisen;

... demonstrieren, daß das wunderbare Geschenk Gottes an
den Menschen, sich in der Ehe körperlich-sexuell beglük-
ken zu können, mißverstanden und falsch interpretiert
wurde.

Mit welcher Einstellung sind Kinder und Heranwachsende zu
ihrem Körper, zu Liebe, Zärtlichkeit und zu Lustempfindungen
erzogen worden? Welche Gefühle wurden vernichtet und ver-
teufelt? Welche krankmachenden Schuldgefühle wurden ihnen
– bewußt oder unbewußt – durch Eltern, Sonntagsschullehrer
und christliche Mitarbeiter vermittelt?

Der Theologe Hans Wulf hat zu Recht den Begriff „ekklesiogene Neurosen" in Frage gestellt und einige kritische Anmerkungen zu E. Schaetzing und Klaus Thomas gemacht. Bei ihm
heißt es: „In den psychologischen Fachkreisen hat der Begriff
‚ekklesiogene Neurose' keinen Eingang gefunden. Bovet hat
ihn zurückgewiesen, weil hier der Kirche eine Stellung zugewie-
sen wird, die sie im wirklichen Leben gar nicht haben kann ...

Schaetzing und besonders Thomas neigen dazu, möglichst
alle Fälle von Frigidität, Potenzstörung, Homosexualität und
anderen Perversionen ekklesiogen aufzufassen und damit der
Kirche die Verantwortung zuzuschieben. Sie sind nicht weit
weg von der These, daß es ohne die Kirche diese Phänomene
nicht geben würde."[5]

Es ist nicht meine Aufgabe, die Zahlen zu untersuchen, die
Untersuchungsergebnisse anzuzweifeln und die Vorwürfe zu
verharmlosen. Wir Christen müssen uns diesen Anschuldigungen stellen und fragen, wo *heute* unsere Verkündigung pharisäi-
sche Züge aufweist, wo *heute* kindliche Gewissen unangemes-
sen belastet und verwirrt werden und junge Menschen in
neurotische Fehlverhaltensweisen verfallen, weil in christlichen
Familien und in christlichen Gemeinden biblische Wahrheiten
und Maßstäbe verengt und theologisch falsch interpretiert werden.

Seit 23 Jahren arbeite ich vornehmlich mit Christen, die an psychischen Problemen leiden, die psychosomatisch krank sind und die unterschiedlichsten Funktionsstörungen aufweisen. Ich spreche *nicht* von ekklesiogenen Neurosen, aber es ist unverkennbar, daß viele Schwierigkeiten mit Glaubensfragen zu tun haben, die jene Betroffenen falsch gehört, falsch gedeutet und falsch gelebt haben. Irrige Glaubensüberzeugungen sind nicht einfach die *Folge* von falscher Verkündigung in Elternhaus und Kirche. Glaubensfehlhaltungen sind das Ergebnis eines komplizierten Zusammenspiels von Eltern, Umständen, Persönlichkeitseigenarten, Erziehungsstilen, sozialen Faktoren und den Betroffenen, die aktiv einen solchen Lebensstil mitgestaltet haben. Wir schauen uns die Zusammenhänge genau an.

Wer ist die Kirche?

Martin Luther hatte über seinem Schreibtisch im Arbeitszimmer einen Spruch hängen: „Ich hab' sie lieb, die werte Magd."

Er meinte nicht etwa seine liebe Frau, die Herrin Käthe, wie er sie nannte, sondern er meinte die Kirche. Und der streitbare Theologe Heinz Zahrnt brachte sein Verhältnis zur Kirche auf den vieldeutigen Satz: „Ich lebe als Christ durch die Kirche, in der Kirche – trotz der Kirche."[6]

Von dem katholischen Theologen Alfred Loisy stammt der böse Satz: „Jesus hat das Reich Gottes angekündigt, und die Kirche ist gekommen." Wenn die „Ekklesia" krank macht und Neurosen züchtet, müssen wir zunächst einmal fragen, was mit „*Ekklesia*" gemeint ist.

Die Gemeinde heißt auf griechisch „*ekklesia*". Im Altertum hatten alle politischen Versammlungen diesen Namen, wenn sie durch Vertreter der Regierung oder des Magistrats zusammengerufen wurden. Das hebräische Wort wird in der griechischen Übersetzung mit „*ekklesia*" wiedergegeben. Es bedeutet die zusammengerufene Gemeinde. Sie kommt nicht aus eige-

18

nem Entschluß zusammen, sondern sie wird durch Christus zusammengerufen.

Die Gemeinde, die Ekklesia, ist der Leib Christi. Christus ist
in der Gemeinde, und die Gemeinde ist in Christus. Diese Gemeinde, dieser Leib Christi, ist eine sichtbare Größe. Sie ist die
Stadt auf dem Berge, die nicht verborgen bleiben kann (Matth.
5,14). Die Gemeinde ist „die Gemeinschaft der Heiligen", aber
nicht die Gemeinschaft mit dem Heiligenschein.

– Die Gemeinde ist nicht fehlerfrei,
– die Gemeinde ist nicht problemlos,
– die Gemeinde ist nicht perfekt.

Das Reich Gottes, die Herrschaft Gottes, ist nicht von dieser
Welt und doch: Sie ist sichtbar, fühlbar, hörbar, ein Unterneh-
men Gottes und doch auch ein menschlicher Betrieb. Das
„Bodenpersonal Gottes" zeigt viele Macken, und doch sind es
die Herausgerufenen Gottes, seine Heiligen, Menschen, die zu
ihm gehören. Ihre Glieder zeigen Schwächen, Defizite, Störungen, Ärgernisse und Krankheiten. Gemeindemitglieder sind be-
gnadigte Sünder, aber es sind Sünder, Menschen aus Fleisch
und Blut, die irren können.

Menschen, die zum Leibe Christi gehören, zur Ekklesia, sind
Menschen, die „jenseits von Eden" leben. Die Vertreibung aus
dem Paradies hat dem Menschen eine Welt mit Dornen und Di-
steln beschert. Sünde, psychische Störungen, ekklesiogene Neurosen und Krankheiten gehören zum Alltag des Menschen und
Christen. Mit dem Sündenfall haben alle Beziehungen des
Menschen einen Knacks bekommen.

– Seine Beziehungen zu *Gott* sind gestört,
– seine Beziehungen zum *Mitmenschen* sind gestört,
– seine Beziehungen *zu sich selbst* sind gestört.

Christus ist in die Welt gekommen, diese gestörten Beziehungen
auf allen Ebenen zu heilen. Seine Erlösung ist hundertprozen-

tig, aber das Heilwerden des Menschen kann ein langwieriger Prozeß sein.

Die Folgen schlechter Gewohnheiten

Der Leib Christi, die Gemeinde oder Kirche, erfährt durch Verkündigung, Seelsorge und wechselseitige Beeinflussung der Glieder untereinander eine Vermittlung von Werten und Überzeugungen, die positiv und negativ ein Gemeindebild prägen können. Eine problematische Erziehung fördert problematische Gewohnheiten.

– *Gewohnheiten* sind erlernte Schemata des Handelns, Denkens und Fühlens. Diese Schemata sind nicht angeboren.
– *Gewohnheiten* sind Verhaltensmuster, die wir Christen von klein auf in unseren Lebensstil eingebaut haben.
– *Gewohnheiten* sind positive und psychisch belastende Engagements, die der Mensch eintrainiert hat, um sein Leben zu gestalten.
– *Gewohnheiten* sind imitierte, neu erlernte, kreativ gestaltete Umgangspraktiken. Sie haben den Sinn, die Ziele des Lebensstiles zu erfüllen.
– *Gewohnheiten* können neurotische Verhaltensweisen beinhalten, die automatisch funktionieren, um sich vor Lebensaufgaben zu drücken.
– *Gewohnheiten* werden zu Wiederholungszwängen, die mehr oder weniger zwangsmäßig neurotische Muster chronisch auflaufen lassen. Für jede Neurose sind chronische, gewohnheitsmäßig verlaufende Verhaltensmuster bestimmend.

Wie können destruktive Gewohnheiten neurotische Verhaltensmuster spiegeln?

- *Der Abhängige* hat sich angewöhnt, Probleme und Schwierigkeiten im Alkohol zu ertränken oder mit Drogen und Tabletten zu betäuben;
- *der Angstkranke* hat sich angewöhnt, mit extremer Angst vor der Front des Lebens wegzulaufen;
- *der Zwangsgestörte* hat sich angewöhnt, mit Zwangsimpulsen, Zwangsgedanken und Zwangshandlungen bestimmte Lebensaufgaben zu vernachlässigen;
- *der krankhaft Ehrgeizige* hat sich angewöhnt, mit übertriebener Gewissenhaftigkeit, mit Übermoral und Pedanterie menschlich und geistlich erfolgreich zu sein.

Es gibt viele ungeistliche Ziele, die mit destruktiven Gewohnheiten verfolgt werden. Das teuflische ist, daß viele fromme Christen von ihren Gewohnheiten überzeugt sind.

- Sie verwechseln fromme Leistung mit Heiligung,
- sie verwechseln Ehrgeiz mit Nachfolge,
- sie verwechseln Perfektionismus mit Vollkommenheitsstreben.

Wie sagte der englische Theologe Oswald Chambers: „Vollkommenheit der Christen beinhaltet, sich immer vollkommener auf Jesus zu verlassen." Nicht die eigene Leistung ist gefragt, sondern das Vertrauen auf den Herrn. Wenn wir unseren Lebensstil ändern, wenn wir Buße tun und eine Gesinnungsänderung vornehmen, müssen wir neue Verhaltensmuster eintrainieren, müssen wir neue Gewohnheiten einüben. Sie kosten Zeit und müssen regelmäßig gepflegt werden. Wie heißt es von Jesus: „Er ging wie *gewohnt* zum Ölberg, und seine Jünger folgten ihm" (Luk. 22,39).

Gute „Gewohnheiten sind wie Eisenbahnschienen der Menschen", sagte der Filmschauspieler Gustav Knuth.

Ein falsch verstandener Glaube ist mit *schlechten* Gewohnheiten verknüpft. Gewohnheiten spielen im Christenleben eine große Rolle. Das deutsche Wort Gewohnheit hängt sprachgeschichtlich mit *wohnen* und mit *Wonne* zusammen. Durch bestimmte Gewohnheiten macht sich der Mensch das Leben behaglich.

Die Gewohnheit ist eine starke Macht, sie erleichtert uns das Leben. Sie kann aber auch das Leben tyrannisieren. Schlechte Gewohnheiten sind wie Bazillen, die in uns leben und die sich schwer verarbeiten lassen. Neurotische Gewohnheiten wohnen in uns. Wir sind mit ihnen „verheiratet". Alfred Polgar formulierte sogar: „Gewohnheiten sind wie Fingerabdrücke des Charakters." Gewohnheiten sind lebensnotwendig. Sie erlauben es uns, unzählige Handlungen ohne ein großes Maß an bewußtem Denken, Mühe oder großer Aufmerksamkeit durchzuführen, z. B.

... wenn wir uns die Schuhe zubinden,
... wenn wir uns ein Hemd zuknöpfen,
... wenn wir mit dem Fahrrad fahren,
... wenn wir Schreibmaschine schreiben,
... wenn wir Auto fahren.

Was verstehen wir allgemein unter Neurosen?

Im Grunde ist es ein Sammelbegriff für alle psychischen Erkrankungen und seelischen Schwierigkeiten. Neurosen spiegeln Störungen im *Erleben* und im *Verhalten* wider. Neurotiker verhalten sich unangepaßt. In der fachlichen Beurteilung gibt es zwei Aspekte: Der eine untersucht stärker die Entstehungsursachen, der andere untersucht die Verhaltenseigenarten. Psychische Störungen können körperlich, sozial und psychologisch begründet sein. Auch okkulte Belastungen können tiefgreifende seelische Probleme hervorrufen. Viele Fachleute wehren sich gegen die Etikettierungen von Menschen und versuchen eher, die Störungen und Krankheiten zu beschreiben und die unterschiedlichsten Verhaltensmuster zu definieren.

Psychische Störungen – die Bausteine des Modells

Die Entstehungsgeschichte psychischer Störungen hat der Psychiater Samuel Pfeifer hilfreich beschrieben. In seinem Erklärungsmodell ist der biblische Hintergrund hineingenommen.

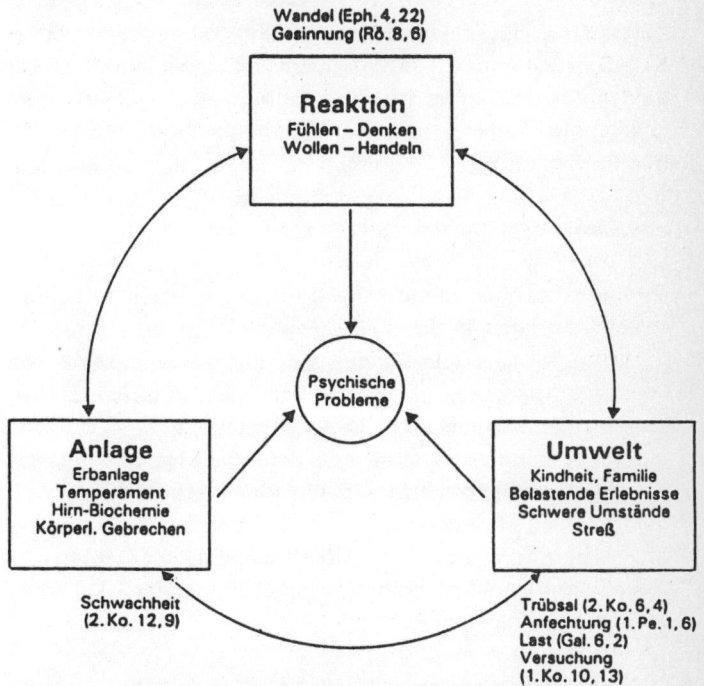

Aus: Samuel Pfeifer Die Schwachen tragen, Brunnen Verlag, Gießen 1988, S. 56

Was macht dieses Erklärungsmodell deutlich?

1. Das biblische Menschenbild läßt es zu, seelische Störungen und menschliches Fehlverhalten zu verstehen. Das Erklärungsmodell ist fachlich fundiert und biblisch orientiert.

2. Es gibt nicht einseitige *Ursachen* für psychische Störungen und Neurosen, sondern mehrere Faktoren (Anlage, Umwelt und Reaktionen) beeinflussen sich gegenseitig. Was hat der Mensch aus Umwelt und Vererbung gemacht? Welche Strategien – positive und destruktive – hat der Mensch entwickelt, um sein Leben zu meistern?

3. Es ist ein Erklärungsmodell, daß leichte, mittlere und schwerere Störungen und Erkrankungen erfaßt. Mal wird stärker die *Anlageseite* oder die Disposition des Betroffenen bedacht, also seine Erbanlage, Geburtsschäden, körperliche Gebrechen und sein Temperament, mal werden die *Umwelteinflüsse*, soziale Faktoren, die Erziehung, belastende Erlebnisse im Zwischenmenschlichen stärker gesehen.

4. Ein nicht zu übersehender Faktor in der Entstehung psychischer Störungen ist das *Temperament*. Das Wort Temperament kommt aus dem Lateinischen und bedeutet soviel wie „richtige Mischung". Früher meinte man „die richtige Mischung der Körpersäfte". Diese Vorstellung ist falsch und überholt, heute verstehen wir darunter die Mischung unserer vier Persönlichkeitsmerkmale. Wir sprechen vom Choleriker, Sanguiniker, Melancholiker und Phlegmatiker. Es sind Charakterisierungen aus dem Altertum, heute werden in der Psychiatrie und Psychologie weitgehend andere Typenbezeichnungen bevorzugt.

Für die Beurteilung von seelischen Krisen und Krankheiten spielen sie allerdings eine Rolle. Für das Verständnis der vier Temperamente sind folgende Hinweise hilfreich:

– Grundlegende Muster der Persönlichkeit sind von der Geburt her angelegt. Das vorherrschende Temperament ist ein angeborener Grundriß der Seele.
– Die vier Temperamente oder Persönlichkeitsmerkmale sind in ihrer Mischung bei jedem Menschen verschieden. Typenei-

genarten, die im Vordergrund stehen, oder Persönlichkeitsstrukturen, die im Hintergrund stehen, ergeben in ihrer Mischung diese einmalige Persönlichkeit.
- Die Mischung, wenn wir sie richtig einschätzen können, beinhaltet, wie weit emotionale, rationale, impulsive, nach-
denkliche oder willensstarke Aspekte im Vordergrund stehen. Diese Eigenschaften können sich als *Baumaterial*
durch Umwelt, Erziehung und durch die schöpferische Aktivität des Menschen zu positiven oder mehr negativen Verhaltensmustern entwickeln.
- Temperament oder Persönlichkeitsstruktur sind nicht einseitig gut oder schlecht. Jede Persönlichkeit zeigt Stärken und
Schwächen. Durch das Zusammenspiel der Faktoren Vererbung, Umwelt und schöpferische Reaktionen bilden sich
auch neurotische Strukturen heraus.

5. Samuel Pfeifer arbeitet mit dem biblischen Begriff der
   Schwachheit.
   In ihm sind psychische Störungen beschrieben, die auf Anlage, Umwelt, Temperament, eigene Schuld, Geburtsschäden
   und belastende Erlebnisse zurückgehen. Der Wortstamm
   „schwach" umfaßt eine Fülle hebräischer Worte im Alten Testament, die folgende Leiden widerspiegeln:

   ... ein Mensch *strauchelt,*
   ... ein Mensch *verschmachtet,*
   ... ein Mensch ist *krank,*
   ... ein Mensch ist *gebrechlich,*
   ... ein Mensch ist *welk,*
   ... ein Mensch ist *matt.*

Eine geistliche, körperliche und sittliche Kraftlosigkeit ist gemeint. Der Begriff Schwachheit ist im Neuen Testament
durchweg mit dem Wort „asthenes" wiedergegeben. Es klingt
in dem Wort der medizinische Fachausdruck „asthenisch"
mit. Ein Astheniker ist ein schwacher, ein kraftloser und ein

empfindsamer Mensch. Seine Begrenztheit und seine Unvollkommenheit sind Kennzeichen des Irdischen und
Menschlichen. In den Evangelien übersetzt Luther die grie-
chische Vorlage „asthenes" mit „Krankheit". Das Wort spiegelt am deutlichsten Unzulänglichkeit *und* Sündhaftigkeit
wider. Es ist eindeutig, daß Christus in erster Linie zu den
Schwachen, Sündern und Kranken gesandt wurde und nicht
zu den Gesunden.

Jesus antwortete ihnen (den Pharisäern) mit den Worten:
„Die Gesunden haben keinen Arzt nötig, wohl aber die Kranken; ich bin nicht gekommen, Gerechte zu berufen zur Be-
kehrung, sondern Sünder" (Luk. 5,31 f.).

Samuel Pfeifer kommentiert:

„Aber sie (biblische Autoren) beschreiben immer wieder
Menschen, die ohne eigene Schuld schwach und behindert
waren, sei es von Geburt, sei es durch spätere Ereignisse.
Man begegnet in der Bibel Menschen mit verschiedenen
Charaktereigenschaften, vom überschwenglichen Petrus bis
hin zum zweifelnden Thomas. Man liest von den Magenbe-
schwerden des Timotheus und von den rasenden Schmerzen
des Paulus, die ihn an den Rand der Verzweiflung trieben."[8]

6. Die Macht der Gedanken. Der Begründer der „rational-
emotiven Therapie", der amerikanische Therapeut Albert Ellis, der jahrzehntelang ein handfester Freudianer war und
sich dann völlig von der Psychoanalyse abwandte, beschreibt
die Neurose frech und ungeniert so:

„Wie ich an anderer Stelle erklärt habe, kann man eine Neurose im wesentlichen als ein unintelligentes Verhalten eines
intelligenten Menschen definieren."[9]

Wie Alfred Adler knüpft er bei den Stoikern an, die im 1.
Jahrhundert vor Christus mit dem Philosophen Epiktet for-
mulierten:

„Die Menschen werden nicht durch Dinge beunruhigt, sondern durch die Ansichten, die sie darüber haben."

Dauerhafte negative Emotionen, psychische Störungen und

schwere seelische Konflikte entstehen wesentlich durch *falsches Denken*. Neurotiker sind im allgemeinen Menschen, die voll funktionsfähig sein könnten, wenn nicht ineffektive und irrationale Gedanken und Vorstellungen sie beeinträchtigen würden.

Neurotiker blockieren sich

... durch ihre falschen Glaubenssätze (durch Misbeliefs), wie Ellis die irrigen Überzeugungen markiert;
... durch irrige Grundannahmen, die sie eintrainiert haben und die sie über alle Ereignisse und Erlebnisse stülpen,
... durch falsche Schlußfolgerungen und Katastrophenerwartungen. Dadurch stellt sich der Neurotiker ein Bein und zahlt einen hohen Preis für seine unrealistischen Ängste und abnormen Befürchtungen.

Auch die Bibel macht deutlich, daß unsere *Überzeugungen* und unsere Gedanken eine Sache positiv oder negativ hinstellen.

Paulus formuliert es zweifelsfrei:

„Zwar steht für mich unerschütterlich fest, daß es nichts gibt, durch dessen Berührung der Mensch vor Gott unrein wird. Ich kann mich dafür auf Jesus, den Herrn, berufen. Aber wenn einer davon *überzeugt* ist, daß ihn etwas unrein macht, dann *ist* es für ihn auch unrein" (Röm. 14,14).

Die Theologen sprechen von den sogenannten „adiaphora", von den Mitteldingen, die indifferent sind, weder gut noch böse. Sie werden gut oder schlecht durch ihre Handhabung. Es gibt Dinge, die jemanden, der *stark* im Glauben ist, nichts anhaben können. *Schwache* dagegen verteufeln alles, reagieren mit einem Gewissen, das funktioniert wie eine Briefwaage. Ihnen steckt die Angst in allen Poren, und sie produzieren die unglaublichsten Befürchtungen. Die Liebe zum Nächsten verlangt allerdings, daß der *Schwache* respektiert wird und der sogenannte *Starke* seine Wirkung auf den Mitchristen bedenkt.

7. Wie kommt die therapeutische Seelsorge an psychische Störungen und an Neurosen heran?

„Die Fragestellung in Psychiatrie und Seelsorge lautete häufig: ‚Wie kommt es dazu, daß ein Mensch so gestört ist, und wie kann er geheilt werden?‘ (kausal-therapeutisch). Ich möchte dafür plädieren, wieder zu fragen: ‚Wie wird es möglich, daß ein Mensch trotz seiner Schwachheit und seiner Lasten das Leben bewältigen kann?‘ (final-rehabilitativ)."[10]

Wir sind nicht ausschließlich schicksalhaft so geworden und müssen nicht alle Hoffnung fallenlassen, heil und gesund zu werden.

Wir werden aufgerufen,
. . . den alten Menschen abzulegen,
. . . uns von selbstsüchtigen Wünschen zu befreien,
. . . unsere Gesinnung vom Geist Gottes erneuern zu lassen.

Das heißt, daß die Gesinnungsänderung und die Lebensstilkorrektur Geschenke Gottes sind. Die therapeutische Seelsorge psychischer Störungen und Neurosen soll an anderer Stelle eingehend besprochen werden.

Die Neurose als Kunstgriff der Seele?

So hat Alfred Adler das Wesen der Neurose gekennzeichnet. Aber es gibt verschiedene Entwicklungsmodelle. Unterschiedliche therapeutische Schulrichtungen geben Definitionen, die den Sinn der Neurose beleuchten. Was sie ausdrückt, welchen Sinn sie hat und was der Mensch mit ihr zur Sprache bringt, soll an Zitaten belegt werden, die von vielen Autoren formuliert wurden.

Was ist eine Neurose?

„Neurotische Erkrankungen sind nicht Krankheiten in naturwissenschaftlichem Sinne, sondern Verhaltensweisen, die einen starken Rückzug von den Anforderungen des Lebens bedeuten" (Henry Jacoby).[11]

„Der Neurotiker entzieht sich den Spielregeln der Allgemeinheit und folgt seiner privaten Logik" (Henry Jacoby).[12]

„Der Neurotiker ist nicht nur emotional krank – er befindet sich kognitiv im Irrtum" (Abraham Maslow).

„Grundsatz: Ein Mensch mit ‚neurotischen Symptomen‘ darf nicht nur als krank betrachtet werden. Jeder Mensch hat gesunde und kranke (dysfunktionale) Anteile. Jeder hat Symptome, unter denen er leidet und die ihn behindern. Aber auch Möglichkeiten der Entfaltung und der Unterstützung in der Lebensbewältigung" (Samuel Pfeifer).[13]

„Der Mensch ist eine Leib-Seele-Geist-Einheit. Solange nur vom Leib und Seele die Rede ist, kann nicht von Ganzheit die Rede sein. Das Geistige ist der Personenkern des Menschen. Störungen in dieser geistig-personalen Lebenssphäre führen zu einem Sinnverlust und zur sogenannten ‚noogenen Neurose‘" (Viktor E. Frankl).[14]

„Die Neurose ist eine im Unbewußten lagernde, seelisch begründete Fehlhaltung des gesamten Organismus" (J. H. Schultz).[15]

„In Übereinstimmung mit unserer Betonung der Verantwortung und Verantwortungslosigkeit treten wir Therapeuten dafür ein, auf die üblichen psychiatrischen Etiketten wie Neurose und Psychose zu verzichten. Wir beschränken uns auf das tatsächliche Verhalten des Patienten ... Wir hoffen, daß der Leser verantwortlich für geistig gesund und unverantwortlich für geistig-seelisch gestört einsetzen wird" (William Glasser).[16]

„Was wir gewöhnlich ‚emotionale Störung', ‚Neurose', oder ‚Geisteskrankheit' nennen, besteht dennoch weitgehend aus Forderungen – wie ich sie jetzt nenne –, aus *Mußturbieren*. (Es handelt sich um irrationale Überzeugungen, um Muß- und Sollappelle.)"[17]

„Psychisches Fehlverhalten kann also auch definiert werden als Abfolge und als Ergebnis pathologischer Lernvorgänge, wobei hier emotionale und kognitive Verhaltensmuster zusammenwirken" (Erwin Scharrer).[18]

Was machen diese Definitionen deutlich?

1. Die Neurose ist ein Begriff, der bis heute in aller Munde ist und von Laien und Fachleuten unterschiedlich gewichtet wird. Psychische Störungen und Neurosen werden von mir bedeutungsgleich verwendet. Es ist hilfreich, den Begriff zu umgehen und das anstehende Symptom, das Verhaltens- und Einstellungsmuster genau zu beschreiben.

2. Die Neurose ist ein unbewußt eintrainiertes Verhaltensmuster. Der Neurotiker glaubt, nur auf diese Weise sein Leben meistern zu können.

3. Neurosen werden von vielen Fachleuten nicht als Krankheit, sondern als Fehlverhalten, als unverantwortliches Handeln, als falsch eintrainiertes Lernmuster, als irrationale Überzeu-

gung und als Ergebnis von Glaubensfehlhaltungen und Glaubensfehleinschätzungen charakterisiert. Nur *schwere* Neurosen sind Krankheiten.

4. Neurosen sind Etikettierungen, die nicht weiterhelfen. Sie zeigen unbewußt arrangierte Verhaltensmuster, um das Leben verantwortungslos zu gestalten.

5. Neurosen oder psychische Störungen sind das Ergebnis von drei Faktoren: von genetischen Einflüssen, von Erziehungsfehlformen und von mißlungenen Beziehungen.

6. „Was fehlt also den ,seelisch Kranken'? Ihre Schwierigkeiten liegen in ihnen selbst, sind selbst verursacht. Der gefallene Mensch entfernt sich von Gott. Der Mensch ist in Sünde geboren, geht in die Irre von Geburt an (Psalm 58,4) und wird deshalb ,natürlicherweise' sündhafte Schliche versuchen, um seiner Sünde nicht ins Auge sehen zu müssen ... Man ist je länger desto mehr davon überzeugt, daß viel abwegiges Verhalten als Maske dient, die die Aufmerksamkeit von anderem abwegigen Verhalten ablenken soll", schreibt J. E. Adams unmißverständlich in seiner nuthetischen Seelsorge.[19]
Adams wehrt sich mit aller Macht gegen eine Therapie und Seelsorge, die die Verantwortung kleinschreibt und sie auf Umstände, auf die anderen, auf die verunglückte Kindheit und auf die Vergangenheit abschiebt, obschon alle diese Faktoren die psychische Störung mit installiert haben.

7. Psychische Störungen sind das Produkt eines „arglistigen Herzens".
„Arglistig ist das Herz, mehr als alles andere, verschlagen ist es; wer kann es ergründen? ,Ich, der Herr, erforsche das Herz und prüfe die Nieren, und zwar um einem jeden zu vergelten nach seinem Wandel, nach der Frucht der Taten'" (Jer. 17,9–10).

31

Die verschiedenen Übersetzungen der Jeremia-Worte verdeutlichen, wie hinterhältig, wie abgründig und verlogen das menschliche Herz sein kann. Das Herz ist das Zentrum unseres seelischen Lebens und Erlebens. Es spiegelt Angst und Freude, Lust und Schmerz, Wahrhaftigkeit und Heuchelei, Hochmut und Demut wider. Es stimmt: „Das Dichten und Trachten des menschlichen Herzens ist böse von Jugend auf" (1. Mose 6,5). Das Herz ist in der Tat eine Mördergrube. Es gibt nichts, was das Herz nicht erfinden, programmieren, manipulieren und in Bewegung setzen kann.

Wie können sich ekklesiogene Neurosen äußern?

Schaetzing und Thomas haben diese frommen Neurosen auf Sexualstörungen und Selbstmordanfälligkeit eingeengt. Sie spielen aber nicht die ganze Bandbreite von Glaubensproblemen und -störungen wider, die junge und erwachsene Christen in Seelsorge und Beratung ansprechen. Glaubens- und Lebensprobleme sind nicht auseinanderzudividieren. Der Mensch ist eine untrennbare Einheit und demonstriert im zwischenmenschlichen Umgang, in Ehe und Familie, im Privatleben und im Gottesdienst, in der Bibelstunde und am Arbeitsplatz, welche Glaubensüberzeugungen sein Tun und Lassen lenken. Störungen in einem Bereich beeinflussen sofort den anderen. Unbestreitbar gilt von daher:

– Eheprobleme und Familienschwierigkeiten sind *auch* Glaubensprobleme,
– psychosomatische Störungen und Krankheiten sind *auch* Glaubensprobleme,
– psychische Verhaltensauffälligkeiten und psychoneurotische Schwierigkeiten sind *auch* Glaubensprobleme.

Nahtlos und undifferenziert gehen die verschiedenen Dimensionen ineinander über. Wer die verschiedenen Bereiche trennt, trennt willkürlich und steht im Widerspruch zum biblischen Denken.

Ekklesiogene Neurosen – mögliche Äußerungsformen bei Christen:

. . . Zwangsneurotische Verhaltensmuster

. . . übertriebene und unlogische Ängste

. . . Magen- und Darmbeschwerden

. . . andauernde Kopfschmerzen

. . . fanatische Frömmigkeit und

. . . Verkrampfungen im gesamten Körperbereich

. . . narzißtische Depressionen

. . . krankhafte Unzufriedenheit und Unglücklichsein

. . . überstarke Befürchtungen und Skrupel

. . . abnorme Befürchtungen, verworfen zu sein

. . . christlich gefärbte Allmachtsphantasien

. . . krankhafte Schuldgefühle

. . . wahnhafte Versündigungsgedanken und -phantasien

. . . wahnhafte Störungen (Liebeswahn, Größenwahn, Eifersuchtswahn, Verfolgungswahn)

. . . krankhafter Ehrgeiz

. . . Arbeitssucht (Workaholismus)

. . . Abhängigkeit von Alkohol, Drogen und Tabletten

. . . organisch bedingte psychische Störungen, hervorgerufen durch psychotrope Substanzen = Stoffe mit spezifischer Wirkung auf psychische Funktionen

. . . Eßstörungen (Pubertätsmagersucht, Freßsucht und Freß-Brechsucht)

Welche Erziehungseinstellungen frommer Eltern können neurotische Verhaltensmuster hervorrufen?

Da ist Familie Müller. Sie haben zwei Söhne im Alter von 16 und 18 Jahren. Der Vater ist Finanzbeamter und ein angesehener Mann in einer Freikirche, wo er zum Ältestenrat gehört. Ihn kennzeichnen: rückhaltlose Ehrlichkeit und Wahrhaftigkeit. Er ist korrekt und übergenau. Sein Wesen ist stark zwanghaft und gesetzlich. Ordnung und Pünktlichkeit sind Tugenden, die er hoch einschätzt und die er auch von seiner Frau und den Kindern fordert. Er will vor sich selbst, vor der Gemeinde und vor Gott ein vorbildhaftes Leben führen. Darum hat er es auch im letzten Jahr abgelehnt, sich zur Wahl als Gemeindeleiter zu stellen. Er glaubt, daß seine Familie diesem hohen Ideal nicht entspricht. Die Sätze im 1. Timotheus-Brief sind für ihn wörtlich bindend, und er erlaubt sich und anderen an dieser Stelle keine Kompromisse:

„Wenn jemand die Leitung einer Gemeinde erstrebt, dann sucht er eine große und schöne Aufgabe. Ein Gemeindeleiter soll ein Mann sein, an dem es nichts auszusetzen gibt . . . Er muß ein guter Familienvater sein und Kinder haben, die ihn achten und ihm gehorchen" (1. Tim. 3,1–4).

Bei seinem Ältesten sind die Forderungen und Erwartungen des Vaters voll erfüllt, er ist strebsam, gehorsam, inzwischen getauft, leitet eine Jungschar, hilft in der Sonntagsschule mit, spielt Posaune und respektiert den Vater auf der ganzen Linie.

Die Mutter ist dem Mann untertan, wie es die biblische Botschaft verlangt. Ihr fällt es nicht schwer, sich unterzuordnen und anzupassen. Sie steht hinter den Forderungen ihres Mannes und bemüht sich redlich und aufrichtig, die Ehe nach biblischen Maßstäben zu erfüllen. Mann und Frau sind 20 Jahre verheiratet. In diesen 20 Jahren hat sie gelernt, ihre Wünsche und Bedürfnisse zurückzustellen.

Nur der Jüngste sorgt für Unruhe und Aufregung in der Familie. Seit dem Kindergarten ist er ein Rebell und opponiert gegen alle Gebote und Verbote. Vom Vater hat er als Kind viel

Schläge bekommen und Hausarrest. Er strebt nach draußen, in die Freiheit, heraus aus dem Zwang der „pietistischen Versklavung als Kind".

Der Bruder wird ihm als Vorbild vor Augen gestellt. Der ist Vaters Liebling, kassiert viel Geld für gute Noten, während der Jüngste in der höheren Schule immer schlechter wird. Nach dem Essen hält er's zu Hause nicht mehr aus, er rennt zu seinen Freunden, die die Eltern für böse, abgefeimt, schlecht und sittenlos halten. Je mehr die Eltern Vorhaltungen machen, desto mehr schätzt er dieses „Gesindel", wie Vater die Freunde charakterisiert. Der Jüngste heißt Johannes, ist aber alles andere als lieb und gefällig. Von klein auf wird er gezwungen, mit in den Gottesdienst zu gehen und versucht, durch Unsinn-Machen, durch Dazwischen-Reden und Stinkbomben-Werfen, nach Hause geschickt zu werden.

Einmal im Monat müssen die Eltern zur Schulleitung kommen, weil der Jüngste im Physikraum eine Explosion ausgelöst und obszöne Worte an die Schulwände gespraytt hat. Weil die Eltern sexuell sehr prüde sind, provoziert er sie mit Pornos, die er auffällig unter dem Kopfkissen liegenläßt. Über einen Besenstiel hat er ein Präservativ gezogen und die Mutter in einen Weinkrampf gestürzt. Er kommt regelmäßig in die Beratung, und ich kann vernünftig und ruhig mit ihm reden. Schon in der ersten Begegnung sagte er zu mir: „Ich heiße zwar Johannes, aber mit dem frommen Bruder im Neuen Testament habe ich total nichts am Hut."

Was macht dieses Beratungsbeispiel deutlich?

1. Johannes ist das Paradebeispiel eines Kindes, das sich in einer überstrengen Atmosphäre in die neurotische Rebellion gedrängt sieht. Es hatte keine Chance, mit dem überartigen Bruder zu konkurrieren. Johannes geriet in die Rolle des *Sündenbocks*, der Bruder in die Rolle des *Musterkindes*.
   Das Beispiel erinnert auffällig an die Geschichte von Kain

und Abel. Es wiederholen sich Verhaltensmuster, die in einer frommen Atmosphäre heranreifen können.

2. Der Sündenbock hat in der Regel einen *Gegenspieler*. Der Hauptgegenspieler ist der Vater, der vom Jungen mit seinen Methoden bekämpft, bloßgestellt und fertiggemacht wird. Beide sind in einen unnachgiebigen Machtkampf geraten. Und der Machtkampf ist eine ungeistliche Aktion.
Deutlich wird, daß Gehorsam, Tugend und christlicher Glaube niemals gewaltsam und mit unerbittlicher Strenge „eingetrichtert" werden können. Der Glaube soll *bezeugt* und *gelebt*, er soll nicht aufgezwungen werden.

3. Einsicht und Rivalität, Konkurrenzstreben und Neid sind Verhaltensmuster, die in der Familie mit mehreren Kindern fast nicht auszuschließen sind. Die Geschichte von Kain und Abel, die uns als Erzählung nach der Vertreibung aus dem Paradies überliefert wird, ist ein Fingerzeig Gottes, die Geschwisterrivalität nicht zu unterschätzen. Bevorzugung, Verwöhnung und Vorrechte werden zu Sprengkörpern, die ein echtes geistliches Klima verhindern und den Glauben blockieren. Die geistliche Einstellung wird durch verborgene Sünden, durch Aggressionen und Rachegelüste verdorben. Der Mord geschieht im Gottesdienst. Die Bevorzugung des Kain durch die Eltern, besonders durch Eva, hat bitterböse Folgen. Ungewollt werden die negativen Folgen von Erziehungsfehlern zu neurotischen Fehlanpassungen.

4. Johannes lehnt den christlichen Glauben und die Gemeinschaft der Christen rundweg ab. Im Grunde kämpft er aber *nicht* gegen Gott und gegen sein Wort, er kämpft gegen die Eltern, gegen den Bruder und gegen eine fromme Welt, die ihm aufgezwungen wird.
Viele Eltern machen den Fehler, die Ablehnung des christlichen Glaubens durch ein Kind als Rebellion gegen Gott und als teuflische Verführung zu brandmarken. Was dem Teufel

in die Schuhe geschoben wird, hat mit ungeistlichen Erziehungsmaßnahmen zu tun.

5. Vater und Mutter meinen es gut und wollen als Christen das Beste. Ich werde aber nicht müde zu bekennen: Die guten Absichten der Eltern, die das Beste *für* ihre Kinder wollen, sind *Erziehungsfehler.*
   - Biblische Maßstäbe werden nicht vorgelebt, sondern aufgezwungen;
   - biblische Maßstäbe werden nicht problemlos praktiziert, sondern gefordert;
   - biblische Maßstäbe sind nicht Folgen eines lebendigen Glaubens, sondern werden als gesetzliche Pflichtübungen mißverstanden.

6. Die Gespräche mit dem Vater haben gezeigt, daß er der Gemeinde zeigen wollte, was „wirkliche Nachfolge" und „radikales Christsein" beinhalten. Er kritisierte den Pastor, die Ältesten, den Bund und entdeckte überall nur „geistliche Fäulnis", „Liberalität" und „christliche Verlogenheit". Er spürte nicht, daß sein geistlicher Hochmut und seine eingeredete Rechtgläubigkeit den Sohn in die konsequente Rebellion trieben. Die lieblose Konsequenz und erbarmungslose Strenge des Vaters forderten die lieblose Konsequenz und die Rebellion des jüngsten Sohnes heraus.

7. Johannes haßte seinen Bruder, der ihm einige Male gestanden hat, daß er froh wäre, mit 21 Jahren das Haus verlassen zu können, um endlich auch frei zu sein. „Er ist ein verdammter Heuchler und bekommt alles, was er will. Er küßt dem Vater die Füße und kriecht der Mutter in den Hintern, und bei Licht besehen, ist er ein elender Kriecher."
   Der Haß gegen Kirche, Gott und die Bibel ist ein Haß gegen Ungerechtigkeit, gegen Bevorzugung des Bruders, gegen Hochmut des Vaters und gegen die feige Unterwürfigkeit der Mutter. Johannes ist radikal, aber ehrlich.

Die Mutter hat ihn immer wieder angefleht: „Geh den unteren Weg, dann geht es dir gut!" Der „untere Weg" sei aber nicht der demütige Weg eines Christen, sondern die zu „verachtende Sklavenmoral eines elenden Feiglings". Johannes sagt es unmißverständlich, er könne seine Mutter nicht achten, sie handle nicht christlich, sondern feige, nicht demütig, sondern rückgratlos. Darum kennen Zorn und Rebellion keine Grenzen.

8. Die Bibel ist ein rückhaltlos ehrliches Buch, sie malt uns keine Heile-Welt-Familien-Geschichten vor Augen, sondern benennt die Sünden und Fehlverhaltensmuster unserer Urväter mit Namen. Wenn Isaak seinen Lieblingssohn Josef mit einem bunten Rock ausstaffiert, ihn als Spitzel für seine Brüder aufs Feld schickt, dann muß er mit dem berechtigten Zorn seiner anderen Söhne rechnen. Und nur durch ein Wunder Gottes wird Josef vor der Ermordung durch seine Brüder gerettet.

Erziehungsfehler, die gegen biblische Maßstäbe verstoßen, und selbstherrliche Praktiken haben Folgen. Mordphantasien, die laut diskutiert, und Mordabsichten, die in die Tat umgesetzt werden, sind sichere Anzeichen für „ekklesiogene Neurosen", für krankhafte psychische Fehlhaltungen, die einer biblisch unverantwortlichen Erziehung entspringen. Die Bibel hält uns einen Spiegel vor und konfrontiert uns mit Einstellungen, die psychische Störungen heraufbeschwören können.

Der Schweizer Arzt und Therapeut Paul Tournier faßt noch einmal zusammen, was fromme Eltern bei ihren Kindern mit einer problematischen Erziehung anrichten können:

„Die Psychoanalytiker haben tatsächlich in den christlichen Familien einen enorm hohen Prozentsatz von Neurotikern gefunden. Diese waren von frommen Eltern in der Atmosphäre einer starren und strengen Sittlichkeit erzogen worden. Man hatte sie von den zartesten Kinderjahren an dazu abgerichtet, schweigend zu gehorchen, die Ungerechtigkeit stumm zu ertragen, ihre Wünsche und ihre Fragen zu zügeln, gefällig zu sein, ohne je eine Gefälligkeit zu erbitten; man hatte sie dazu angehalten, ihr Lachen, ihr Weinen und ihren Durst nach Zärtlichkeit zu unterdrücken, ihre Ängste und ihre Furcht zu verbergen, sich den traditionellen Bräuchen zu fügen und in allem und jedem die Neigungen, Wünsche und Meinungen ihrer Eltern anzunehmen. Und diese Eltern beriefen sich zur Erreichung dieser blinden Unterwerfung fortwährend auf die Forderungen des christlichen Glaubens ... Später sind die Opfer einer solchen Erziehung zu Neurotikern geworden. Ängsten, Zwangsvorstellungen, Zweifeln, Hemmungen, sexuellen Perversionen oder Minderwertigkeitsgefühlen ausgeliefert, suchten diese Kranken beim Psychoanalytiker Rat und Hilfe."[20]

Fragen zur Selbstprüfung an Eltern und Erzieher

– Erziehen Sie Ihre Kinder so, daß sie schweigend zu gehorchen haben?
– Erwarten Sie, daß Ihre Kinder alle Ungerechtigkeiten stumm ertragen und erleiden?
– Wünschen Sie, daß Ihre Kinder ihre Gefühle unterdrücken, Angst und Furcht verdrängen?
– Fordern Sie, daß Ihre Kinder alte Sitten, Gebräuche und Traditionen unbedingt respektieren und einhalten?
– Berufen Sie sich bei den beschriebenen Erziehungspraktiken auf die Forderungen des christlichen Glaubens?

Die neurotische Atmosphäre

Eine große Rolle spielt in der christlichen Erziehung die *Familienatmosphäre*. Sie kann einen fördernden oder hemmenden Einfluß auf die Entwicklung des Kindes haben. Die Atmo-

sphäre kann bedrücken, einengen, die Luft abschneiden, verge-
waltigen, stumm oder rebellisch machen. Sie kann selbstverständlich auch „freundlich und warm", „liebevoll und klar"
sein.

Das seelische Klima verrät, ob über alles geredet werden
kann oder ob Enttäuschungen, Ängste und Verletzungen die
Kinder seelisch belasten und neurotisieren. Schauen wir uns
verschiedene Klimate an, die neurotisierend wirken können.

Die frostige Atmosphäre

Die Eltern verkörpern ein unterkühles Familienklima. Sie verhalten sich kühl, distanziert und introvertiert. Sie spiegeln eine
sachliche und nüchterne Atmosphäre wider. Der Glaube ist
ebenfalls versachlicht. Gefühle werden als schwärmerisch dis-
kriminiert. Leistung und Tüchtigkeit spielen eine große Rolle.
Noten und Ehrgeiz stehen im Mittelpunkt. Die Kinder lernen
und erleben keine Zärtlichkeit, keine verstehende Liebe und
keine wirkliche Partnerschaft.

Später im Leben können sie partnerschaftsunfähig, freund-
schaftsunfähig und liebesunfähig werden. Ihre Anerkennung
und Bestätigung erhalten sie *nur* über Leistung, über Erfolg,
über Tüchtigkeit und damit über *Werkgerechtigkeit.* Nachfolge
als moralische Leistung verstanden, kennzeichnet das christliche Leben. Im Glauben und Leben reagiert der Imperativ (du
sollst) und nicht der Indikativ (du bist von Gott geliebt, du bist
erlöst).

Die überbeschützende Atmosphäre

Das Kind wird daran gehindert, selbständig zu werden und eigene Lernerfahrungen zu machen. Es trainiert nicht, schwierige
Situationen zu meistern. Die Eltern trauen dem Kind wenig zu,
übernehmen selbst die Verantwortung, treffen Entscheidungen

und entmündigen ihre Sprößlinge. Die Eltern können gläubig sein, fühlen sich als Geber wohl, denn in ihren Augen gilt die biblische Regel „Geben ist seliger als Nehmen". Ihr christliches Lebensmotto lautet: „Einer trage des anderen Last, so werdet ihr das Gesetz Christi erfüllen" (Gal. 6,2).

Sie deuten ihre *Überbeschützung* als Liebe,

sie deuten ihre *Fürsorge* als geistliche Wachsamkeit,

sie deuten ihre *Verantwortung*, die völlig übertrieben ist, als Anteilnahme.

Der spätere Erwachsene entwickelt sich zum „Nehmer". Er will betreut, gelenkt und an die Hand genommen werden. Er verhält sich wie ein „Baby", lehnt sich nur an, rechnet mit den anderen und wird abhängig. Findet er als Mann oder Frau keinen starken Partner, gerät er in die Abhängigkeit von Alkohol, von Tabletten und Drogen.

Die kritiksüchtige und gesetzliche Atmosphäre

Das Familienklima wird von Nörgelei und Kritik bestimmt. Ein Elternteil oder beide sind Kritikaster. Die Atmosphäre ist gekennzeichnet durch Pessimismus und Entmutigung. Die Stimmung ist eher bedrückend und belastend. Das Leben verläuft freudlos und wird als Last empfunden. Christsein beinhaltet eine hohe Verpflichtung und keine Freude und Befreiung. Das Grundlebensgefühl wird durch Zäune, Mauern und Gitter bestimmt. Ein Wald von Verordnungen, Geboten und Verboten kennzeichnet den Alltag solcher Familien. Pflicht geht vor Neigung, das Gesetz bestimmt die Liebe. Die geistlichen Vorstellungen lauten:

... Die Sünde ist der Todfeind des ewigen Lebens;

... wer in kleinen Dingen nicht treu ist, ist es in großen erst recht nicht;

... die kleinen Füchse zerstören den Weinberg;

... der Teufel steckt im Detail;

... Christen können niemals zu eng und zu gewissenhaft sein;

... es geht nicht nur um Recht und Unrecht, es geht um Tod oder Leben;

... Kritik ist geistliche Wachsamkeit aus Liebe.

Diese Sätze sind alle geistlich richtig, nur werden sie *einseitig* betont. Die Atmosphäre ist *sündenorientiert,* und die Blicke sind auf Sünden und Fehler und nicht auf *Rettung* und *Erlösung* eingestellt. Der Familie fehlt die klare Luft der Befreiung.

Was können die Folgen sein?

Kinder und spätere Erwachsene huldigen einem ungeistlichen Vollkommenheitsstreben und dem Perfektionismus;

– Kinder und spätere Erwachsene spiegeln eine schlimme Sündenfurcht wider und engen ihren Lebensspielraum erheblich ein, um möglichen Sünden auszuweichen;

– Kinder und spätere Erwachsene werden durch wahnhafte *Befürchtungen* geplagt, sündigen zu müssen, und werden beziehungsunfähig und krank;

– Kinder und spätere Erwachsene *fliehen* aus dem Familiengefängnis, zerschlagen alle gesetzlichen Fesseln und befreien sich durch Drogen, durch anarchistische Praktiken und durch Gesetzlosigkeit.

Wenn Sündenangst die Erziehung prägt

Es handelt sich häufig um unerkannte, unverstandene und unbewußte Verhaltensmuster, die in gutem Glauben praktiziert werden und ungeahnte Folgen heraufbeschwören. Was in *gutem Glauben* für Unheil angerichtet wird, das ahnt gar kein Mensch.

Familie Oster hat drei Kinder. Einen hochsensiblen Ältesten, einen dickfelligen Zweiten und eine gesunde, tatkräftige und realistische Jüngste. Familientherapeutische Erfahrungen bestätigen mir immer wieder, daß mehrere Kinder sich gegensätzlich entwickeln und kontroverse Einstellungs- und Verhaltensmuster entwickeln. Vater und Mutter sind überaus ängstliche Menschen. Ihre Angst besteht darin, daß sie überall Sünden wittern. Übervorsichtig vermeiden sie es, Fehler zu machen und Gebote Gottes zu übertreten. Ihre Kinder werden von morgens bis abends verwarnt, Gottes Wort ernst zu nehmen, mit Sünden nicht leichtfertig umzugehen und Versuchungen tapfer zu widerstehen. Die Kinder werden mit immer neuen Möglichkeiten zur Sünde beschäftigt, weil besonders die Mutter eine geradezu hellseherische Fähigkeit besitzt, die Listen des Teufels zu ahnen.

Es ist nicht einfach, sich hineinzuversetzen, was die Kinder im Alter von 12, 14 und 16 Jahren alles an satanischen Angriffen erkennen und abwehren müssen, weil ihnen die Mutter alle Sinne dafür geschärft hat. Der Älteste ist Mutters Kind, er liebt seine Mutter über alles und reagiert am wachsamsten und hellhörigsten auf die tausend täglichen Versuchungen des Teufels. Der Zweite ist genau das Gegenteil. Er geht in die Jungschar des CVJM, glaubt kindlich und optimistisch und weiß, daß Jesus für ihn aufpaßt, daß er in Gottes Hand ist, daß der Herr sein Hirte ist, der Tag und Nacht sein Schäflein beschützt und von einer Engelschar umgeben ist, die allen Schaden und Gefahr abwendet.

Markus, der Zweite, ist ein Sonnenschein, ein Optimist, ein Sonntagskind und als Christ glücklich und zufrieden. Wie gesagt, der Älteste ist krankhaft ängstlich. Werner, so heißt er, bleibt am liebsten zu Hause, wo die teuflischen Versuchungen am geringsten sind. Die Mutter bringt ihn in die Beratung und wartet, bis er seine Sitzung absolviert hat. Mit 16 schaut er selten fern, weil die meisten Filme „mit Sünden vollgestopft" sind. In der Oberschule saß er neben einem Mädchen, das sich freundlich mit ihm unterhielt und ihn „natürlich verführen wollte". Er intervenierte über die Mutter, und die Mutter erreichte über den Klassenlehrer, daß das Mädchen versetzt wurde. In eine Badeanstalt geht er nicht der „Fleischeslust" wegen, wie er sich selbst ausdrückt. Er liegt abends stundenlang wach und kann nicht schlafen, weil er über „unzählige Lasterfallen" nachdenken muß.

Nachts wacht er auf und wird ein bis zwei Stunden von sündhaften Gedanken gequält. Er *muß* an sexuelle Schweinereien denken, er *muß* eine halbe Stunde gegen die Schweinereien anbeten und sie immer wieder beim Namen nennen. Die Mutter ist stolz auf den Sohn, der Sünden ernster nimmt, als sie selbst, und seinem Konfirmationsspruch alle Ehre macht: „Gib dein Bestes im Glaubenskampf, damit du das ewige Leben gewinnst. Zu diesem Leben hat Gott dich berufen, als du vor vielen Zeugen das gute Bekenntnis des Glaubens ablegtest" (1. Tim. 6,12).

Die Sündensuche und die Sündenangst haben inzwischen das gesamte Denken und Leben des Jungen in Anspruch genommen. Er kann nicht mehr zur Schule gehen, weil ihm überall Teufel auflauern und ihn zu Fall bringen wollen. Er hört das Lachen der Hölle und kann sich nicht mehr dagegen schützen. Ein halbes Jahr verbringt der Junge in einer psychiatrischen Klinik und wird dann mir zur Beratung überwiesen.

Eine schwere „ekklesiogene Neurose"
Was macht das Beispiel deutlich?

1. Frau Oster will das Beste für ihre Kinder. Das „Beste" ist geistlich begründet und wird intensiv gepflegt. Die Kinder werden mit *Sündenfurcht* konfrontiert. Bei einem robusten Kind richten solche Sündenanalysen und Befürchtungen weniger Schaden an. Ein sensibles Kind dagegen wird täglich tief beeindruckt. Die Seele des Kindes reagiert immer ängstlicher.

2. Das „Musterkind" identifiziert sich in der Regel mit einem Elternteil. Es will gefallen, es gewinnt Anerkennung und Bestätigung und übernimmt die mütterlichen Wertvorstellun-

gen. In unserem Fall will der älteste Sohn sogar noch die Mutter übertreffen, reagiert noch hellhöriger auf Sünden und Fallstricke des Teufels und wird dadurch zum Liebling der Mutter. Sohn und Mutter spielen sich perfekt in die Hände. Jeder erfüllt die Erwartungen des anderen. Der Sohn erfüllt die Erwartungen der Mutter, in dem er ihr geistliches Vollkommenheitsstreben nachahmt und sogar noch übertrifft. Die Mutter erfüllt die Erwartungen des Sohnes, sie ist wirklich stolz auf ihn und glücklich über seine „reife geistliche Haltung".

3. Die Tragik dieses Musterkindes liegt in der *Übertreibung*. Die *über*spitzte Sündenangst engt das Leben des Kindes immer mehr ein. Der Älteste läuft vor den Lebensaufgaben davon. Schwierigkeiten in der Schule werden von ihm zum Anlaß genommen, aus der „bösen Welt" ganz auszusteigen. Er *flieht* in die Krankheit, er flieht in die Isolation und in die Verantwortungslosigkeit, weil er der geistlichen *Über*forderung nicht mehr gewachsen ist. Die Welt wird immer bedrohlicher, die Sündenangst immer unrealistischer. Nicht eine Zwangsneurose treibt den Jungen in die Krankheit und in die psychiatrische Klinik, sondern eine geistliche Fehleinschätzung führt letztendlich in die Krankheit und in die Klinik.

4. Die „Gute Nachricht" der Bibel wird in Verkündigung und Erziehung zur „schlechten Wahrheit" umgefälscht, um hellsichtig die „Fallen des Teufels" aufzuspüren. Die *frohe* Botschaft wird unter der Hand zur *belastenden* Botschaft. Aus den Erlösten und den Befreiten werden Unglückliche, Unzufriedene und Kranke.

Kapitel 2

Wie falsche Gottesbilder entstehen

Vor einigen Jahren veranstaltete die VBG (Vereinigte Bibel-
gruppen der Schweiz) in Rasa, im Cento Valli, ein Seminar über
das Thema „Glaube und Individualpsychologie", über Glau-
bens- und Lebensfragen. Meine Frau und ich waren als Mitarbeiter eingeladen und verbrachten eine Woche mit christlichen
Lehrern in dem kleinen Ort auf dem Hochplateau. Im Rahmen
der Vorträge und Bibelarbeiten war auch eine interessante Ar-
beitseinheit geplant mit dem Thema „Ich male mein Gottesbild".

Es lagen Buntstifte, Acryl-, Wasser- und Ölfarben bereit, und
mit großen Papierbogen war nicht gespart worden. Jeder hatte
den ganzen Nachmittag Zeit, sich Gedanken zu machen, sein
Gottesbild eigenwillig und ohne Vorgaben zu Papier zu bringen. Nach dem Abendessen saßen wir in kleinen Gruppen zusammen, um uns über unsere Eindrücke und Erfahrungen aus-
zutauschen. Es waren künstlerisch wertvolle Bilder dabei,
Bögen mit grellen und leuchtenden Farben und Papierbögen
mit Pastelltönen bemalt. Einige hatten figürliche Darstellungen
gewagt, andere hatten versucht, Gott abstrakt zu verdeutlichen.

Ein erdrückendes Gottesbild

Ein Teilnehmer hatte auf einem ca. 50 cm breiten und 1 m hohen Papierbogen versucht, die Größe Gottes und den Stellenwert des eigenen Lebens darzustellen. Ein winziges Menschlein von 5 cm Größe stand verloren und ängstlich neben überdimensionalen Füßen und Beinen, die bis an den oberen Bildrand reichten. Eindrücklicher kann kein Mensch sein Verhältnis zu Gott beschreiben. Die Zeichnung spiegelt auch seine Lebensentwicklung wider. Der Vater war ein hoher Offizier im Generalstab der schweizerischen Armee. Kompromißlos, hart und korrekt regierte er in der Familie. An sich und andere stellte er höchste Forderungen. Der Junge zitterte schon, wenn er die Stiefel des Vaters im Haus hörte. Er liebte nicht, er forderte, er war nicht zärtlich, sondern korrekt. Das Bild des Vaters überträgt der junge Mann, der mit 18 Christ wird, auf den himmlischen Vater. Die Erfahrungen mit dem leiblichen werden zu Projektionen auf den himmlischen Vater.

Ein Lehrer fühlt sich klein und unscheinbar. Die Zeichnung verrät nichts von einem liebenden Vater, von Geborgenheit und Selbstvertrauen. Sich hatte er ohne Hände gemalt und deutete selbst: „Ich bin hilflos und kann nichts machen. Mir fehlen die Hände, die zupacken und das Leben gestalten." Er hat eine überdurchschnittliche Intelligenz, ist aber nicht in der Lage, den Anforderungen Gottes, den er wie einen erdrückenden Riesen erlebt, zu genügen. Die Übermacht Gottes lähmt und macht ihn handlungsunfähig.

Bei Gott ist das Paradies, bei mir ist die Hölle

Eine andere Teilnehmerin hatte einen großen Bogen Papier in zwei Hälften geteilt. Die linke war in ein leuchtendes Farbenmeer getaucht, eine farbenprächtige, harmonische Atmosphäre kennzeichnete die Bildhälfte. Eine scharfe und gerade Trennungslinie in der Mitte des Bildes trennte die wohltuende Farbkomposition von einer schwarzen und grauen Seite, die einen furchtbaren Kontrast zu der gegenüberliegenden bot. Im Hintergrund der grau-schwarzen Masse erscheint – bei genauerem Hinschauen – eine menschliche Gestalt in Umrissen, die erbarmungslos von Finsternis eingehüllt ist.

Gott auf der einen Seite, bei ihm ist alles schön, herrlich und heil, und hier der Mensch, verkörpert durch eine grauschwarze Fläche – ohne Harmonie, ohne Wärme, ohne Lichtblick. Die Grenze verrät, daß eine Verbindung fehlt, daß es keine Kontakte gibt, daß sich zwei Welten gegenüberstehen, die nicht zusammenfinden können.

Das Lebensgefühl und die Gottesvorstellung der Lehrerin sind völlig andere als die ihres Kollegen. Sie sieht in Gott nicht den bedrohenden und fordernden Herrscher, sie sieht in ihm die Fülle des Lebens, Harmonie und die Verkörperung einer heilen Welt. Bei Gott ist das Paradies, bei ihr selbst ist die Hölle. Mit ihrer Unreinheit, mit ihrer „schwarzen Seele" kann sie nicht in das Reich Gottes kommen. Die Welten sind erbarmungslos getrennt. Sie steht an der Grenze, aber bekommt kein Echo. Mit der anderen Welt möchte sie Kontakt aufnehmen, aber die dunkle Nacht würde Gott und sein Reich nur beschmutzen. Die Lehrerin glaubt, daß Christus auch für sie gestorben ist, schließlich steht es ja schwarz auf weiß in der Bibel, aber die Erlösung hat ihre abgrundtiefe Dunkelheit noch nicht erreicht. Die Frau ist ein „Schwarz-Seher" und Pessimist. Ihre Mutter war eine Perfektionistin, die von sich und den Kindern überall Vollkommenheit erwartete und nur aus Kritik bestand, jedenfalls in den Augen ihrer Tochter. „Du bist nichts, du kannst nichts, und Gott möge die Kinder vor dir schützen!" Das sind Botschaften, mit denen sie viele Jahre gefüttert wurde.

Heute steht sie von Menschen getrennt, ohne Freunde und Lebenspartner in der Welt, blickt verbittert auf ihr Lebensschicksal, plagt sich mit Selbstmitleid und glaubt, aus ihrem dunklen Gefängnis nicht entfliehen zu können. Ihr Dasein ist dunkel und schmutzig, ihre Nachfolge ungenügend. Wenn Gott sie in seine paradiesische Welt hineinnimmt, wird auch das Paradies verunreinigt. In ihren Augen ist unsere Welt verdorben, vergiftet und verseucht. Unsere Sünde hat die Erde zu einem stinkenden Ball gemacht, der von Gott nur vernichtet werden kann. Gott wird einen neuen Himmel und eine neue Erde schaffen, in denen Gerechtigkeit wohnt. Auch Christus kann diesen abgrundtiefen Sumpf nicht aufhalten.

Sind solche Gottesvorstellungen nicht absurd? Das stimmt. Aber wie kommt ein ansonsten intelligenter Mensch zu solch verschrobenen Einsichten?

Einige Seelsorger haben schon kopfschüttelnd aufgegeben. Mit vernünftigen Erklärungen ist der Frau nicht beizukommen. Sie liest die Bibel mit ihren Augen. Sie deutet die Texte mit ihrer Lebenserfahrung. Die Lehrerin fühlt sich seit der Vertreibung aus dem Paradies „jenseits von Eden". Es ist in der Tat ein Wunder, wenn ein Mensch mit einem verschrobenen Gottesbild zu einem befreiten Glauben gelangt und ein Leben in Frieden führen kann.

Was machen uns diese Gottesbildvorstellungen deutlich? Welche Gesichtspunkte lassen sich herausarbeiten?

Gesichtspunkt Nr. 1:
Jeder Christ ist einmalig

Keine zwei Teilnehmer hatten auch nur annähernd ähnliches zu Papier gebracht. Das zeigt mir: So unterschiedlich wie die Menschen sind auch ihre Gottesvorstellungen. Jeder Christ glaubt, denkt, fühlt und betet anders als seine Mitgeschwister. Jeder Mensch ist ein Original und hat originale Gottesvorstellungen. Jeder Mensch ist einmalig und hat einmalige Bilder von Gott. Diese Originalität macht den menschlichen Reichtum aus, zeigt aber auch, daß unterschiedliche Auffassungen, widersprüchliche Bewertungen und subjektive Deutungen das Zusammenleben der Menschen schwer belasten können.

Gesichtspunkt Nr. 2:
Was Bilder über schiefe Gottesvorstellungen verraten

Wenn wir zeichnen oder malen, bringen wir uns zur Sprache. Die Bilder verraten, wie wir Gott einschätzen und wie wir ihn erleben. Haben wir positive oder negative Vorstellungen? Sehen wir in Gott einen liebenden Vater oder ein kleinliches Richterprofil?

Gesichtspunkt Nr. 3:
Über die Bilder kann ich einen Menschen in seinen Glaubensvorstellungen verstehen

Seit Jahrzehnten hat die Psychologie Kinderzeichnungen, aber auch zeichnerische Einfälle von Erwachsenen gedeutet. Auch Christen bringen ihr Innerstes zu Papier und demonstrieren in Farben und gegenständlichen Darstellungen, wie sie Gott erleben, wie sie ihn verstehen und wie sie sich in ihm aufgehoben fühlen.

Eine Teilnehmerin, die schon äußerlich zufrieden und in sich harmonisch wirkte, hatte sich im Mittelpunkt eines Bildes mit einem Kopf dargestellt. Umgeben war sie kreisförmig von den Farben des Regenbogens. Ein Bild der Harmonie und des Friedens. Unter dem Bild hatte sie ein Bibelzitat angeführt, nämlich 1. Mose 9,8–17. Die Verse stehen am Ende der Noah-Geschichte. Noah war mit Frau und Kindern und vielen Tieren aus der Flut gerettet worden. Gott machte einen Bund mit Noah und seinen Nachkommen, versprach, nicht ein zweites Mal die Menschheit zu vernichten. „Dieser Regenbogen", sagte Gott zu Noah, „ist das Zeichen für den Bund, den ich jetzt mit allen lebenden Menschen mache" (1. Mose 9,17).

Die Frau kommentierte das Bild sinngemäß so: „Gott umgibt mich von allen Seiten. Ich weiß mich rückhaltlos in ihm geborgen und getragen. Und der Regenbogen ist eine Verheißung nicht nur an Noah, sondern auch an mich, daß ich in ihm das Leben habe."

Es gibt Menschen, die können rational ihre Gottesvorstellungen sehr gut verdeutlichen, aber sie können sie nicht darstellen. Es gibt Menschen, die nur mit Worten und über den Kopf ihre Gottesvorstellungen vermitteln können. Jedesmal aber kommen die Gottesbilder zur Sprache, die unser Leben bereichern und erfüllen oder die unser Leben belasten und krank machen.

Entscheidend für die therapeutische Seelsorge ist die Erkenntnis: Gott ist *nicht* so, aber eine falsche Gottesbildvorstellung und eine irrige Glaubensüberzeugung haben das Denken vieler Menschen geprägt und rufen negative Reaktionen an Leib, Geist und Seele hervor. Normalerweise ist es ein langer Prozeß, bis das biblische Vaterbild Gottes von einem Menschen gedanklich und gefühlsmäßig verinnerlicht werden kann.

– Unsere Lebenserfahrungen beeinflussen unsere Glaubenserfahrungen,
– unsere Vergangenheit wirft immer wieder Schatten auf die Gegenwart,
– unsere leibliche Kindheit spiegelt sich in der geistigen Kindschaft wider.

Wenn Gott zum Kontrolleur wird

Frau Mark ist eine Frau von 36 Jahren, hat zwei Kinder von 9 und 11 Jahren und führt als Christin ein durch und durch unglückliches Leben. Sie kommt aus einer Familie, wo das Wort *Selbstbeherrschung* zum Fetisch gemacht wurde. Vater und Mutter waren die Strenge und Gewissenhaftigkeit in Person.

„Zeit verplempern ist Sünde"!

„Sich treiben lassen, ist Unrecht vor Gott."

„Der Mensch ist das einzige Wesen, das sich beherrschen kann."

Die Worte des Vaters, er ist Lehrer an einer Gesamtschule, bestimmen das Leben des Kindes. Schreien, Aggressionen, Jähzorn und Lospoltern sind Verhaltensmuster eines unerzogenen, unbeherrschten Kindes.

„Sitz gerade beim Essen!"

„Man legt die Arme nicht auf den Tisch."

„Man verbeugt sich, wenn man die Hand gibt."

Frau Mark erlebt ihren Vater zärtlich, wenn sie tadellos Selbstbeherrschung praktiziert. Die Mutter gehorcht dem Vater und leitete seine Appelle zur Selbstbeherrschung widerspruchslos an die Kinder weiter. „Das Tier wird dressiert. Es kann nicht freiwillig sein Tun und Lassen kontrollieren. Der Mensch ist frei und kann selbstverständlich über jede Bewegung entscheiden!" Sie kann die Lebensgebote des Vaters nicht abstellen. Der Vater ist hart, und Frau Mark will ihm gefallen. Ihr Bruder ist das „schwarze Schaf". Mit 12 fing er an zu rauchen, mit 14 stahl er ein Surfbrett, mit 16 brachte ihn die Polizei nach Hause, und einen Tag nach seinem 18. Geburtstag verließ er das Haus und schloß sich den Punkern an. Sein Vater reagierte mit Herzanfällen. Die Tochter nahm sein Herzeleid auf sich und wurde ein Vorbild an Kontrolle und Selbstbeherrschung.

Sie kann heute nicht mehr in Ruhe die Zeitung lesen, weil sie vor Gott Zeit verplempert. Um 5 Uhr wacht sie auf, der Schlaf ist wie weggeblasen, sie muß grübeln über mangelnde Selbstbeherrschung und über verlorene Zeit. Sie steht auf, macht einen Tagesplan mit zig Eintragungen, den sie minutiös einhalten muß. Jede Korrektur des Zeitplanes empfindet sie als persönliches Versagen. Ihr Mann hat sich nach dem zweiten Kind scheiden lassen, weil er nicht mit einer „Verrückten" zusammenleben will. Ihr ältestes Kind kaut Nägel, näßt immer noch ein. Das zweite, ein Junge, kann nur zu Hause die Toilette benutzen. Den Schmutz und den Geruch der ungepflegten Toilette in der Schule *muß* er meiden. In ihr verstummen die Sätze des Vaters nicht:

„Gott sieht alles",
„Gott hört alles",
„Gott weiß alles."

Gott kennt ihre Gedanken und liegt wie der „große Bruder" in George Orwells Zukunftsschau auf der Lauer, jede Gedankensünde zu registrieren. Sie sieht Gottes riesiges Auge auf sich gerichtet. Er sagt nichts, er droht nicht, er schweigt. Und dieses Schweigen macht sie verrückt. In der Seelsorge sagt sie:

„Ich spüre Tag und Nacht seine durchdringenden Augen, die reglos alles registrieren. Die Bibel spricht von Gnade und Barmherzigkeit. Mein Gefühl sagt mir das Gegenteil." Das ist der springende Punkt. Die Gefühle sind nahtlos mit falschem Denken verbunden. Darum wird Frau Mark von Kopf bis Fuß von diesem falschen Denken und Glauben *beherrscht*.

- Gott ist nicht die Liebe,
- Gott ist der Aufpasser,
- Gott ist der Kontrolleur,
- Gott ist nicht barmherzig,
- Gott ist *gnadenlos*.

Der seelsorgerliche Prozeß braucht viel Zeit, die unglückliche und völlig verspannte Frau, die in der Ehe unfähig geworden war, von ihrem Kontrollzwang und ihrer krankhaften Selbstbeherrschung zu heilen. Wer sich, das Leben und die Welt uneingeschränkt kontrollieren will, muß sich überfordern.

- Er verliert seine *Gelassenheit*,
- er verliert seine *Freude*,
- er verliert seinen *Frieden*.

Frau Mark war fried- und freudlos geworden.
Das falsche Gottesbild beruhte auf einem falschen Vaterbild. Sie wollte dem Vater gefallen, wollte ein liebes und gehorsames Kind werden. Sie erlebte, daß sie Zärtlichkeit und Zuwendung vom Vater bekam,

... *wenn* sie sich rückhaltlos selbst beherrschte,
... *wenn* sie sich und das Leben kontrollierte,
... *wenn* sie sich wie ein Detektiv selbst beobachtete.

Diese Lebensgrunderfahrung übertrug sie auf Gott, als sie im Hauskreis zum Glauben kam.

Was wird der „liebe Gott" dazu sagen?

Eine solche Frage kann ein Kinderherz gewaltig beunruhigen. Empfindliche Seelen werden immer ängstlicher und schuldbeladener. Sie fühlen sich belauert und beobachtet, reagieren u. U. mit krankhaften Schuldgefühlen und verlieren allen Lebenselan.

Der Psychoanalytiker und Theologe Tilmann Moser hat in seinem Buch „Gottesvergiftung" diese Lebensgrunderfahrung gnadenlos aufs Korn genommen. In wütenden Formulierungen zieht er gegen seine „Gottesvergiftung" zu Felde. Ganze Passagen sind bissige Aufschreie gegen ein unsinniges Gottesbild, das ihm von gut meinenden frommen Eltern aufoktroyiert wurde. Was Moser berichtet, sind erschütternde Selbstzeugnisse. Er leidet unter Selbsthaß, unter seelischer Selbstzerstörung und macht für seine zahlreichen Lebensschwierigkeiten mehr oder weniger sein Elternhaus verantwortlich. Ihm wurde ein neurotisches Gottesbild vermittelt. Moser schreibt:

„Lieber Gott, ich möchte mit einem Fluch beginnen oder mit einer Beschimpfung, die mir bald Erleichterung brächte. Eine Art innere Explosion müßte es werden, die dich zerfetzte. Ich wäre dann nicht nur dich, sondern auch diese elende Beschämung los, mich noch einmal mit dir beschäftigen zu müssen ... Weißt du, was das Schlimmste ist, das sie mir über dich erzählt haben? Es ist die tückisch ausgestreute Überzeugung, daß du alles hörst und alles siehst und auch die geheimen Gedanken erkennen kannst ... In der Kinderwelt sieht das dann so aus, daß man sich elend fühlt, weil du einem lauernd und ohne Pausen des Erbarmens zusiehst und zuhörst und mit Gedankenlesen beschäftigt bist . . . und das war ja immer das Schlimmste: dich traurig machen – ja, die ganze Last der Sorge um dein Befinden lag beständig auf mir, du kränkbare, empfindliche Person, die schon depressiv zu werden drohte, wenn ich mir die Zähne nicht geputzt hatte. Also: Hosen zerreißen hat dir nicht gepaßt; im Kindergarten mit den anderen Buben in hohem Bogen an die Wand pinkeln, hat dir nicht gepaßt, obwohl gerade das ohne dich ein eher festliches Gefühl hätte vermitteln können; die Mädchen an den Haaren ziehen, hat dich verstimmt; an den Pimmel fassen, hat dich vergrämt; die Mutter anschwindeln, was manchmal lebensnotwendig war, hat dir tagelang Kummer gemacht; den Brüdern ein Bein stellen, brachte tiefe Sorgenfalten in dein sogenanntes Antlitz . . . ‚Was wird der liebe Gott dazu sagen?‘ Durch diesen Satz war ich früh meiner eigenen inneren Gerichtsbarkeit überlassen worden . . . Die ‚Selbstzucht‘, wie das genannt wurde, war mir überlassen, oder besser, der rasch anwachsenden Gotteskrankheit in mir. Du hast mir dann kaum noch Chancen gelassen, mit mir selbst ein auskömmliches Leben zu führen. Weißt du, welches Wort mich mit einer abenteuerlich tiefen Angst erfüllt hat? *Aussätzigkeit*. Dir ist es doch tatsächlich gelungen, daß ich mich wegen meiner kleinen Durchschnittssünden jahrelang aussätzig fühlte."[21]

Tilmann Moser kann einem leid tun. Er spuckt Gift und Galle gegen ein verzerrtes Gottesbild, das ihm offenbar seine Kindheit vermiest hat. Gott wird zum kleinlichen Buchhalter verfälscht, zum alten Griesgram, der Dummheiten zu schweren Sünden stempelt und überall den drohenden Zeigefinger oben hat, wenn sich Kinder einen Jux leisten. Gott wird zur Karikatur in den Augen des Kindes. Die Eltern müssen nicht objektiv solchen Unsinn vermittelt haben. Offensichtlich ist es ihnen auch nicht gelungen, die verzerrten Gottesvorstellungen zu entkräften. Unbarmherzig schlägt Moser um sich, um die bedrückenden Gottesvorstellungen abzuschütteln. Er schüttet das Kind mit dem Bade aus und will auch mit einem geläuterten Gottesbild nichts mehr zu tun haben. Auch dieses Beispiel zeigt, wie eine gut meinende christliche Erziehung einem Kind eine unnötige Last auf die Seele bindet.

Die einseitige Verkündigung

Falsche Gottesgedanken und Glaubensvorstellungen, die *einseitig* verkündigt werden, können Leib, Seele und Geist krank machen. Sie sind gut gemeint, aber nicht gut. Sie wecken falsche Erwartungen und rufen um so stärkere Enttäuschungen hervor.

Pastor Scherer vom Evangeliums-Rundfunk hat etliche dieser einseitigen Sätze herausgestellt:

„Wie kann ein falsches Gottesbild entstehen? Durch falsche, einseitige Verkündigung. Folgende Aussagen verdeutlichen das:

- ‚Mit Jesus bist du nie mehr einsam.‘ – Doch! Wer mit Jesus lebt, ist zwar nicht mehr allein (Matth. 28,20), aber einsam kann er trotzdem sein.
- ‚Bei Jesus bist du immer fröhlich.‘ – Das ist doch nicht wahr! Denken Sie nur an das Heer der Depressiven, an die von Schmerz Geplagten und von Kummer und Trauer Bedrückten.
- ‚Jesus löst alle deine Probleme.‘ – Auch das stimmt nicht! Jesus kann sie lösen, ganz gewiß. Er kann aber auch meine Einstellung dazu ändern. Er kann mir die Kraft geben, die Probleme zu tragen und zu ertragen. Ja, er kann sogar wollen, daß ich an den Problemen reife, und deswegen läßt er sie mir (2. Kor. 12,9).
- ‚Jesus gibt Antwort auf alle Fragen.‘ Nein! Es gibt in meinem Leben und im Leben vieler Nachfolger Jesu unbeantwortete Fragen.

Ein falsches Gottesbild kann auch entstehen durch eine falsch verstandene Verkündigung.

– ‚Ist jemand in Christus, so ist er eine neue Kreatur. Das Alte ist vergangen, siehe, es ist alles neu geworden' (2. Kor. 5,17).

Es ist eben nicht ‚*alles* neu geworden', sondern eine neue Schöpfung hat begonnen. Man ist Christ und muß doch erst Christ werden. Das ist aber etwas anderes, als ob ‚alles neu geworden' wäre.

– „Jesus heilte sie alle' (Matth. 12,15). Ja, die man in dieser angesprochenen Situation zu ihm brachte, aber doch nicht alle Kranken in Palästina. Es gilt auch, Krankheit anzunehmen und mit ihr leben zu lernen.

– Oder: ‚Wer in Gott bleibt, sündigt nicht' (1. Joh. 3,6). Ja, in Jesus Christus sind wir sündlos vor Gott, aber wir selbst werden, solange wir auf dieser Erde leben, sündigen, auch wenn wir es nicht müssen."[22]

Fast immer sind es Menschen, die hochsensibel reagieren und die ihren Glauben radikal leben wollen. Sie spiegeln sich eine heile Welt vor und haben es nicht gelernt, Christus realistisch in den Alltag hineinzunehmen.

„Du sollst dir kein Bild von Gott machen!"

Wir stellen fest, daß Menschen, die zum Glauben kommen, Vorurteile über Gott auch auf ihr christliches Leben übertragen. Niemand kann verhindern, daß das Gestern ins Heute hineinspielt. Mit Vorerfahrungen aus der Kindheit gehen wir ins Glaubensleben hinein. Und doch wird uns dringend ans Herz gelegt, das zweite Gebot zu halten. Der Text bei Mose lautet:

„Du sollst dir kein Bildnis noch irgendein Gleichnis machen, weder von dem, was oben in dem Himmel, noch von dem, was unten auf der Erde, noch von dem, was im Wasser unter der Erde ist: Bete sie nicht an und diene ihnen nicht!" (2. Mose. 20,4f.)

Wir sind es gewohnt, uns Bilder zu machen. Wir brauchen

Vorstellungen, um etwas zu begreifen. Wenn wir in Urlaub fahren wollen, lassen wir uns Prospekte geben, um ein Bild vom Urlaubsplatz zu bekommen. Im Geist malen wir uns den Ort, die Umgebung, die Menschen und das Wetter aus. Warum tun wir das?

Denkanstoß Nr. 1:
Bilder und Vorstellungen von Personen und Gott sind Hilfen

Wir wollen *Gewißheit,*
  wir brauchen *Klarheit,*
    wir wünschen uns *Hilfen*, um uns in der Welt zurechtzufinden. Wer ein Haus bauen will, muß einen Entwurf anfertigen. Ohne Konzeption, ohne Zeichnung, ohne Vorstellung und Bild ist der Plan nicht zu realisieren. Darum machen wir uns ein Bild vom zukünftigen Lebenspartner, den wir möchten. Darum machen wir uns ein Bild von Gott, damit wir eine Beziehung zu ihm aufbauen können.
    Und genau hier liegt das Problem. Je mehr wir uns ein festumrissenes Bild von Gott gemacht haben, auch vom Urlaubsort oder vom Partner, desto größer ist die Enttäuschung, wenn sich unsere Erwartungen nicht erfüllen. Es ist eine typische menschliche Schwäche – allerdings auch eine Hilfe –, alles in Schubladen zu ordnen, in Systeme zu bringen und in menschliche Modelle zu pressen. Die Orginalität wird leicht dabei verloren. Wenn wir Gott in ein zementiertes Bild pressen, geht es uns ähnlich.

Denkanstoß Nr. 2:
Unser Lebensstil hat etwas mit unserem Gottesbild zu tun

Unter dem Lebensstil verstehen wir:

. . . meine persönliche Welt – und Gottesvorstellung;

58

... meine persönliche Art zu denken, zu fühlen, zu leben, zu
lieben und zu glauben;
... mein persönliches Bewegungsgesetz, meine Art, mich in
dieser Welt zu bewegen;
... meine persönliche Art, Menschen, Welt und Gott zu begreifen.

Bis zum sechsten Lebensjahr etwa hat sich dieser Lebensstil
konstituiert. Wie die Leitmelodie eines Musikstücks begleitet er
uns durchs Leben. Er liegt nicht unumstößlich fest, aber er gibt
unserem Leben einen bestimmten Rahmen. Wir benutzen ihn
unbewußt, wie eine Schablone, die wir über alles legen, um uns
zu orientieren. Dieser Lebensstil

... ist wie ein *Raster*,
... ist wie ein *Vorurteil*,
... ist wie eine *gefärbte Brille*, die auch unser Gottesbild eingefärbt hat.

Die Pädagogin Margret Enni ließ in einer Klasse Aufsätze
schreiben mit dem Thema: „Mein Vaterbild – mein Gottesbild". Es war verblüffend: Die Kinder sprechen die gleichen Erfahrungen aus über den irdischen Vater und über den himmlischen Vater. War der leibliche Vater ein Tyrann, zeigte auch der
himmlische Vater tyrannische Züge. Mußte das Kind dem irdischen Vater bedingungslos gehorchen, erwartete das Kind auch
vom himmlischen Vater, daß er von seinen Geschöpfen bedingungslosen Gehorsam fordert. Wurde das Familienoberhaupt
als warmherzig, nachsichtig und verständnisvoll erlebt, zeigten
auch die Züge des himmlischen Vaters in den Augen des Kindes entsprechende Züge. Hatte der große Psychologe Sigmund
Freud recht: „Der Mensch schuf Gott nach seinem Bilde"?
Oder: „Gott ist immer eine Vaterprojektion des Menschen an
den Himmel"? Was ist an den Aussagen Freuds falsch?
  Das Wörtchen *nur*.
  Gott ist nur eine Vaterprojektion des Menschen,

Gott ist *nur* eine irdische Vatervorstellung, die der Mensch benutzt hat, um ein übernatürliches Wesen zu erfinden. Nein, die Bibel sagt uns, daß Gott der Schöpfer Himmels und der Erde ist. Die Bibel sagt uns, daß Gott der Vater unseres Herrn Jesus Christus ist. Aber darin liegt ein Stück Wahrheit bei Freud: Unser Bild von Gott, dem Vater, hat in der Regel etwas mit unserem Vaterbild zu tun. Wie wir Vater und Mutter erlebt haben, das spiegelt sich in unserer Vorstellung von Gott wider. Die Erfahrungen mit wichtigen Beziehungspersonen prägen unsere Beziehungen zu Gott.

Denkanstoß Nr. 3:
Die Bibel redet von Gott in anschaulichen Bildern

Wir sollen uns kein Bild aus Materialien der Schöpfung Gottes machen, das wir anbeten und an die Stelle des lebendigen Gottes setzen, aber Vergleiche und Bilder Gottes sind selbst in der Bibel legitim. An keiner Stelle redet die Heilige Schrift abstrakt von Gott. Sie füttert uns nicht mit blutleeren Begriffen. Alle philosophischen Formeln sind blaß und ohne Leben. Was fangen wir mit folgenden Worthülsen an:

... das größte Gut,
... die Tiefe des Seins,
... das höchste Wesen?

Der verstorbene Evangelist Wilhelm Busch hat die letzte Charakterisierung sarkastisch abqualifiziert und sagte: „Die Katze auf dem Dach ist auch ein höheres Wesen."

Halten wir uns an die Vergleiche und Bilder, welche die Bibel selbst gibt. Mit immer neuen Wendungen stellt sie uns den unendlichen Reichtum Gottes vor Augen. Aus der Fülle der Bilder greife ich einige heraus. Vor allem die Psalmen sind eine wahre Fundgrube für Gottesbilder. Aus den 150 Psalmen habe ich die wesentlichen Gottesbeschreibungen herausgesucht:

- „Herr, du bist Schild für mich" (Ps. 3,4).
- „Gott ist ein gerechter Richter" (Ps. 7,12).
- „Herr, unser Herrscher, wie herrlich ist dein Name" (Ps. 8,2).
- „Der Herr ist König immer und ewig" (Ps. 10,16).
- „Herr, mein Fels, meine Burg, mein Erretter" (Ps. 18,3).
- „Mein Gott, mein Hort, mein Schild und Berg meines Heils" (Ps. 18,3).
- „Herr, mein Fels und mein Erlöser" (Ps. 19,15).
- „Der Herr ist mein Hirte" (Ps. 23,1).
- „Der Herr ist denen Freund, die ihn suchen" (Ps. 25,14).
- „Der Herr ist mein Licht und mein Heil" (Ps. 27,1).
- „Die Stimme des Herrn sprüht Feuerflammen" (Ps. 29,7).
- „Du bist mein Schirm" (Ps. 32,7).
- „Bei dir ist die Quelle des Lebens" (Ps. 36,10).
- „Gott ist unsere Zuversicht und Stärke" (Ps. 46,2).
- „Du bist ein starker Turm vor meinen Feinden" (Ps. 61,4).
- „Laß mich Zuflucht haben unter deinen Fittichen" (Ps. 61,5).
- „Ein Vater der Waisen und ein Helfer der Witwen ist Gott in seiner heiligen Wohnung" (Ps. 68,6).
- „Du bist herrlicher und mächtiger als die ewigen Berge" (Ps. 76,5).
- „Du bist Gott, der Wunder tut" (Ps. 77,15).
- „Er weidete sie mit aller Treue und leitete sie mit kluger Hand" (Ps. 78,72).
- „Du thronst über den Cherubin" (Ps. 80,2).
- „Denn Gott, der Herr, ist Sonne und Schild" (Ps. 84,12).
- „Herr, Gott, mein Heiland, ich schreie Tag und Nacht vor dir" (Ps. 88,2).
- „Du hast einen gewaltigen Arm, stark ist deine Hand, und hoch ist deine Rechte" (Ps. 89,14).
- „Heiligkeit ist die Zierde deines Hauses" (Ps. 93,5).
- „Herr, du Gott der Vergeltung" (Ps. 94,1).
- „Wolken und Dunkel sind um ihn her ... Feuer geht vor ihm her ... seine Blitze erleuchten den Erdkreis ... die

Himmel verkünden seine Gerechtigkeit" (Ps. 97,2–6 in Auswahl).

- „Du bleibst, wie du bist, und deine Jahre nehmen kein Ende" (Ps. 102,28).
- „Barmherzig und gnädig ist der Herr, geduldig und von großer Güte" (Ps. 103,8).
- „Wie sich ein Vater über Kinder erbarmt, so erbarmt sich der Herr über die, die ihn fürchten" (Ps. 103,13).
- „Licht ist dein Kleid, das du anhast" (Ps. 104,2).
- „Du fährst auf den Wolken, wie auf einem Wagen und kommst daher auf den Fittichen des Windes" (Ps. 104,3).
- „Da entbrannte der Zorn des Herrn" (Ps. 106,40).
- „Siehe, der Hüter Israels schläft noch schlummert nicht" (Ps. 121,4).
- „Dankt dem Herrn, der die Himmel mit Weisheit gemacht" (Ps. 136,5).
- „Du verstehst meine Gedanken von Ferne" (Ps. 139,2).
- „Von allen Seiten umgibst du mich und hältst deine Hand über mir" (Ps. 139,5).
- „Dein guter Geist führe mich auf ebner Bahn" (Ps. 143,10).

Eine Fülle von Umschreibungen des unvergleichlichen Gottes. Es sind Versuche, die Größe Gottes mit menschlich erfaßbaren Bildern einzufangen. Letztlich sind es alles unvollkommene Vorstellungen, die Größe Gottes transparent zu machen. Aber ist das in der Tat alles? Müssen wir uns als Christen mit so kümmerlichen Bildern von Gott zufriedengeben?

Denkanstoß Nr. 4:
Wir sollen Gottes Gebot ernst nehmen

Eine anschauliche Demonstration dafür liefert uns der römische Geschichtsschreiber Flavius Josephus, der schildert, mit welcher Leidenschaft sich die Juden wehrten, die Büsten des Kaisers, des Caesars, die in den Straßen Jerusalems aufgestellt waren, als Gott zu verehren. Jerusalem war von den Römern eingenommen worden, und sie forderten die bedingungslose Verehrung des Kaisers als Gott. Das zweite Gebot war den Juden heilig. Uneingeschränkt lehnten sie die Anbetung von Bildern aus Holz, Steinen und Metall ab. Josephus schrieb wörtlich: „Als nun der Statthalter angekündigt hatte, daß er dieses Gebot des römischen Caesars am nächsten Tage öffentlich verkünden würde, strömte von weit her die Landbevölkerung in die Stadt. Als der Statthalter auf der Ausführung des Befehls bestand, warf die ganze Volksmasse sich zu Boden und blieb fünf Tage und fünf Nächte mit dem Gesicht nach unten gekehrt unter ununterbrochenen Gebeten auf dem Platz liegen. Nach fünf Tagen erschien der Statthalter von neuen vor dem Volk, wiederholte sein Verlangen und befahl den Legionen, mit gezücktem Schwert gegen die Volksmassen vorzurücken. ‚Tötet uns alle‘, rief das Volk, ‚tötet auch unsere Kinder und Frauen, wir wollen lieber sterben, als uns gegen das Gesetz unseres Gottes zu versündigen.‘ Dieser unerwartete und in der Weltgeschichte unerhörte Widerstand im Namen einer unsichtbaren Welt erschütterte den Römer derart, daß er den Befehl zurückzog und die Bilder des römischen Caesars wieder entfernen ließ."[23]

Ein unerhörtes Bekenntnis für die Heiligkeit des Gebotes Gottes. Wir sollten den Schöpfer nicht mit etwas Geschöpflichem verwechseln. Der Herr der Welt ist kein Stück Welt. Gott ist mit den Maßstäben unseres Kosmos nicht zu fassen. Unser Herr ist mit Bronze, Gold, Holz und kostbaren Edelsteinen nicht darzustellen. Gott ist größer, freier, anders.

Keine Kultstätte der Welt kann seine Gegenwart garantieren. Alle Bilder sind jämmerliche Abbilder des unvergleichlichen Gottes.

„Gott ist Geist, und die ihn anbeten, sollen ihn im Geist und in der Wahrheit anbeten" (Joh. 4,24).

Denkanstoß Nr. 5
Das Bild des Vaters erscheint in Jesus Christus

Das ist der wichtigste Gedanke, wenn wir das zweite Gebot bedenken. Über die alltestamentlichen farbigen und plastischen Bilder hinaus gibt uns das Neue Testament eine klare Antwort, wer Gott ist, wer der himmlische Vater wirklich ist. Zwei Sätze aus dem Neuen Testament runden das Bild des zweiten Gebotes ab. Sie deuten uns, wie wir zutiefst Gott verstehen dürfen. Im Johannes-Evangelium heißt es: „Jesus spricht zu ihm: So lange bin ich bei euch, und du kennst mich nicht, Philippus? Wer mich sieht, der sieht den Vater!" (Joh. 14,9). Und im Kolosserbrief schreibt Paulus:

„Christus ist das Ebenbild des unsichtbaren Gottes" (Kol. 1,15).

Gott hat uns nicht im dunkeln tappen lassen. Gott hat uns mit unseren lückenhaften Gottesvorstellungen nicht alleingelassen. Jesus begegnet uns im Bild des Vaters. Ausdrücklich hat er uns erlaubt, Gott als Vater anzusprechen: „Vater unser im Himmel, geheiligt werde dein Name, dein Reich komme . . ."

Das Vaterunser ist das Gebet, das die Welt umspannt. Nicht nur im geographischen Sinne ist das gemeint, sondern auch existentiell. Wo immer ein Mensch sich aufhält, räumlich, zeitlich und existentiell in Leid, Sorge, Freude, Einsamkeit, in Angst und in Krankheit, der Vater umgibt ihn, hüllt ihn ein. Gott hat uns sein Bild gezeigt. Jesus Christus ist das zur Erde hingewandte Antlitz Gottes.

. . . Gott wurde Mensch, um uns seine Liebe hautnah zu zeigen,

. . . Gott wurde Mensch, um unser Bruder zu werden,

. . . Gott wurde Mensch, um uns zu erlösen.

In Jesu Leben und Verhalten ist Gott uns gegenwärtig geworden. Gott liebt, wie Jesus geliebt hat, Gott verhält sich, wie Jesus sich verhalten hat. Am Kreuz zeigt Jesus, wer der Vater ist, am Kreuz wurde der Allmächtige der Ohnmächtige, am Kreuz wurde der Herr der Welt der Verachtetste.

Bertolt Brecht zeigt in einer Geschichte, welche Fehler wir Menschen machen, um unsere Entwürfe von anderen Menschen zu rechtfertigen.

„Was tun Sie", wurde Herr K. gefragt, „wenn Sie einen Menschen lieben?"

„Ich mache einen Entwurf von ihm", sagte Herr K., „und sorge, daß er ihm ähnlich wird."

„Wer? Der Entwurf?"

„Nein", sagte Herr K., „der Mensch."

Das ist eine bissige Charakterisierung des Menschen. Wenn wir einen Menschen lieben, machen wir einen Entwurf von ihm. Aber wir korrigieren nicht unseren Entwurf, wenn er dem Bild vom geliebten Menschen nicht entspricht, wir korrigieren den Menschen, um ihn dem Entwurf ähnlich werden zu lassen.

Hilfe Nr. 1:
Passen Sie Gott nicht Ihrem Entwurf an!

Unsere menschlichen Entwürfe von Gott sind völlig unrealistisch und untauglich. Aber es entspricht unserer menschlichen Entwicklung, unsere vielfältigen Lebenserfahrungen auf den himmlischen Vater zu projizieren. Das zweite Gebot ruft uns Christen heute zu: Hab den Mut, deine einseitigen Vorstellungen von Gott und Christus zu korrigieren!

. . . überprüfe deine *Projektionen*!
. . . überprüfe deine *Vorurteile*!
. . . überprüfe deine *Einbildungen*!
. . . überprüfe deine *Entwürfe*!
. . . überprüfe deine *Eingebungen*!

Mach dir kein Jesusbild zurecht, das deine Wünsche befriedigt.

Mach dir kein Jesusbild zurecht, das unangenehme Seiten ausblendet.

Mach dir kein Jesusbild zurecht, das dir Arbeit und Anstrengung erspart.

Wir wollen Gott im Griff haben, wir wollen über ihn verfügen. Ein Theologe hat dieses Bildermachen und das Bestreben, Gott verfügbar zu haben, mit einem knappen Buchtitel treffend umschrieben: „Gott in der Faust." Das ist Verletzung des zweiten Gebotes. Die Bibel nennt es Götzendienst.

Hilfe Nr. 2:
Falsche verinnerlichte Überzeugungen kann ich verändern.

Wenn wir davon ausgehen, daß psychische Störungen auf falschem Denken beruhen, daß der Mensch sich irrige und irrationale Überzeugungen zu eigen gemacht hat, die ihn belasten, kann er auch ernstlich darum beten, die falschen Lebensüberzeugungen wieder abzulegen. Allerdings sitzen die unlogischen Sätze und Gedanken sehr tief. Wir haben sie uns schließlich durch lange Erfahrungen zu eigen gemacht. Wir glauben an unsere „private Logik", wir vertrauen unserer Wahrnehmung, und wir streiten für unsere Erkenntnisse.

Da erlebt ein Kind, daß seine Mutter, die es sehr geliebt hat, an einer Krankheit qualvoll sterben muß, und schon ist sein Bild von Gott fertig:

„Gott ist *ungerecht,*

Gott ist *undankbar,*

Gott ist *mitleidlos."*

Da ist jemand durch die Hölle des Konzentrationslagers gegangen. Er hat Menschen im Rauch aufsteigen sehen, die in Verbrennungsöfen vernichtet wurden. Sein Bild von Gott ist fertig:

„Gott ist am Einzelschicksal nicht interessiert,

Gott ist eine Erfindung von Menschen, die ohne eine höhere Macht nicht leben können."

Da liest jemand die Geschichte in der Bibel, daß Gott seinen einzigen Sohn in die Welt sandte und ihn am Kreuz verbluten ließ. Sein Bild von Gott ist fertig:

„Gott ist *brutal*,
Gott ist ein *Tyrann*,
Gott ist *herzlos*."

Wir hören immer mit *unseren* Ohren, wir fühlen mit *unseren* Herzen, und wir spiegeln *unsere* Empfindungen wider.

Schon im 1. Jahrhundert vor Christi Geburt hat der stoische Philosoph Epiktet seine Erkenntnisse über die Menschen so auf den Punkt gebracht:

„Die Menschen werden nicht durch Dinge beunruhigt, sondern durch die *Ansichten*, die sie darüber haben."

Können wir das für uns akzeptieren: Nicht die Tatsachen bestimmen unser Leben, sondern wie wir darüber *denken*. Meine *Wahrnehmungen*, meine verinnerlichten *Überzeugungen* bestimmen darüber, wie wir Erlebnisse bewerten und wie wir über Gott denken. Weil das so ist, können wir Überzeugungen, die mit dem Worte Gottes nicht übereinstimmen, ablegen. Keiner *muß* sein irrationales Denken weiterführen. Falsche Gottesbilder und Glaubensfehleinschätzungen, die uns krank machen, können wir ablegen. Daß dazu eine intensive Selbsterforschung nötig ist, wurde an anderer Stelle ausführlich beschrieben. Wenn das Neue Testament uns zur Buße aufruft, will sie, daß wir unser Denken ändern und daß wir uns von Vorurteilen über Gott und die Bibel trennen.

Hilfe Nr. 3:
Ich kann Vertrauen wagen

Falsche Gottesbilder und Gottesüberzeugungen sind vielfach mit Angst verbunden:

– Angst, enttäuscht zu werden,
– Angst, bestraft zu werden,

– Angst, nicht akzeptiert zu werden.

In vielen Fällen ist Angst die Befürchtung, in den Augen anderer Menschen an Wert zu verlieren. Angst ist also eine Beziehungsstörung. Diese Ängste knebeln einen Menschen und Christen. Sie blockieren, verspannen und belasten den Organismus. Angst ist ein psychosomatischer Vorgang, der in Leib und Seele Reaktionen hervorruft und den Organismus auf Dauer schädigen kann.

Was können Christen tun?

Der Apostel Johannes hat uns eine mutmachende Anregung gegeben:

„Wer bereit ist, Gott zu gehorchen, wird merken, ob meine Lehre von Gott ist oder ob ich meine eigenen Gedanken vortrage" (Joh. 7,17).

Ein erstaunliches Wort. Jesus animiert uns, ihn auf die Probe zu stellen. Er ermutigt uns, ein Experiment zu wagen. Gegen unsere inneren Überzeugungen können wir Schritte wagen, die uns Jesus im Neuen Testament anbietet. Je ängstlicher und mißtrauischer wir unseren Lebensstil gestaltet haben, desto vorsichtiger und zaghafter probieren wir neue Wege.

Jesus lädt uns ein, seinem Worte zu gehorchen und *Vertrauen zu wagen*. In den täglichen Andachten des Neukirchener Kalenders las ich eine schlichte Geschichte, die überzeugend bestätigt, was es bedeutet, Vertrauen zu wagen.

„Hoch über dem Marktplatz einer kleinen Stadt hatte ein Seiltänzer sein Seil gespannt und machte dort oben unter den staunenden Blicken vieler Zuschauer seine gefährlichen Kunststücke. Gegen Ende der Vorstellung holte er eine Schubkarre hervor und fragte die Anwesenden: ‚Sagen Sie, trauen Sie mir zu, daß ich die Karre über das Seil schiebe?'

‚Aber gewiß', antworteten die Gefragten fröhlich. ‚Würden Sie sich dann meiner Geschicklichkeit anvertrauen, sich in die Karre setzen und von mir über das Seil fahren lassen?' fragte der Schausteller weiter. Da wurden die Mienen der Zuschauer ängstlich. Nein, dazu hatten sie keinen Mut. Nein, das trauten sie sich und ihm nicht zu. – Plötzlich meldete sich ein kleiner Junge. ‚Ich setze mich in die Karre‘, rief er, kletterte hinauf, und unter dem gespannten Schweigen der Menge schob der Mann das Kind über das Seil. Als er am anderen Ende ankam, klatschten alle begeistert Beifall. Einer aber fragte den Jungen: ‚Sag, hattest du keine Angst da oben?‘ – ‚O nein‘, lachte der, ‚es ist ja mein Vater, der mich über das Seil schob‘!“[24]

Wir *machen* neue Erfahrungen, wenn wir uns auf Jesus einlassen;

wir *gewinnen* neue Erkenntnisse, wenn wir Gott vertrauen;

wir *korrigieren* unser Gottesbild, wenn wir hören und gehorchen.

Kapitel 3

Wenn Christsein Krampf wird

Es besteht kein Zweifel, daß viele Christen verkrampft sind und
daß sich viele feine Christenmenschen mit psychischen und
psychosomatischen Störungen herumschlagen. Sie wirken verklemmt und unfrei, unecht und unehrlich, sie zeigen ein fröhlich aufbereitetes Äußeres, aber es stimmt mit dem Inneren, mit
dem wirklichen Leben, nicht überein.

Diese Leib-, Geist-, seelische *Unausgeglichenheit,*

dieser Leib-, Geist-, seelische *Widerspruch,*

dieser Leib-, Geist-, seelische *Zwiespalt*

sind Anzeichen dafür, daß Glauben und Leben, unser Vertrauen, das wir auf Christus setzen, und unsere Existenz nicht
im friedlichen Einklang sind.

Diese Störungen sind zum Teil hausgemacht, basieren auch
auf einer entsprechenden Vererbung und werden durch Glaubensfehlhaltungen und falsche Glaubensüberzeugungen zu
einer erheblichen Beeinträchtigung. Selbstverständlich können
schwache Organe diese Störung fördern. Sie können also einer
späteren Erkrankung in die Hände spielen.

In der Tat, der Glaube, der befreit und heilt, der unser Leben
nachhaltig verändern kann, ruft positive Einflüsse an Leib,
Geist und Seele hervor. Und der Glaube eines Christen,

. . . der falsch verstanden wird,

. . . der Druck und Überforderung auslöst,

... der Angst und Unsicherheit beflügelt,
... der den geistlichen Leistungsanspruch steigert,
    verstärkt Belastungen, fördert Verkrampfungen und ruft
    psychische und körperliche Störungen hervor.

Fragen wir uns: Und wie kommen solche Glaubensverzerrungen zustande?
    Wie sehen solche Glaubenskrämpfe konkret aus?

Was verstehen wir unter Glaubenskrämpfen?

Wann wird Christsein Krampf? Es gibt viele Verhaltensmuster,
die ein verkrampftes Christsein widerspiegeln. Es handelt sich
also um Christen jeden Alters,

- die in ihrem Glaubensleben *unglücklich* sind,
- die an sich und Gott *leiden*,
- die sich als *nicht-erlöst* erleben,
- die sich als *verworfen* fühlen,
- die *glauben*, Gott könne sie aus den verschiedensten Gründen nicht lieben,
- die *glauben*, Gott würde sie bestrafen,
- die *gehemmt* sind und sich gehemmt fühlen,
- die sich als *unfrei* fühlen,
- die unter verschiedensten *Verspannungen* leiden (Halsverspannungen, Kopfschmerzen, Migräne und Rückenleiden),
- die sogenannte LWS- und HWS-Syndrome (Lendenwirbel-Syndrome und Halswirbel-Syndrome) aufweisen,
- die unterschiedlichste *Schmerzen* haben, ohne daß die Organe vom Arzt als krank diagnostiziert werden können,
- die unter *Funktionsstörungen* leiden, ohne daß die entsprechenden Organe krank oder beschädigt sind.

Insgesamt: Es handelt sich um Körperreaktionen, die mit dem

Lebensstil eines Menschen zusammenhängen. Da der Lebensstil die Summe aller Grundüberzeugungen beinhaltet, ist selbstverständlich auch der christliche Glaube miterfaßt. Irrige Lebensgrundüberzeugungen und falsche Glaubensvorstellungen sind daher immer an den Verkrampfungen mitbeteiligt. Ich möchte das Gesagte an einem Beispiel veranschaulichen.

Eines Tages erscheint eine 35jährige Frau in der Beratung, die unter Sehstörungen litt, unter einer sogenannten *Asthenopie*. Sie war beim Augenarzt in Behandlung, dem aufgefallen war, daß die Sehstörungen jedesmal dann auftraten, wenn ein Examen zur Debatte stand, wo besonders gute Augen erforderlich waren. Die Dame war wütend auf den Arzt, der bei einer gewöhnlichen Augenerkrankung eine psychosomatische Störung vermutete. Sie bekam Medikamente, ließ die Sache auf sich beruhen und vergaß die Anmerkung des Arztes.

Jetzt mußte sie eine Führerscheinprüfung ablegen und erlebte die gleichen Sehstörungen, die ihr Examen in Frage stellten. Sie kam in die Beratung, um den Zusammenhang von Psyche und Sehstörung zu verstehen.

Schon in den ersten Sätzen ließ sie durchblicken, daß sie ihren christlichen Glauben *sehr ernst* nähme, daß sie *sehr ehrgeizig* sei und daß sie *sehr perfektionistisch* ihren Alltag und den Beruf gestaltete. Ich fragte sie, was sie damit sagen wolle, und dann kam es heraus:

„Was ich mache, das muß tadellos sein. Mein Vater hat immer zu mir gesagt: ‚Ein halber Christ ist ein ganzer Unsinn!‘ Ich möchte keine halben Sachen machen, beruflich, privat und als Christ."

Es versteht sich von selbst, daß ein Mensch, der so hohe Ansprüche hat, sich enorm unter negativen Streß setzt. Und dieser negative Streß bewirkt Verkrampfungen und Verspannungen. Bei der Dame kamen die Augen unter Druck. Da sie in ihrer übergroßen Gewissenhaftigkeit die Verspannung nachgewiesen haben wollte, ging sie zusätzlich zu einem Kollegen, der mit Hilfe einer Bio-Feedback-Technik den Grad der Anspannung ihrer Gesichtsmuskulatur feststellte. Die Gesichtsmuskulatur um die Augenpartie verkrampfte sich, wahrscheinlich wurde die Durchblutung gehemmt, und die Sehstörung war perfekt. In dem Maße, wie sie ihren übergroßen Ehrgeiz verringern und ihren Perfektionismus herunterschrauben konnte, ließen die Verspannungen im Gesichtsbereich nach. Fehlerlosigkeit, Perfektionismus und enormer Ehrgeiz sind geistliche Fehlhaltungen, die nicht von heute auf morgen verschwinden. Sie haben den Lebensstil eines Menschen geprägt, und viele ernsthafte Gebete sind notwendig, um die Symptome *auch* als Glaubensprobleme zu bejahen und eine Gesinnungsänderung in Gang zu setzen.

Wenn der Rücken schmerzt

Wenn der Mensch ein Ganzes ist, wie die Bibel es bezeugt, müssen Glaubenskrämpfe den ganzen Organismus erfassen. Ungezählte Menschen leiden an Rückenschmerzen, die vererbt, somatisch bedingt und durch Bewegungsmangel entstehen können. Einseitiges Dauersitzen, Zwangshaltungen am Arbeitsplatz und Bewegungsmangel werden in erster Linie von den meisten Menschen dafür verantwortlich gemacht. Sie suchen diese sachlich begründeten Argumente, um die Eigenverantwortlichkeit herunterzuspielen. Daneben gibt es aber auch *psychische* Einflüsse, die wir oft nicht wahrhaben wollen.

Der Leistungsmensch und sein Rücken

Psychische Belastungen werden oft unter dem Stichwort „Streß" zusammengefaßt. Der Rücken schmerzt, wenn der Leistungs- und Erfolgsdruck, Angst vor Fehlern und Versagen bis hin zu existentiellen Bedrohungen, die Rückenpartie verspannt.

Eine Untersuchung von Peseschkian und Eichler, die erst einige Jahre zurückliegt, förderte folgende Erkenntnisse zutage:

„An hundert Rückenpatienten einer Orthopädischen Klinik wurde festgestellt, daß

- 62% der Patienten ein überdurchschnittliches Leistungsbewußtsein aufwiesen,
- 62% sich häufig verkrampft fühlen,
- 71% angaben, ihre Schwäche nicht vor anderen Menschen zeigen zu können,
- 66% sich als „hart im Nehmen" bezeichneten,
- nur 11% einer schweren körperlichen und 29% einer stehenden Tätigkeit mit starker Belastung nachgingen."[25]

Was zeigen diese Zahlen und wie begründen die Autoren die Symptome?

- Leistungsmenschen werden in erster Linie von Rückenleiden heimgesucht;
- Leistungsmenschen, die gekennzeichnet sind von übermäßigem Arbeitseifer, Ruhelosigkeit, ständigem Aktivsein und mangelnder Genußfähigkeit, quälen sich vorrangig mit Rückenleiden;
- Leistungsmenschen versagen und verkrampfen sich, weil sie auf Lob und Anerkennung angewiesen sind;
- Leistungsmenschen reagieren mit Angst und Depressionen, wenn die Spannungen länger anhalten.

Prof. Hans Steiner sieht einen psychosomatischen Zusammenhang und beschreibt die Psyche dieser Menschen so: „Vor allem depressive Neigungen gehen in hohem Maß mit Krankheiten und Beschwerden im Bereich der oberen Wirbelsäule einher. Von allen beteiligten Muskelgruppen reagiert offensichtlich der Trapezmuskel am stärksten auf psychische Zustände. Er wird als einer der wichtigsten ‚psychischen Erfolgsmuskeln' bezeichnet. Gebärden des Schauderns, Kopfeinziehen, Achselzucken usw. unterliegen seiner Funktion.
Auch Herzangstgefühle, welche sich häufig in Beklemmungsgefühlen in der Brust äußern, weisen auf schmerzhafte

Ausstrahlungen in der Brust hin ... nicht das Leistungsstreben der Kinder, sondern auch der Ehrgeiz der Eltern, verschärft durch ein strenges Auslesesystem, werden dafür verantwortlich gemacht."[26]

Wie kommen die Spannungsschmerzen zustande?

Wie arbeiten Leib und Seele zusammen? Wie entstehen die Spannungszustände in der Muskulatur?

Menschen zeigen innere Verspannungen, und sie deuten damit an:

... sie nehmen sich ständig zurück,
... sie glauben, keine Schwäche zeigen zu dürfen,
... sie wollen sich beweisen und sind hart in Nehmen,
... sie huldigen einem übermächtigen Ehrgeiz und setzen den Rücken unter Druck.

Die Muskulatur kommt nicht zur *Ent*-Spannung.

Der Druck auf die Bandscheiben wird erhöht, Schmerzen melden sich. Hinzu kommt eine mangelnde Durchblutung der Rückenmuskulatur. Im Lenden- und Kreuzwirbelbereich zeigen sich muskuläre Verhärtungen. Es kommt zur Verengung der Zwischenwirbelräume. Es treten gehäuft Ischiasbeschwerden auf. Verbunden mit Ischiasbeschwerden sind abnorme Ermüdbarkeit, Schweregefühle und Durchblutungsstörungen. Die Spannungen, der Druck und die Schmerzen im Rückenbereich können aber auch durch *Unterforderung* entstehen. Es handelt sich um Menschen,

... die eher *resigniert* dem Leben gegenüberstehen,
... die eher *ängstlich* und regressiv an die Arbeit herangehen,
... die eher *passiv* und spannungslos den Alltag gestalten.

Sie handeln bewegungsfaul, und eine zu schwache Durchblu-

tung läßt die Muskeln erschlaffen und ermüden. Das Rückgrat
verliert seinen körperlichen Schwung, und es kommt zu Fehlstel-
lungen der Wirbelkörper.

Glaubenskrämpfe charakterisieren einen bestimmten Lebensstil

Wenn wir Glaubensfehlhaltungen eines Menschen richtig ein-
schätzen wollen, benötigen wir eine umfassende Deutung seines
Lebensstils. Der Lebensstil bietet ein gutes Erklärungsmodell
für menschliche und geistliche Verhaltensweisen. Er bietet einen
Deutungsrahmen für Lebensirrtümer und Glaubensirrtümer.
Der Lebensstil eines Christen beinhaltet

– sein bestimmtes Lebens- und Denkschema,
– sein einmaliges Bewegungsgesetz,
– seine ihm eigene Glaubenshaltung,
– seine ihm eigenen Verhaltens- und Reaktionsmuster,
– seine ihm eigenen Normen und Maßstäbe.

Schon in den ersten sechs Lebensjahren hat sich der Mensch diesen Lebensstil zu eigen gemacht. In der Auseinandersetzung mit
Eltern, Großeltern und Geschwistern zieht er Schlüsse, die seine
Lebenseinstellung später kennzeichnen. Gute und schlechte Erfahrungen beeinflussen seine schöpferische Phantasie.

Der *Lebensstil* ist der universelle Deutungsrahmen, mit dem
alle Ereignisse, Menschen und Erlebnisse betrachtet werden.

Dieser *Lebensstil* oder Deutungsrahmen
. . . zeigt positive und negative Einschätzungen.
. . . spiegelt konstruktive und destruktive Denk- und Umgangsmuster wider;
. . . verrät auch geistliche und ungeistliche Glaubensvorstellungen.

Die Art des Denkens, Fühlens und Meinens gewinnt auch Einfluß auf den Glauben. Der Mensch, der zum Glauben kommt, wird ja mit seinem bis dahin gewachsenen Lebensstil Christ. Von daher leuchtet es ein, daß die Lebensgrundüberzeugungen diesen Christen veranlassen, die Bibel mit seinem Deutungsrahmen zu lesen, die Botschaft mit seinem Deutungsrahmen zu hören und die Nachfolge Jesu im Rahmen seines Lebensstils zu praktizieren.

– Im Glauben geschehen Lebensstilkorrekturen,
– im Glauben werden negative Charaktereigenarten umgewandelt,
– im Glauben ereignen sich Gesinnungsänderungen.

Aber auch das andere geschieht:

Bestimmte jahrelang eintrainierte Lebensstilmuster beeinflussen das Leben der Gläubigen so hartnäckig, daß Glaubensfehlhaltungen – an denen der Gläubige rückhaltlos festhält – den Christen psychische Störungen bescheren oder ihn psychosomatisch krank machen.

Welche Grundannahmen können das Glaubensleben belasten?

Welche problematischen Lebenseinsichten können das Glaubensleben fehlsteuern? Welche irrigen Maßstäbe, die auf den Glauben einwirken, können seelische Schwierigkeiten, Verkrampfungen und psychosomatische Störungen hervorrufen? Ich nenne vier falsche, fragwürdige Grundüberzeugungen:

Grundüberzeugung Nr. 1:
Ich muß perfekt sein

Perfektionismus ist eine schlimme menschliche *und* geistliche Fehlhaltung. Fehlerlosigkeit ist ein Fehler und ein krankhaft ehrgeiziges Bestreben, besser als die anderen sein zu müssen. Die Anstrengungen sind übermenschlich und ungesund. Der Perfektionist ist *an sich* interessiert, an seinem Prestige und an seiner Überlegenheit.

Sein Gemeinschaftsgefühl ist begrenzt, weil er äußerst ungeduldig, überpedantisch und streßblind ist.

In diesen Tagen haben wir den Lebensstil eines Mannes formuliert: „Ich suche die Nadel im Heuhaufen." Was heißt das?

- Ich suche das Außergewöhnliche, das Optimale;
- ich suche verzweifelt, weil der Heuhaufen riesig ist, und mache mich unglücklich;
- ich suche das Einmalige und finde es nicht;
- ich suche etwas Besonderes und bin nicht glücklich, solange ich dieses Etwas – was immer es auch sein mag – nicht gefunden habe.

Wie kommt es zum perfektionistischen Denken?

Der Mensch hat ein völlig unbefriedigendes Selbstwertgefühl als Kind gehabt. Er wertet sich ab, er traut sich nichts zu, daraus entwickelt sich ein unstillbares Bedürfnis,

... durch übersteigerte Ansprüche,
... durch überhöhte Ziele,
... durch Überlegenheit über alle,
... durch einen Perfektionismus im Leistungsbereich sich einen unangreifbaren Selbstwert zu verschaffen.

Die Tragik ist, daß der Perfektionist ständig unzufrieden, unglücklich und ängstlich sein muß. Denn nur, wenn es ihm gelingt, fehlerlos und perfekt, überlegen und unangreifbar zu sein, geht es ihm gut. Da das kein Mensch schaffen kann und im Sinne der biblischen Botschaft dieses Verhalten der Werkgerechtigkeit nahekommt, zahlt der Perfektionist einen hohen Preis für sein krankhaftes und ungeistliches Verhalten. Er überfordert sich, er setzt sich selbst unter negativen Streß, und er macht sich seelisch und körperlich krank. Er huldigt dem un-christlichen Goethesatz: „Wer immer strebend sich bemüht, den können wir erlösen." Dieser Gedanke ist eine teuflische Lüge und fängt den Menschen in seiner Selbstrechtfertigung.

Die Grundannahme ist falsch: Er *glaubt*,

... er *muß* perfekter und besser als andere sein;
... er *muß* sein wertloses Leben aufwerten;
... er *muß* das Höchste aus sich herausholen, um in der Gesell-schaft und in der Gemeinde einen Platz zu haben.

Der Perfektionist schaut
... auf die *Sünde* und nicht auf Christus;
... auf die *Fehler* und nicht auf das Gelingen;
... auf *sich selbst* und nicht auf die Vergebung.

Grundüberzeugung Nr. 2:
Ich mache Nebenfragen zu Hauptfragen

Viele Christen verstehen es meisterhaft, aus Nebensächlichkei-ten Hauptsächlichkeiten zu machen. Die sogenannten „Mittel-dinge", die weder gut noch böse sind, werden übersteigert inter-pretiert.

Haar-Fragen werden zu Glaubensfragen,
Kleiderfragen werden zu ernsthaften Glaubensproblemen,
Rauchen, Tanzen und *lange Hosen* bei Frauen werden zu existentiellen Lebensfragen. Eltern provozieren scharfe Ausein-andersetzungen. Auch äußerlich muß sich der Glaube bewäh-ren. Alte Traditionen, Sitten und Gebräuche werden rigoros durchgesetzt. Der Glaube wird an Formen gemessen.

Von meinem geistlichen Lehrer Johannes Busch habe ich oft den guten Satz gehört:

„Hauptsache, daß die Hauptsache die Hauptsache bleibt." Nebenfragen werden vom Teufel benutzt, um uns zu versklaven und zu verkrampfen. Wer solche „Mitteldinge" in den geistlichen Mittelpunkt rückt, beweist, daß er noch ein Sklave von Formen und Gesetzen ist. Die Erlösung *allein* ist nicht maßgebend. Es geht dem fehlgeleiteten Christen um

... Christus *und* die Haar-Fragen,
... Christus *und* die Kleiderfragen,
... Christus *und* das Theater,
... Christus *und* das Schminken,
... Christus *und* das Tanzen,
... Christus *und* das Rauchen.

Christen praktizieren kein befreites Glaubensleben, sondern stehen sich und anderen verkrampft im Wege.

Grundüberzeugung Nr. 3:
Ich muß auf meine Mitmenschen achten!

Ich tue etwas an sich Wohlgefälliges, Geistliches mit dem Nebenziel, vielleicht sogar mit dem Hauptziel,

... um den *Menschen* zu gefallen,
... um bei *Menschen* groß rauszukommen,
... um von *Menschen* in unserer Umgebung gelobt, akzeptiert und bewundert zu werden.

Es gibt unter Christen viele *abhängige* Menschen, die ohne die anderen hilflos sind. Sie schauen ständig, was die anderen denken, fühlen und glauben. Wieweit das gehen kann, möchte ich an einem Beispiel verdeutlichen. Ich halte Vorträge und den Gottesdienst in einer Gemeinde. Nach dem Gottesdienst kommt eine Frau zu mir und sagt: „Bitte, helfen Sie mir. Ich weiß nicht, was mit mir los ist. Ich sage pausenlos ja, wo ich nein sagen müßte. Ich kann mich selbst nicht mehr ausstchen. Ich glaube fest an Jesus und habe doch in der letzten Woche mit zwei verschiedenen Männern geschlafen, mit denen mich nichts verbindet."

Was ist die Quintessenz des Gespräches?

1. Die Frau ist auf Menschen angewiesen, nicht auf Männer. Sie kann die kleinsten Konflikte nicht aushalten. Sofort gibt sie nach. Es ist kein *sexuelles* Problem, sondern ein *Beziehungs*problem. Zum Orgasmus kommt sie bei solchen Kontakten nie. Sie ist nicht hörig, wie ein anderer Seelsorger ihr vorgeworfen hatte, aber sie kann nicht nein sagen. Nicht Sex braucht sie, sondern Zuwendung.

2. Die Frau ist krankhaft abhängig von Menschen, die ihr das Gefühl geben sollen: Du wirst geliebt. Sie buhlt beständig – auch bei Frauen und älteren Menschen – um Liebe. Damit niemand ihr die kalte Schulter zeigt, strahlt sie alle Menschen an. Eine Reihe Männer haben diesen trainierten Charme mißverstanden und fühlen sich sexuell angesprochen.

3. Die Frau wuchs im Heim ohne Eltern auf. Ein Leben lang blieb sie auf der Suche nach Liebe, Geborgenheit und Zuwendung. Es ist keine Frage, daß diese Sehnsucht mißverstanden und mißbraucht wird. Weil sie hungrig ist nach Liebe, verrennt sie sich ständig. Ihr überstarkes Minderwertigkeitsgefühl läßt sie Partner wählen, die sie ausbeuten. Zwei Ehen sind darüber zerbrochen. Sie klammert sich im Gebet an Jesus, vermißt aber gleichzeitig menschliche Wärme. In der Gemeinde wird sie von vielen abgewiesen, weil ihr Zuwendungsbedürfnis „unersättlich" ist.

4. Der amerikanische Therapeut Albert Ellis konnte den Satz sagen, den er als Lebensirrtum Nr. 1 kennzeichnete: „Wer allen Menschen gefallen will, sitzt zwischen allen Stühlen."
   – Wer nicht *nein* sagen kann, ist abhängig;
   – Wer nicht *nein* sagen kann, ist gestört;
   – Wer nicht *nein* sagen kann, hängt sein Fähnchen nach dem Winde.

Wer reinen Herzens sagen kann, wie Bismarck es gesagt haben soll: „Ich fürchte Gott und sonst nichts auf der Welt . . .“, der ist unabhängig von Menschen,

. . . der hat einen klaren Standpunkt,
. . . der buhlt nicht um die Gunst der Menschen,
. . . der schaut auf den Herrn und schielt nicht gleichzeitig auf die Menschen.

Die Bibel ruft uns unmißverständlich auf, unser Leben auf Gott auszurichten und nicht bei allem Tun und Lassen die Meinung der Menschen im Auge zu haben: „Alles, was ihr tut, das tut von Herzen dem Herrn und nicht den Menschen“ (Kol. 3,23).

Grundüberzeugung Nr. 4:
Ich vergleiche mich!

Auf den ersten Blättern der Bibel wird uns die tödlich verlaufende Geschichte einer dramatischen Eifersucht geschildert. Die heile Welt der Schöpfung ist vergessen. Und „jenseits von Eden“ beginnen Neid, Eifersucht und Sich-Vergleichen.
Der Starke vergleicht sich mit dem Schwachen,
der Größere vergleicht sich mit dem Kleineren,
die Frau vergleicht sich mit Männern,
der Erstgeborene vergleicht sich mit dem Zweitgeborenen,
der Landwirt vergleicht sich mit dem Viehzüchter.
Neid, Eifersucht und Sich-Vergleichen sind teuflische Gesinnungsmuster. Nicht umsonst wird uns nach der Vertreibung aus dem Paradies ein Eifersuchtsmord als erster mit allen Einzelheiten geschildert. Dieses Gesinnungs- und Verhaltensmuster ist geistlich indiskutabel. Und doch werden unsere Kinder von klein auf mit diesem Gift gefüttert. Seelische Störungen, psychosomatische Krankheiten, Nervenzusammenbrüche und Herzinfarkte sind ganz sicher *auch* die Folge von Neid, Eifersucht und Sich-Vergleichen.

In den Sprüchen heißt es plastisch und bildhaft:

„Ein ausgeglichener Sinn erhält den Körper gesund; aber Eifersucht ist wie ein Krebsgeschwulst" (Sprüche 14,30).

Und einige Kapitel weiter heißt es:

„Zorn ist grausam und Wut wie überschäumendes Wasser; doch noch unerträglicher ist Eifersucht" (Sprüche 27,4). Was ist das Zerstörerische am Vergleich?

Die *Gleichwertigkeit* ist in Frage gestellt. Vor dem lebendigen Gott sind alle Menschen gleich wert:

- die Großen und die Kleinen,
- die Ältesten und die Jüngsten,
- die Landwirte und die Viehzüchter,
- die Intelligenten und die Kranken,
- die Alten und die Jungen,
- die Weißen und die Schwarzen.

Gleichwertigkeit ist ein Heilmittel gegen das Gift des Neides. Wer sich von Christus geliebt und angenommen weiß, *muß* nicht mehr neidisch auf Menschen, Besitz, Titel und Geld schauen. Wer sich als Christ unglücklich machen will, muß nur das Sich-Vergleichen kultivieren. Das Sprichwort sagt es klipp und klar: „Sich vergleichen gibt Ärger." Sich vergleichen macht krank. Das Denken, Fühlen und Handeln des Menschen sind vergiftet. Wer Vergleiche anstellt, lebt nicht mehr im inneren Frieden. Er wird abhängig von den anderen. Sein Blick ist ständig über den Zaun des anderen gerichtet. Der Mensch gerät in die Klauen des Neides.

Wer seine Stellung bedroht sieht, muß aufrüsten. Wer vergleicht, schürt den Krieg. Im eifersüchtigen Vergleich liegen Selbstschädigung, Mord und Totschlag auf der Lauer. Die Probleme in Ehe und Familie und Auseinandersetzungen zwischen den Völkern sind ohne dieses Neid-Syndrom nicht zu verstehen.

Vier irrige Grundüberzeugungen, die im Lebensstil eines Menschen angelegt sind, können auch dem Christen zu schaffen machen. Zweifellos gibt es noch mehr als diese vier Lebensirrtümer, die das Glaubensleben torpedieren. Nicht nur der Glaube verändert unser Leben und unsere Persönlichkeit, auch der Lebensstil hat einen bleibenden Einfluß auf das Glaubensleben. Wo der Heilige Geist in einem Menschen wirksam wird, findet er einen Lebensstil vor, der oft einige Jahrzehnte wirksam war.

Was können verkrampfte Christen tun? Wie können verspannte Christen seelische und körperliche Konflikte verringern? Wie können junge und erwachsene Christen körperlich und seelisch heil werden?

Dazu vier Denkanstöße.

Denkanstoß Nr. 1:
Wer Verkrampfungen und Lebensprobleme abbauen will, muß verstanden haben, was er damit ausdrückt.

Lebensprobleme sind *Symptome.*

Verkrampfungen sind *Symptome.*

Symptome sind selten die Krankheit selbst.

Symptome sind Anzeichen für tiefer liegende Konflikte.

Symptome wie Verkrampfungen sind Lebens- und Glaubensfehlhaltungen.

Schauen wir uns Herrn Meßner, Kantor in einer Kirchengemeinde, an. Er ist ein agiler und tatkräftiger Mann, trotzdem hat Herr Meßner einen Nervenzusammenbruch erlitten. Er ist nervlich und seelisch am Ende. Was hat er gemacht, daß es soweit gekommen ist? Er hat sich übernommen. Selbst drückt er es so aus. Schauen wir uns den Satz Wort für Wort an, dann wird deutlich, daß Herr Meßner selbst für seine Überforderung verantwortlich ist.

Nicht seine Frau,

nicht der Pastor der Gemeinde,

nicht die Erwartungen der Gemeinde,

nicht die Umstände, die anderen, die unbegabten Chormitglieder haben den Nervenzusammenbruch *verursacht*. Er hat sich ganz schlicht *selbst* überfordert. Sein Chor sollte der Beste weit und breit sein. Mit seinem Chor wollte er Konzerte geben und Auslandstourneen veranstalten. Als seine hohen Erwartungen an sich und die Chormitglieder nicht erfüllt wurden, als die erste Tournee sich als Reinfall gestaltete, klappte er zusammen. Er will nichts mehr hören und sehen, seine Enttäuschung über sich und die anderen ist grenzenlos. Herr Meßner ist bewußter Christ und sieht in seinem Nervenzusammenbruch einen Fingerzeig Gottes, seine ungeistlichen Hochziele unter die Lupe zu nehmen.

Für uns ist wichtig: Gott überfordert keinen Menschen. Unser Herr zwingt niemanden, sich für ihn kaputtzuarbeiten. Die meisten Überforderungen sind Selbstüberforderungen. Wir befriedigen unsere Eitelkeit und unseren Hochmut. Wir tun nicht nur etwas für den Herrn, wir tun eine ganze Menge auch für uns selbst.

Je genauer wir die *falschen Ziele* benennen können, die wir mit einem Nervenzusammenbruch in Verbindung bringen, desto hilfreicher der Gesundungsprozeß, desto fruchtbarer die Buße und damit die Gesinnungsänderung.

Wer seine *falschen* Ziele erkennt, ändert auch seine Gebete. Herr Meßner ist dafür ein Beispiel. Vor dem Zusammenbruch betete er ständig: „Herr, gib mir die Kraft, daß ich aus dem Chor einen überzeugenden Klangkörper mache, dir zur Ehre!"

Als der Nervenzusammenbruch ihn arbeitsunfähig machte, betete er: „Herr, ich bin am Ende. Ich habe mich total überfordert und gestreßt. Ich stehe vor deinem heiligen Angesicht. Was soll ich tun? Ich erkenne meine Eitelkeit und meinen Hochmut, die mein Leben prägen. Vergib mir diese egoistischen Ziele. Hilf mir, daß ich in deiner Kraft arbeite und einen Chor leite, der wirklich deinen Ruhm verkündigen will."

Er hat seinen Herrn um Vergebung gebeten,
er hat seine Frau um Vergebung gebeten,
er hat seinen Chor um Vergebung gebeten.
Lebensprobleme sind Symptome für tieferliegende Kon-

flikte. Die verborgenen Ziele, die unbewußten Zwecke unserer Absichten müssen ans Licht. Dann trägt die Gesinnungsänderung Früchte.

Denkanstoß Nr. 2:
Seelisches Gleichgewicht ist da, wo Gleichwertigkeit gelebt wird

Das Gefühl der *Gleichwertigkeit* ist eine Grundvoraussetzung, um freier und unverkrampfter leben und glauben zu können. Seelisches Gleichgewicht und Gleichwertigkeit gehören zusammen. Im 1. Korinther 12 beschreibt Paulus ein Bild vom menschlichen Leib, um das Zusammenleben zu charakterisieren. Wo die verschiedenen Glieder im Organismus *reibungslos* funktionieren, ohne Eifersucht und Neid Hand in Hand arbeiten, da ist Friede und seelisches Gleichgewicht. Wie jedes Organ im Leib vom zentralen Nervensystem gesteuert wird, so soll jedes Glied in der Gemeinde von Christus gesteuert werden.

Das beinhaltet:
... kein Glied ist eigenmächtig,
... kein Glied steht im Wettbewerb,
... kein Glied hat eine Sonderstellung,
... kein Glied benutzt falschen Ehrgeiz,
... kein Glied kämpft gegen das andere,
... kein Glied ist überflüssig,
... kein Glied ist unwichtig.

Machtkampf, Konkurrenz, Neid und Eifersucht und Sich-Vergleichen sind Einstellungsmuster, die den Menschen aus dem Gleichgewicht bringen, die friedlos und krank machen. In einem Wochenseminar habe ich vor kurzem einige Grundlagenkurse über therapeutische Seelsorge durchgeführt. Da meldete sich ein junger Theologe zum persönlichen Gespräch. Er litt unter alptraumartigen Wiederholungsträumen. Der Traum, den er in kleinen verschiedenartigen Abänderungen erlebte, lautete so:

„Ich gehe über eine schöne Wiese mit Blumen. Im Hintergrund ein sehr hoher Berg. Dieser Berg fasziniert mich. Ich will ihn erklimmen. Ich muß ihn bezwingen. Wenn ich es nicht schaffe, kann ich vor mir nicht bestehen. Dieses Gefühl habe ich im Traum. Auf einmal setzt sich der hohe Berg in Bewegung. Er entfernt sich. Aber er wird größer statt kleiner. Ich erschrecke mich und gerate in Panik. Ich laufe hinter ihm her und kralle mich in seinem Abhang fest. Aber ich rutsche tiefer und tiefer. Ich wache auf und bin schweißnaß."

Wir unterhalten uns eingehend über diesen Wiederholungstraum. Der junge Mann ist zehntes und letztes Kind und hat noch neun Geschwister vor sich. Der Abstand bis zum Ältesten ist gewaltig. Alle Geschwister sind in seinen Augen tüchtig, und einige hält er für „haushoch überlegen". Als jüngster fühlt er sich klein und muß diesen riesigen Geschwisterberg bezwingen. Er läuft als der Kleine hinter dem Berg her und hat immer wieder das Gefühl, er rutscht in die Bedeutungslosigkeit.

Was macht das Traumgeschehen deutlich?

Als zehntes Kind hat der junge Mann keine Gleichwertigkeit in der Geschwisterfolge erlebt. Er muß ständig nach oben schauen und hat das Gefühl, die anderen schauen auf ihn herab.
- Sein Selbstwert ist erheblich angeknackt. Als der Kleine und Jüngste fühlt er sich von oben herab behandelt. Seine Geschwister haben an seinen Vornamen eine Verkleinerungsform gehängt, und sie rufen ihn „Karlchen". Der nächste Bruder über ihm, der besonders eine Verwöhnung durch die Mutter anprangert, nennt ihn bis heute „Klärchen". Er wird nicht nur klein gemacht, er wird auch zum Mädchen gestempelt.
- Er *glaubt*, daß er nur durch Sonderleistungen, durch moralische Überforderungen, durch makelloses Vorbild vor sich, vor der Gemeinde und vor Gott bestehen kann.
- Er leidet ständig unter Atemnot, wird gehetzt und fühlt eine

unbegreifliche Faust im Nacken. Der „Berg" scheint ihn zu erdrücken und nimmt ihm die Luft zum Atmen.

- Er *glaubt*, vor Gott und Menschen nur bestehen zu können, wenn er als der Kleinste und Jüngste schneller läuft und mehr an Kraft und Fleiß investiert.
- Sein Privat-, sein Alltags- und Glaubensleben sind verkrampft. Er fühlt sich als Christ gerettet, aber nicht befreit, er glaubt an Christus, wird aber von Ängsten beherrscht.

Zusammengefaßt: Seelische Störungen entstehen, wo die Gleichwertigkeit im Zusammenleben mißachtet wird. Minderwertigkeitsgefühle und Selbstwertstörungen lösen Verkrampfungen und Spannungen aus. Eltern, Geschwister und Erzieher tragen eine große Verantwortung, die Gleichwertigkeit aller Menschen zu praktizieren. Das Beispiel des menschlichen Leibes können wir nur zum Vorbild nehmen. Das Neue Testament benutzt nicht die Vokabel der Gleichwertigkeit, aber sie beschreibt eindringlich das reibungslose und konkurrenzfreie Hand-in-Hand-Spiel der Glieder untereinander.

Denkanstoß Nr. 3:
Falscher Ehrgeiz muß abgebaut werden!

Wenn wir von Verkrampfungen, Verspannungen, von Spannungsschmerzen und Nervenzusammenbrüchen reden, können wir den menschlichen *Ehrgeiz* nicht ausklammern. Ehrgeiz ist einer der problematischsten Begriffe im christlichen Leben. Wir leben in einer Welt, wo Leistung, Ehrgeiz und Strebsamkeit einen hohen Stellenwert einnehmen. Christen sind ehrgeizig. Ihr Wahlspruch lautet: „Kaufet die Zeit aus!" (Eph. 5,16). „Müßiggang ist aller Laster Anfang."

Wenn der Ehrgeiz in Frage gestellt wird, werden Eltern und Erzieher unruhig. Selbstverständlich lehnen sie den übertriebenen Ehrgeiz ab. Aber wo fängt der krankhafte Ehrgeiz an? Was ist am Ehrgeiz überhaupt normal?

Der englische Theologe W. Barclay schreibt über den „falschen Ehrgeiz": „*Eritheia* ist ein Wort, dessen Bedeutung degenerierte ... Eritheia war ursprünglich ein achtbares Wort mit der Bedeutung *Arbeiten für Lohn*. Dann begann es zu entarten. Es gewann die Bedeutung einer Arbeit, die man ausschließlich um des Lohnes willen tut; eine Arbeit, die man nicht um des Dienstes willen tut und die nur eine Frage kennt: Was bekomme ich dafür? Im weiteren Verlauf erreichte es die Bedeutung von *Stimmenfang und durch Ränkespiel ein öffentliches Amt erlangen* ... Ferner erreichte es die endliche Bedeutung von *selbstsüchtigem Ehrgeiz*, dem Ehrgeiz, der keinen Begriff von Dienst hat, dessen einziges Ziel Profit und Macht ist."[27]

Im Neuen Testament kommt es siebenmal vor, und *jedesmal* bezeichnet es einen Fehler, der die Gemeinde ruiniert. Der amerikanische Arzt McMillen stellt dem Ehrgeiz die Demut gegenüber. Bei ihm heißt es:

„Wahrscheinlich ist es eine gefährliche Sache, einen zu großen Ehrgeiz zu haben und zum Mond reisen zu wollen. Sicherlich ist es ein gewaltiges Abenteuer, in einer gepolsterten Raumkapsel zum Mond zu fliegen. Aber welcher Ehrgeiz steckt dahinter?

Jesus formuliert einmal etwas, das bestimmt nur von wenigen akzeptiert wird, weil es jenseits unserer Vorstellungswelt liegt: ‚Die Demütigen werden das Erdreich besitzen ...' Er sprach von den Demütigen, die die Erde hier und heute besitzen werden. Schauen Sie sich einige demütige Menschen an, die Sie kennen! Sie werden feststellen, daß sie tatsächlich das besitzen, was auf der Erde besitzenswert ist. Wenn wir nachdenken, werden wir verstehen, warum die Demütigen das Erdreich besitzen. Sie sind rücksichtsvoll, fürsorglich und suchen das Interesse des anderen. Sie reden nicht dauernd über ihre eigenen Leistungen, sie erkennen schnell die Erfolge der anderen an."[28]

– Übergroßer *Ehrgeiz* will herrschen,
– übergroßer *Ehrgeiz* will die anderen übertrumpfen,
– übergroßer *Ehrgeiz* will besser als die anderen sein,

- übergroßer *Ehrgeiz* sieht in erster Linie sich.
- Und dieser *Ehrgeiz* fordert seinen Preis.

Der Bio-Chemiker und Umweltfachmann Frederic Vester schildert uns ein Experiment mit Ratten und zieht daraus entscheidende Konsequenzen:

„Denn wenn wir nun wieder unser Experiment mit den Ratten betrachten, so müssen wir zugeben, daß ihre Magengeschwüre, ihre Nervenzusammenbrüche letztlich durch Anforderungen auftreten, die weit schwieriger, ja unlösbar sind gegenüber denjenigen Anforderungen, die normalerweise in ihrer natürlichen Umwelt stattfinden.

Unsere eigenen Magengeschwüre, Herzinfarkte und Zusammenbrüche werden dagegen durch Probleme verursacht, die wir Menschen selbst geschaffen haben: Probleme künstlicher Rangordnungen, falsche Autorität, Probleme von Ehrgeiz und Prestige."[29]

Die Beschwerden werden uns nicht aufgezwungen, wir schaffen sie uns selbst. Es ist schon so:

- In einem gestreßten Körper wohnt ein gestreßter Geist,
- in einem müden Körper wohnt ein müder Geist,
- in einem entspannten Körper wohnt ein entspannter Geist.

Der Mensch ist das, was er denkt. Ehrgeiz, Streben und Prestigegedenken sind ungeistliche Verhaltensmuster. Ein Lebensstil, der von Ehrgeiz, Streben und Prestigedenken bestimmt wird, spiegelt auch im Alltagsleben eines Christen dieses problematische Verhalten wider.

Denkanstoß Nr. 4:
Böse Gedanken und schlechte Gefühle nicht verschweigen!

Viele Christen neigen dazu, Eheprobleme, Wut und Ärger mit anderen Menschen

- zu verleugnen,
- zu verdrängen,
- herunterzuspielen
- und unter den Teppich zu kehren.

Sie wollen Frieden halten und praktizieren ein gefährliches Spiel. Sie gehen Auseinandersetzungen aus dem Wege und hoffen, daß sich die Konflikte in Luft auflösen. Sie argumentieren:

„Wenn wir unsere Schwierigkeiten besprechen, wird der Streit immer größer."

„Man kann schließlich alles zerreden."

„Wer schweigt, gibt nach. Und Nachgeben ist eine christliche Tugend."

Viele Christen sind ehrlich überzeugt, durch Schweigen, durch Zudecken, durch gute Miene zum bösen Spiel machen würden Konflikte gelöst. Nachgiebigkeit aus Überzeugung ist gut. Nachgiebigkeit aus Schwäche und Ärger vor Eskalation macht unglücklich. Wer gegen seine Überzeugung Ärger und bittere Gefühle herunterschluckt,

- belastet seine Organe,
- verspannt sich im Kopf, im Rücken, im Herzen, im Magen,
- wird bitter,
- kann depressiv werden,
- brütet gegebenenfalls Rachegedanken aus.

Die Eheleute Amy und Thomas Harris haben ein neues Buch verfaßt, wie man mit Gefühlen umgeht. Sie schreiben:

„*Gefühle sind wirklich.* Unserer früherer Mitarbeiter Craig Johnson pflegte zu sagen:

‚Gefühle sickern durch.' Auf die eine oder andere Weise sickern sie durch – in der Körpersprache oder in unseren *Körper hinein,* wo sie zu Magengeschwüren, Kopfschmerzen, Verspannungen, Verstopfung oder Depressionen führen. Gefühle sind eine Urwirklichkeit. Sie anzuerkennen ist unser erster Schritt zur Veränderung."[30]

Schlucken und Verschweigen sind keine christlichen Tugenden. Sie haben mit Demut nichts zu tun. Aber auch das andere gilt: Die Lösung liegt nicht darin, böse Gefühle herauszuschreien. Die Hilfe stellt sich ein, wenn ich sie *bearbeite*. Wer seinem Herzen Luft macht, wer den Partner oder das Kind anbrüllt,

- will verletzen,
- will seine Enttäuschung loswerden,
- will Rache üben und
- will strafen oder die anderen fertigmachen.

Solche Verhaltensmuster sind ungeistlich. Ernsthafte Fragen, um den unbewußten Zielen böser Gefühle auf die Spur zu kommen, sind:

- Was drücke ich mit meinen Gefühlen aus?
- Was habe ich falsch gemacht, daß ich mit Bitterkeit, Wut, Rache, Resignation und mit Depressionen reagiere?
- Welche Einstellungen sind in mir, daß ich Worte, Taten oder Ereignisse so negativ bewerte?
- Will ich den anderen mit verschiedenen Gefühlen bestrafen?
- Habe ich Angst, daß ich die Liebe und Zuneigung des Partners, des Pastors, der Kinder oder eines Gemeindemitgliedes verliere?
- Weiß ich, daß alle Angriffe von draußen, die mir Schaden zufügen könnten, nur dann schädlich sind, *wenn* ich sie schädlich empfinde?

Schlechte Gefühle hängen mit meinem Denken zusammen. Meine negativen Vorstellungen bescheren mir negative Gefühle,
meine bitteren Gedanken rufen bittere Gefühle hervor,
meine Rachephantasien produzieren Rachegefühle.
Wie sagt Paulus:
„Es kommt darauf an, daß jemand nach seiner Überzeugung

handelt ... aber wenn einer davon überzeugt ist, daß ihn etwas unrein macht, dann *ist* es für ihn unrein" (Röm. 14,5 + 14). Meine Überzeugungen bestimmen meine Gefühle. Indem ich meine Gesinnung korrigiere, verändere ich meine Gefühle. Die biblische Kommunikationsregel lautet: „Wenn dein Bruder (ich ergänze: oder deine Schwester) dir unrecht getan hat, dann gehe zu ihm hin und stelle ihn unter vier Augen zur Rede. Wenn er mit sich reden läßt, hast du ihn als Bruder zurückgewonnen" (Matth. 18,15). Auch die Bibel drückt es klar und deutlich aus: Nicht schweigen, sondern reden.

Denkanstoß Nr. 5:
Wir brauchen Entspannung

Der gestreßte Mensch und Christ lebt aber in Spannung und Verkrampfungen. Sein Ehrgeiz, seine Rivalität, seine Eifersucht, sein Karrierestreben und sein Leistungsdruck beinhalten Tempo und Unruhe. Der Organismus kann nicht abschalten. Das Gleichgewicht ist gestört. Der Streßforscher und Bio-Chemiker Frederic Vester drückt das so aus:

„Diese Abwehr, diese Hauptleistung unseres Immunsystems wird im selben Atemzug vermindert, wie die an jenen Hormonbereich gebundenen Emotionen oder Erlebnisse vermindert werden. Mit dem Nachlassen und Seltenwerden von Freude, Lust, Erfolg, Spaß, Vertrauen, Freundlichkeit, Hilfsbereitschaft und Liebe läßt, ganz abgesehen von der Fehlsteuerung unseres vegetativen Nervensystems, auch der Widerstand gegen Viren und Bakterien – und nicht zuletzt Widerstand gegen Krebs – nach."[31]

Freude, Lust und Spaß sind in der Tat Entspannungsfaktoren. Lachen entkrampft, eine gute Komödie lockert die Glieder. Der Evangelist Wilhelm Busch konnte sagen: „Jetzt schmettern wir ein Lied und wischen den Staub von der Seele."

Leider können sich aber Christen, die ständig auf Hochtouren laufen, nicht entspannen. Sie können nicht genießen und packen in jede freie Minute wichtige Arbeiten. Selbst das Essen wird zum Arbeitsessen, das Schöne wird mit dem Geschäftlichen verknüpft. Und ein Manager, der wegen Eheschwierigkeiten in die Beratung kam, sagte mir: „Wenn ich am Tisch sitze, kommen meine Gedanken nicht zur Ruhe. Ich überlege, was ich gleich in Angriff nehmen, welches Telefonat ich vorziehe und was morgen alles geschafft werden muß." Diese Hochspannung hat Folgen. Solche Rastlosigkeit schädigt das Immunsystem und damit die Gesundheit. Was können wir tun?

1. Wir bejahen, daß wir uns selbst die Verkrampfung zufügen.
   „Ich *verspanne* mich!"
   „Ich *verkrampfe* mich!"
   „Ich setze *mich selbst* unter Druck!"
   Lesen Sie jedes Wort mit Betonung! Sie werden feststellen, daß Sie es selbst sind, der sich belastet. Solange wie wir die Umstände, die Arbeitsstelle, unsere Veranlagung oder Gott selbst für unsere Lebenseinstellung verantwortlich machen, sind wir nicht bereit, eine Gesinnungsänderung einzuleiten.

2. Planen Sie Spielzeiten ein!
   In der Kurzgeschichtensammlung von Willi Hoffsümmer steht eine Erzählung über den großen Apostel Johannes. Die Geschichte ist überschrieben: Die Spannkraft.
   „Es wird erzählt, daß der alte Apostel Johannes gerne mit seinem zahmen Rebhuhn spielte. Eines Tages kam ein Jäger zu ihm. Er wunderte sich, daß Johannes, ein so angesehener Mann, spielte. Er hätte doch in der Zeit viel Gutes und Wichtigeres tun können. Deshalb fragte er: ,Warum vertust du deine Zeit mit Spielen? Wendest du deine Aufmerksamkeit einem nutzlosen Tier zu?' Johannes schaute ihn verwundert an. Warum sollte er nicht spielen? Warum verstand der Jäger ihn nicht? Er sagte deshalb zu ihm: ,Weshalb ist der Bogen in deiner Hand nicht gespannt?' ,Das darf man nicht', gab der Jäger zur Antwort. ,Der Bogen würde seine Spannkraft verlieren, wenn er immer gespannt würde. Wenn ich dann einen

94

Pfeil abschießen wollte, hätte er keine Kraft mehr.' Johannes antwortete: „Junger Mann, so wie du deinen Bogen immer wieder entspannst, so mußt du dich auch selbst immer wieder entspannen und erholen. Wenn ich mich nicht entspanne und einfach spiele, dann habe ich keine Kraft mehr für eine große Anspannung, dann fehlt mir die Kraft, das zu tun, was notwendig ist und den ganzen Einsatz meiner Kräfte fordert.'"[32]

Der greise Johannes zeigt uns die Richtung. Anspannung und Erholung, Kraftentfaltung und Ruhe. Immer beides. Wer dazu neigt, seinen Organismus pausenlos auf Hochtouren zu trimmen, der muß Spiel- und Entspannungszeiten systematisch einplanen. Die Bibelstunde, der Konzertbesuch, der Spielabend mit Freunden und die Urlaubstage müssen im Kalender vermerkt werden.

Spielenkönnen ist ein Geschenk unseres Schöpfers. „Der homo ludens", der spielende Mensch, ist eine Wohltat Gottes. Der Ruhetag ist eine Forderung und ein Gebot unseres Herrn, der Sabbat ist eine unverzichtbare Schöpfungsordnung.

Wenn Johannes schreibt: „Wenn der Sohn Gottes euch frei macht, dann seit ihr wirklich frei" (Joh. 8,36),

. . . dann sind solche Worte keine Schönfärberei;
. . . dann gilt dieser Satz holistisch, ganzheitlich. Er gilt für Leib, Seele und Geist;
. . . dann beinhaltet dieser Satz das Freiwerden, die Erlösung von Tod und Teufel, auch das Freiwerden von Selbstzweifeln von Verspannung und Verkrampfung;
. . . dann beinhaltet der Satz das Freiwerden von Leistungsvergottung und von Selbstüberforderung;
. . . und er beinhaltet das Abwerfen und Loslassen von Eitelkeiten und Selbstansprüchen.

Kapitel 4

Alles oder nichts

Das Lebensprinzip „Alles oder nichts" ist ein Thema, das viele
Menschen im weltlichen wie im christlichen Bereich umtreibt.
Sogar im Fernsehen wird „Alles oder nichts" zur beliebten Sendung. Im Menschen wird ein Bedürfnis geweckt, das seit den
Tagen des Paradieses fasziniert: *Alles* gewinnen oder *alles* verlieren. Viele praktizieren diese Grundeinstellung, ohne zu wissen, daß sie ihr Leben beherrscht. Es ist nicht nur ein allgemein
neurotisches Prinzip, es ist auch ein ekklesiogenes, neurotisches
Verhaltensmuster, das in unserer Leistungsgesellschaft blüht
und gedeiht.

Die Lebensgrundeinstellung „Alles oder nichts" hat immer
den ganzen Menschen erfaßt, zum Scheitel bis zur Sohle. Das
Leitmotiv beherrscht

. . . sein Tun und Lassen,
. . . sein Denken und Planen,
. . . seine Vorstellungen und Gefühle,
. . . sein Leben in Freundschaft, Ehe und Beruf und
. . . sein Glaubensleben als Christ.

Es zieht den Menschen in eine bestimmte Richtung, es lenkt ihn
wie ein unsichtbares Radar. Manchmal bekommt man den Eindruck, daß viele junge und erwachsene Menschen diesem Leitmotiv wie einer fremden Macht ausgeliefert sind.

Eine Laus oder Napoleon

Das Leitmotiv, das den Menschen wie ein inneres Gesetz bestimmt, begegnet uns in vielen Umschreibungen:

- Alles oder nichts,
- ganz oder gar nicht,
- lieber tot als rot,
- eine Laus oder Napoleon,
- Butter oder Kanonen,
- Sieg oder Untergang,
- Kleckern oder Klotzen.

Viel häufiger, als wir ahnen, kommt in Redewendungen dieses extreme Denken zum Vorschein. Ein Ratsuchender sagte mir ganz beiläufig, als er über ein Fest sprach, das er gestalten wollte: „Sekt oder Selters, das ist mein Prinzip!" Was meinte er? Entweder gibt es Spitzenweine zu trinken oder Mineralwasser. Nur kein Mittelmaß. Der Durchschnitt ist verpönt.

Halbe Sachen laufen nicht. Das Streben zum Höchsten und das jähe Fallen in die Tiefe, dieses Thema zieht sich wie ein roter Faden durch die Weltgeschichte. Zwei Beispiele mögen für viele stehen.

Da ist Ikarus, ein altgriechischer Techniker, der es wagte, sich in seinem jugendlichen Übermut, die Mahnungen des erfahrenen Dädalus mißachtend, mit seinen selbstgeschneiderten Flügeln allzuhoch in die Lüfte zur Sonne hinaufzubewegen. Er mußte seine Hybris mit einem jähen Absturz ins Meer büßen.

Der Turmbau zu Babel, auf den ersten Blättern der Bibel, ist die Geschichte der Selbstüberschätzung des Menschen. Er will in schwindelnde Höhen aufsteigen, er will eine Turmspitze errichten, die bis in den Himmel reicht. Der Mensch will an die Stelle Gottes. Der Mensch will sein eigener Herr sein, er will nicht mehr die Verbotstafeln eines angeblich Höheren über sich dulden.

Und Helmut Thielicke schreibt über den Turmbau zu Babel:

„Wenn der Mensch wörtlich nicht mehr unter Gott ist, dann steht er unter der Herrschaft seiner Instinkte, seines Opportunismus', seines Ehrgeizes, seines Willens zur Macht. Eines Tages wird er sogar über eine Leiche gehen, wenn es ihm opportun erscheint. Denn irgendeinen Herrn haben wir doch samt und sonders alle, von irgend etwas sind wir alle getrieben – wenn nicht von Gott, dann vom Abgott, wenn nicht von oben, dann von unten. Drum habe ich Angst vor einem bindungslosen Menschen, und ich bin vor ihm auf der Hut . . . Die Geschichte der Welt im großen ist nur der Abglanz der Geschichte meines eigenen Herzens; und Francis Thompsen sagt mit Recht: ‚Das große Babylon ist nur ein Scherz, will es im Ernst so groß und so maßlos sein, wie unser babylonisch Herz!' Wer in unserer zerrissenen Welt die Kräfte der Heilung entbinden will, muß bei sich selbst und seinem babylonischen Herzen beginnen."[33]

Der Mensch will an die Stelle Gottes. Seine Selbstherrlichkeit duldet es nicht, daß eine Macht über ihm ist. Seine Größenphantasien gaukeln ihm Allmachtsgefühle vor. Immer wieder spricht der Versucher zu den Menschen wie im Paradies: „Ihr werdet sein wie Gott." Diese Versuchung steckt unzähligen Menschen im Blut. Sie wollen

– *sein wie Gott,*
– *allwissend,*
– *allmächtig.*

Thielicke hat recht: Der Turm von Babylon, das höchste Bauwerk der Erde, die größte Bombe, das schnellste Flugzeug, die gefährlichste Zerstörungswaffe sind Produkte eines babylonischen Herzens und einer maßlosen Machtgier. Wer maßlos hoch pokert, stürzt in der Regel ins Nichts. *Alles* hat einen Gegenpol – *Nichts.*

Wie kann sich ein Alles-oder-Nichts-Symptom entwickeln?

Welche Lebensgrundauffassungen haben sich im Kind gebildet?
Welche unbewußten Ziele hat ein Kind verfolgt?
Welche Rolle glaubt das Kind in der Welt spielen zu müssen?
Vier Muster des Selbstverständnisses wurden dabei entdeckt.
Sie stammen von einem amerikanischen Psychiater, der viele solcher Menschen behandelt hat:

Muster Nr. 1:
Ich bin ein ganz besonderes Kind

Das Kind entwickelt die Überzeugung: Ich bin etwas Ungewöhnliches, etwas besonders Wertvolles oder etwas besonders Schlechtes. Das Kind erlebt sich außergewöhnlich, andersartig. Es will anders werden als die anderen. Nur wenn bei mir *alles* anders ist, entgehe ich dem *Nichts*.

Muster Nr. 2:
Ich bin ein diktatorisches Kind

Das Kind schüchtert ein. Mütter kapitulieren, Mütter reagieren – besonders in der Ehe – unterwürfig. Das Kind ahmt den tyrannischen Vater nach. Das Kind kann mit Gleichaltrigen nicht kooperieren. „*Alles* hört auf mein Kommando, oder es läuft *nichts!*"

Muster Nr. 3:
Ich bin ein unzulängliches Kind

Das Kind reagiert mit Entmutigung und Resignation auf Erwartungen der Eltern. Es flüchtet in Hilflosigkeit und Unzulänglichkeit. Das Kind demonstriert Unfähigkeit. „Wenn ich das *Höchste* nicht erreichen kann, dann will ich das *Nichts.*"

Muster Nr. 4:
Ich bin das Kind, das die Wünsche und Erwartungen der anderen erfüllen muß

Das Kind fühlt sich mißbraucht. Das Kind glaubt, im Dienst der Bedürfnisbefriedigung anderer Menschen zu stehen. Es soll unglückliche eheliche Partnerbeziehungen verbessern oder ersetzen. Es soll elterliches Prestige erfüllen. Es soll als Marionette elterliches Kontrollbedürfnis erfüllen. „Alles in meinem Leben diente nur dazu, andere zufriedenzustellen."

Zusammengefaßt: Diese Erfahrungen produzieren eine Unfähigkeit, befriedigende zwischenmenschliche Beziehungen aufzubauen. Diese Kinder entwickeln einen übergroßen Wunsch nach Anerkennung. Sie fühlen sich schuldig, abgelehnt und in der Verliererposition. Die Schlüsse, die Kinder aus solchen Lebenserfahrungen ziehen können, sind „Ganz-oder-gar-nicht-Überzeugungen".[34]

Das Alles-oder-nichts-Prinzip ist eine krankmachende Überzeugung. Einige Forscher haben sich eingehend mit diesem Phänomen beschäftigt und die Auslöser gesucht, die solche irrigen Lebenseinstellungen konstellieren.

Der schon genannte Psychiater Bernhard Shulman hat zwei irrtümliche Meinungen entdeckt, die in der Regel diese Lebensüberzeugung widerspiegeln.
1. Satz: „Es gibt für mich auf dieser Erde keinen Platz, weil ich selbst dermaßen minderwertig bin, bzw. die Umwelt mir gegenüber so feindselig eingestellt ist."
2. Satz: „Ich muß einen besonderen Status oder eine besondere Position erringen, in der ich so hoch gestellt bin, daß meine

Mängel und Schwächen verborgen bleiben und überhaupt in der Lage bin, in allen Lebensbereichen zufrieden zu werden."[35]

Zum besseren Verständnis noch einige kommentierende Sätze von Professor Shulman: „Diesem übersteigerten Ehrgeiz . . . wurde in der Literatur nur sehr wenig Rechnung getragen. Wir selbst haben keinen anderen Typus psychiatrischer Patienten finden können, bei dem die Tendenz, etwas ganz Einzigartiges und Überwertiges zu sein, so ausgeprägt zum Ausdruck gekommen wäre . . . Dieses Ziel ist die Vollkommenheit, die Gottähnlichkeit, die den einzigen Schutz vor Verletzungen und Erniedrigungen darzustellen scheint . . . Sein Ziel ist ausgesprochen starr, und der Patient lebt ganz unter dem Einfluß eines Alles-oder-nichts-Prinzips, das nach einer absoluten Erfüllung des gesteckten Zieles verlangt."[36]

Drei Schlußfolgerungen

Schlußfolgerung 1:
Übergroße Minderwertigkeitsgefühle, wie sie auch immer entstanden sein mögen, Gefühle der Nichtswürdigkeit, rufen als Gegenreaktion Omnipotenzgefühle und Allmachtsvorstellungen hervor.
– Derjenige überhebt sich,
– derjenige strebt weit über sich hinaus,
– derjenige steigert sich in Allmachtsphantasien hinein,
– derjenige glaubt an seine Einzigartigkeit.

Schlußfolgerung Nr. 2:
Der Ehrgeiz dieser Menschen steigert sich ins Unermeßliche. Krankhafter Ehrgeiz ist sehr oft die Überkompensation von Nichtswürdigkeit. Seine phantastischen Ehrgeizpläne – auf welchen Gebiet auch immer – schießen weit übers Ziel hinaus. Das Ergebnis ist ein krankhaftes Alles-oder-nichts-Prinzip.

Schlußfolgerung Nr. 3:

Das Ziel der Wünsche ist die *Gottähnlichkeit.* Dieses unverstandene Ziel wird von den wenigsten Christen zugelassen. Wer kann schon zugeben, einem Gottähnlichkeitsstreben zu frönen? Die Vollkommenheit als Ziel wird eher bejaht. Sie steht bei Christen hoch in Kurs.

Es lohnt sich, einige Sätze des englischen Theologen Oswald Chambers zu hören, der unmißverständlich über das Vollkommenheitsstreben schreibt:

„Die Vorstellung, Gott wolle uns zu vollkommenen Musterbildern dessen machen, was Er an uns zu tun imstande sei, ist ein Fallstrick . . . Christliche Vollkommenheit ist nicht menschliche Vollkommenheit und wird es auch nie sein können. Christliche Vollkommenheit ist eine vollkommene Gottverbundenheit . . . Ich bin dazu berufen, in einer vollkommenen Verbundenheit mit Gott zu leben, damit mein Leben auch in anderen Menschen eine Sehnsucht nach Gott hervorruft – nicht aber eine Bewunderung meiner Person."[37]

Vollkommenheit haben wir, wenn wir immer vollkommener auf Christus uns verlassen. Alles andere ist Werkgerechtigkeit und fromme Selbsterlösung. Wir plustern uns vor anderen Menschen auf und wollen insgeheim bewundert werden.

Alles oder nichts ist eine Frage des Lebensstiles

Im Lebensstil kommen die wesentlichsten Prinzipien zur Sprache, für die Menschen sich entschieden haben. Der Lebensstil beinhaltet das Bewegungsgesetz dieses einmaligen Menschen. Es ist eine Gesamtlebenshaltung, die diese Persönlichkeit kennzeichnet. Andere Umschreibungen lauten:

Mein Lebensstil, das

. . . ist die Summe meiner Grundüberzeugungen,

. . . ist die Leitmelodie meines Lebens,

. . . ist das komprimierte Konzept meiner Person,

... ist Schablone meines Denkens, meines Fühlens, meines Glaubens, Lebens und Liebens.

Diese Denk- und Vorurteilsschablone, die sich der Mensch schon in jungen Jahren zugelegt hat, und zwar in der Auseinandersetzung mit Eltern, Erziehern und Geschwistern, wird jetzt über alles gestülpt, was geschieht. Der Lebensstil ist keine Rolle, in die der Mensch gepreßt wird, sondern ein Rollenbuch, das weitgehend der Mensch selbst entworfen und geschrieben hat. Dieser Deutungsrahmen ist wie eine gefärbte Brille, mit der alle Dinge des Lebens wahrgenommen werden. Jeder Mensch trägt eine solche Brille.

Eine dieser Denkschablonen kann die Fassung tragen „Alles oder nichts". Diese Sichtweise ist eigenwillig und radikal.
- Alles oder nichts wird zum Leitmotiv, das große Schmerzen produzieren kann;
- alles oder nichts wird zum Bewegungsgesetz, das extreme Spannungen auslöst;
- alles oder nichts wird zum ausgefallenen Charakteristikum eines Menschen, der sich jeweils an den Grenzen des Lebens bewegt. Im Klartext kann das Leitmotiv so variiert werden:

- Ich erreiche das *Höchste* – oder ich gebe auf;
- ich erreiche das *Vollkommene* – oder ich kapituliere;
- ich will die *Spitze* – oder ich zeige mich völlig interessenlos;
- ich will eine *vollkommene Ehe* – oder ich lasse mich scheiden;
- ich will eine *total harmonische Familie* – oder ich bleibe ledig;
- ich finde einen *Traumpartner* – oder bleibe lieber allein;
- ich erreiche *Traumnoten* – oder ich stecke auf.

Das Leitmotiv wird vom Entweder-Oder und vom Ganz-oder-Gar-nicht beherrscht. Zwischentöne gibt es nicht. Die goldene Mitte ist unakzeptabel. Das Denken wird von Extremen bestimmt. Die schwerwiegenden Konsequenzen eines solchen irrtümlichen Lebenskonzeptes sind zu erahnen. Ich nenne zwei:

1. Jede tatsächliche oder befürchtete Niederlage, die das An-
streben des hochgesteckten Zieles unmöglich macht, stellt
eine furchtbare Bedrohung für den Menschen dar. Mißerfolge im Beruf, in der Ehe, im Glauben, in der Nachfolge, in
der Freundschaft oder im Intimleben rufen eine Krise hervor.
Der Zusammenbruch erfolgt, *weil* die Enttäuschungen, die
objektiv klein sein können, für den Betreffenden nicht zu ertragen sind. Das „verstiegene Ideal", wie Binswanger dieses
Lebenskonzept nennt, wird nicht erreicht. Die Enttäuschung
wird als Katastrophe erlebt.
2. Jetzt ist der Mensch bereit, so funktionieren zu müssen wie
die Mitmenschen. Er zieht sich zurück, er ist unfähig, noch
etwas zu tun. Er verweigert jegliche Mitarbeit. Er ist am Ende.
Wenn nur Höchstwerte zählen, die uneingeschränkt erreicht
werden müssen, ist der Ausstieg aus dem Leben vorprogram-
miert. Betroffene mit einem solchen Lebensstil zahlen einen
hohen Preis.

Alles gewinnen oder alles verlieren

Die Überschrift drückt es präzise aus: Der Mensch mit dem
Alles-oder-nichts-Leitmotiv will *herrschen*. Dahinter verbirgt
sich ein wahnwitziger Ehrgeiz, der beste, der tüchtigste, der
schnellste, der liebenswürdigste oder moralischste Mensch zu
sein. Das Einstellungsmuster kann sich auf allen Lebensgebie-
ten bemerkbar machen.

Alfred Adler beschreibt eine morphiumsüchtige Frau, die
alles daran setzt, ihren Partner unter Druck zu setzen. „Der
Drogenkonsum war eine Form des Selbstmordes. Als kleines
Kind und als Liebling ihres Vaters hatte sie sowohl ein starkes
Verlangen nach Eroberung wie auch ein intensives Gefühl von
Unzulänglichkeit verspürt und lebte nach der neurotischen For-
mel des Alles-oder-Nichts. In solchen Fällen, d. h. wenn die
Hoffnung, *alles* zu gewinnen, zu schwinden beginnt, bleibt nur

Nichts übrig, und dies muß seinen Ausdruck in sehr schlimmen Verhaltensweisen finden, in Selbstmord oder Wahnsinn. Das Gefühl, Selbstmord verleihe Gewalt über Leben oder Tod, ist der äußerste Ausdruck des Überlegenheitszieles auf der unnützen Seite des Lebens."[38]

Der Selbstmord ist nicht etwa das Eingeständnis des Versagens. Er beinhaltet die Gewalt über Leben und Tod. Im allgemeinen ist es so, daß wir Menschen hilflos dem Tod ausgeliefert sind. Er kommt, wann er will. Er bestimmt unser Leben und macht durch alle Pläne und Vorhaben einen Strich. Ohnmächtig sind Christen und Nichtchristen diesem „letzten Feind" ausgeliefert.

Nur der Selbstmörder maßt sich an und trotzt selbst dem lebendigen Gott, über Zeit und Stunde seines Todes ganz allein zu entscheiden.

Wenn alles im Leben negativ bewertet wird

Was geschieht, wenn jemand *alles* in Frage stellt? Meine Tochter und ich bearbeiteten beim Evangeliumsrundfunk (ERF) den „Kummerkasten". Junge Leute schreiben sich ihre Probleme von der Seele.

In der letzten Sendung haben wir den Brief einer jungen Dame von ca. 20 Jahren beantwortet, die u. a. wörtlich schrieb:

„Ich habe in mir das Gefühl, zu *allem* unfähig zu sein, *alles*, was ich nur tue, ob zu Hause, auf der Arbeit, im Jugendbund, jede Begegnung mit anderen Menschen wird zum Krampf. Mir fehlt eigentlich jegliche Freude."

Was drückt ein junger Mensch mit diesen Sätzen aus? Einige Gedankenanstöße dazu:

Gedankenanstoß Nr. 1:
Wer glaubt, zu allem unfähig zu sein, ist zu allem unfähig

Wer das Gefühl hat, *alles* was ich beginne, ist Krampf, der ist völlig verkrampft. Wer der Überzeugung ist, daß ihm jegliche Freude fehlt, der ist unglücklich. Der Glaube versetzt Berge. Der Glaube, geistlich wie psychisch, ruft ungeahnte Reaktionen hervor. Meine Vorstellungen, meine Ängste, meine Befürchtungen, meine Einbildungen, die wir hegen, bestimmen unser Leben, unsere Gesundheit, unseren Frieden.

Gedankenanstoß Nr. 2:
Dir geschehe nach deinem Glauben

Der zweite Gedankenanstoß hängt mit dem ersten zusammen. Diese Aussage Jesu hat eine geistliche *und* psychische Komponente. Wir sind eine Einheit im Denken, Fühlen, Glauben und Handeln. Geistliche und seelische Prozesse sind nicht zu trennen. Leib und Seele sind nahtlos miteinander verbunden. Die amerikanischen Autoren Backus und Chaplan kommentieren dieses Wort folgendermaßen: „Der biochemische Zustand Ihres Körpers hat Einfluß auf Ihr Empfinden. Es gibt verschiedene Möglichkeiten, biochemische Vorgänge in uns zu verändern ... Ihre Gedanken können Einfluß nehmen auf die biochemischen Vorgänge in Ihnen. Können Sie sich vorstellen, daß Ihre Selbstgespräche die Funktion Ihrer Drüsen, Muskeln und Nerven beeinflussen? Es verhält sich tatsächlich so. Einige Psychologen versuchen zur Zeit den Beweis zu liefern, daß die Gedanken die Empfindungen beeinflussen. Sie sprechen dabei von einer absolut neuen Entdeckung. Doch ist diese Wahrheit bereits mehrere tausend Jahre alt. Im Buch der Sprüche lesen wir: ‚Wie er in seinem Herzen denkt, so ist er‘ (Sprüche 23,5), und ‚Die Gedanken des Gerechten sind richtig ...‘ (Sprüche 12,5) ... Unsere Gedanken bestimmen unser Verhalten. Jesus predigte den Menschen unermüdlich, daß sie glauben und nochmals glauben sollten. ‚Seid standhaft, habt Vertrauen und glaubt.' ‚Wie ihr geglaubt habt, so soll es geschehen', sagt Jesus (Matth. 9,29)."[39]

Die Gedanken der beiden Amerikaner geben Einblicke in das Wunderwerk unseres Organismus, die wir als Christen nicht überhören sollten. Wir haben es in der Hand, wie wir mit Ängsten, Kränkungen, Beleidigungen, Haßgedanken, Neid- und Versagensgefühlen umgehen wollen. Wir sind nicht auf uns allein angewiesen. Wir wissen: „Meine Kraft ist in dem Schwachen mächtig" (2. Korinther 12,9).

Das ist eine vertrauensvolle Verheißung. Wer Ohnmachts- und Versagensgefühle produziert und kultiviert, sie nicht in Gottes Hände legt, wird von diesen Gedanken und Gefühlen krank gemacht. Das zentrale Nervensystem gibt die Impulse an unsere innersekretorischen Drüsen weiter. Unser Immunsystem, unsere Abwehranlage, wird dadurch geschwächt. Wir werden anfällig für alle möglichen Krankheiten. Unbestritten ist heute: Was in unseren endogenen Drüsen und in unserem Immunsystem vorgeht, ist ein Spiegel dessen, was sich in unseren Köpfen und Herzen abspielt.

- In *seiner Kraft* können wir die fehlorientierten Gedanken verändern;
- in *seiner Kraft* können wir uns positive Augen schenken lassen, die Hoffnung sehen und auf Zuversicht gerichtet sind;
- in *seiner Kraft* können wir lernen, nicht auf uns zu blicken, auf unser Versagen, auf unsere Versäumnisse und auf unsere Schwächen.

Die Psyche des Magersüchtigen

Das Alles-oder-nichts-Denken finden wir häufig auch bei Pubertätsmagersüchtigen. Sie haben einen übertriebenen Ehrgeiz. Der Berliner Therapeut Dr. Josef Rattner schreibt darüber:

„Die Magersüchtigen haben Phasen in ihrem Leben, wo sie alles haben wollen. Dies kann sich drastisch in Freßgier umsetzen, so daß nicht selten der Magersucht eine Fettsucht voranging. Auch hängt dies mit dem Ernährungsregime einer Mutter zusammen, die ihr Kind ‚stopfen‘ will. Es gibt Mütter, die ihre Liebe zum Kinde mit ‚Suppenlogik und Knödelargumenten‘ (Freud) bezeugen – das Kind ertrinkt in der mütterlichen Liebe und im eigenen Fett. Die Askese setzt dann ein, wenn die Liebe der Mutter angezweifelt und verlogen wird ... Das Nicht-Essen ist dann eine Änderung feindseliger, eifersüchtiger Impulse ... Nun wollen sie durch Hungern ihre Brüste beseitigen, durch Abtöten aller Nahrungsimpulse ein reines und unberührtes Leben führen ... Ein irregeführtes Geltungs- und Vollkommenheitsstreben lenkt sie zur Auszehrung hin, an der sie, sofern Psychotherapie nicht helfend eingreift, zuletzt sterben.“[40]

Was drückt der Magersüchtige mit seiner Krankheit aus?

Einige Thesen können helfen, die Seelenverfassung des Anorektikers zu verstehen.

These Nr. 1:
Es handelt sich um eine Alles-oder-Nichts-Persönlichkeit

Der Lebensstil wird vom Entweder-Oder beherrscht. Der Magersüchtige will *alles* haben, er frißt *alles* in sich hinein. Er ist gekennzeichnet durch eine große Gier. Er will die Fülle des Lebens haben. Er will *alles* auskosten. Gelingt ihm das nicht, verfällt er ins Gegenteil. Er ändert seine Bewegungsrichtung *radikal*. Das *Nichts* rückt in den Mittelpunkt. Er will *nichts* mehr essen. Alle Angebote von Eßbarem werden abgelehnt. *Alles*, was das Leben zu bieten hat, ist furchtbar, *nichts* lohnt sich. *Nichts* kann der Magersüchtige an sich ertragen, *alles* an ihm ist mangelhaft.

These Nr. 2:
Er praktiziert ein irregeleitetes Vollkommenheitsstreben

Der Magersüchtige will über das normale menschliche Leben *hinauswachsen.* Ähnlich wie Mönche und Nonnen im Fasten ein Mittel der Heiligung erkennen, will der Magersüchtige die Bedürfnisse des Menschlichen und Weltlichen überwinden. Wieviel Leid er sich auch zufügt, er *will* die Kontrolle über sein Leben und über seinen Körper behalten. Die Selbstbeherrschung ist auch eine Herrschsucht. Seine rigorose Kontrolle ist ein ausgeprägtes Vollkommenheits- und Überlegenheitsstreben. Im Vollkommenheitsstreben lebt der Anorektiker das Ideal der „Herrschaft des Geistes über den Körper". Die Therapeutin Hilde Bruch schildert eine Patientin, die ihr Lebensgefühl so beschreibt: „Bei ihrer Schilderung über die Verpflichtungen, die es mit sich bringt, in einem wohlhabenden Haus aufzuwachsen, benutzt Ida nur den goldenen Käfig als Bild: ‚Wenn Sie als Königssohn geboren werden, sind Sie dazu verdammt, etwas Besonderes zu tun. Man muß selbst König werden.'"[41]

These Nr. 3:
Der Selbstmord ist nicht ausgeschlossen

Viele Magersüchtige geraten in die *Isolierung.* Ihre Weigerung, das Leben wie ein normaler Mensch zu genießen, ist extrem. Der außergewöhnliche Stolz auf das skelettartige Aussehen macht es schwer, eine Änderung der Lebenseinstellung herbeizuführen.

Hinzu kommt, daß bei starkem Untergewicht der Magersüchtige seine reale Selbsteinschätzung verliert. Je schwerer die

Erkrankung, desto gefährlicher die Überbeschützung. Hilde Bruch schreibt: „Je stärker das Bedürfnis nach Selbsttäuschung, um so weniger wird die Magersüchtige bereit sein, die Wertvorstellungen und Begriffe, mit denen sie operiert, in Frage zu stellen. Die Fehlwahrnehmungen und Selbsttäuschungen dienen als Schutz vor der tiefsitzenden Angst, ein nutzloser, nicht integrierter Mensch zu sein. Kommt es zu keiner einschneidenden Unterbrechung dieses Zustandes und wird der Kranken nicht geholfen, die Welt realistischer zu sehen, besteht die anorektische Einstellung unter Umständen Jahre fort. Das Ende kann der Tod sein (nach Zahlenangaben der älteren Literatur liegt die Sterblichkeitsquote bei 10 %). Doch häufiger sind qualvolle Isolierung und chronische Invalidität."[42]

Magersüchtige haben ein extremes Bedürfnis, überlegen zu sein. Sie sind überzeugt, etwas Besonderes, anders als die anderen, wertvoll, außergewöhnlich und hervorragend zu sein. Rattner hat recht, dieses irregeleitete Geltungs- und Vollkommenheitsstreben, dieses Alles-oder-nichts-Denken kann in den schleichenden Selbstmord führen.

Alles oder nichts – ein grenzenloses Machtstreben

Macht und Machtstreben spielen im menschlichen Leben eine entscheidende Rolle. Schon im Paradies lockt der Versucher den Menschen mit Machtphantasien: „Ihr werdet sein wie Gott." Diese teuflische Versuchung hat den Menschen seit seiner Erschaffung nicht mehr verlassen. Gott warnt den Menschen im Paradies ausdrücklich, dieses Gottähnlichkeitsstreben zu unterlassen: „Von allen Bäumen des Gartens darfst du nach Belieben essen; aber vom Baum der Erkenntnis des Guten und des Bösen – von dem darfst du nicht essen; denn sobald du von diesem ißt, mußt du des Todes sterben" (1. Mose 2,16 + 17).

– Der Mensch will alles oder nichts.

- Der Mensch will die ganze Wahrheit.
- Der Mensch will die uneingeschränkte Erkenntnis.
- Der Mensch will die Allwissenheit.

Der bedeutende Alttestamentler, Professor Gerhard von Rad, schreibt in seiner Auslegung über das 1. Buch Mose zu dieser Stelle: „In der weitüberwiegenden Zahl der Belege meint es – gemäß der viel konkreteren Redeweise des Orientalen – einfach ‚alles' (oder mit einer Negation verbunden ‚nichts'). Erkenntnis von Gut und Böse bedeutet Allwissenheit im weitesten Sinne des Wortes."[43]

Der Mensch will alles oder riskiert das Nichts, den Tod. Der Mensch will in seinem Leben nicht beschnitten, sein Leben soll nicht durch Grenzen und Verbote eingeengt sein. In seinem Forscherdrang will der Mensch nicht gestoppt werden. Bevor die absolute Spitze nicht erreicht ist, gibt er sich nicht zufrieden. Sein Ziel ist es, das Unteilbare zu teilen. Er will die Grenzen des Universums ausloten. Dieses Gefühl der Überlegenheit, diesen Machtkomplex nennt Alfred Adler „Das Streben nach Gottähnlichkeit". Dieses Symptom spielt in der Beratungspraxis und der Seelsorge eine große Rolle.

In der Diagnostik an einzelnen oder Paaren benutzen wir einen Fragebogen, der 14 gängige Lebensstile enthält, die häufig im Leben vorkommen. Wir bitten die Ratsuchenden, Worte oder Sätze anzustreichen, die für sie annähernd oder weitgehend zutreffen.

Einer dieser 14 Lebensstile lautet so: „Der Mensch, *der gut sein will*, möchte nach höheren moralischen Maßstäben leben als seine Mitmenschen. Manchmal sind diese Maßstäbe sogar höher als die Gottes, denn er handelt so, als ob Gott Sünden vergeben würde, die er selbst nicht vergeben kann. Dieses Gut-Sein kann er als moralische Überlegenheit ausspielen und sich dadurch nicht nur selbst über andere stellen, sondern tatsächlich die anderen (‚minderwertigen' Menschen) entmutigen. Dieses Verhalten findet man häufig bei ‚Musterkindern' oder Frauen von Alkoholikern."[44]

Der Mensch, der gut sein will, will *besser* als andere sein. Das sind die verborgenen, nicht ins Bewußtsein getretenen Absichten. Der Mensch strebt höchste moralische Maßstäbe an. Er will moralisch perfekt und überlegen sein. Ungewollt kommt ein verkappter Hochmut zum Ausdruck. Ohne es sich einzugestehen, wertet er die anderen ab. Er darf sich Sünden und Fehler nicht erlauben. Unterlaufen sie ihm doch, kann er sie sich selbst nicht vergeben. Er kann sie sich nicht verzeihen.

Was ist die Konsequenz eines solchen moralischen Anspruchs? Der Mensch stellt sich im tiefsten über Gott. Er will frommer, gerechter und konsequenter sein. Fast wird ihm die grenzenlose Barmherzigkeit des himmlischen Vaters zum Ärgernis. Seinen Rechtschaffenheitsdünkel bezeichnet er als Heiligung.

Ich habe noch keinen Menschen in der Seelsorge getroffen, der das zugeben kann, aber schon einige, die über sich selbst entsetzt waren, als sie sich mit ihrem uneingestandenen Gottähnlichkeitsstreben auf die Spur kamen.

Der Gotteskomplex

Der Psychoanalytiker Horst Eberhard Richter hat unter diesem Titel ein dickleibiges Buch geschrieben, das dem Allmachtsstreben des Menschen gewidmet ist. Richter ist kein bewußter Christ, von daher ist es erstaunlich, wie scharfsinnig er ein Phänomen beschreibt, daß den Menschen jenseits von Eden gepackt hat. Seine Haupterklärung gipfelt in den Sätzen: „Die Macht unserer wissenschaftlich-technischen Mittel mißbrauchen wir zur rasch fortschreitenden Umweltzerstörung und zur Anhäufung immer schwererer kontrollierbarer atomarer Vernichtungsarsenale. Diese Gefahren erzeugen wir nicht aus Versehen, aus Achtlosigkeit, vielmehr zielstrebig als Ergebnis unserer verfehlten Grundhaltung zur Welt und unseres Selbstverständnisses.

Wir erzeugen sie aus einem zügellosen Bemächtigungsdrang, der uns beherrscht, seitdem wir einst unsere Sicherheit in Gott verloren haben. Seit dem Verlust der mittelalterlichen Gotteskindschaft leben wir in einer untergründigen, heillosen Angststimmung, gegen die uns nur ein einziges Rezept eingefallen ist: uns selbst die totale Kontrolle über alle Ursachen und Kräfte aneignen zu wollen, von denen uns je Ungemach drohen könnten. Das Entsetzen vor einer unerträglichen Verlorenheit und Ohnmacht in der Welt ist somit die eigentliche Antriebsenergie, die sich hinter dem Drang nach technischer Allmacht verbirgt."[45]

Richter hat nicht recht, wenn er behauptet, erst am Ende des Mittelalters hätte der Mensch seine *Sicherheit in Gott* verloren. Schon die ersten Menschen im Paradies haben der Ur-Sünde, „sie wollen sein wie Gott", nicht widerstehen können. Diese Ur-Sünde hat ihnen die Vertreibung aus der Geborgenheit, aus der unmittelbaren Gemeinschaft mit Gott eingebracht. Unsicherheit, Ungeborgenheit und Angst waren die Folgen. Seit es Menschen auf der Erde gibt, sind sie bemüht, Gottes unermeßliche Größe und Kraft für sich selbst einzufangen. So suchten die Alchimisten den „Stein der Weisen", der alle Krankheiten heilen, alle Stoffe in Gold verwandeln, alle Geister in die Gewalt seines Besitzers bannen sollte. Der Mensch verriet seinen Anspruch, sämtliche göttlichen Wunderkräfte in Form eines Stoffes in Besitz nehmen zu können.

Der Mensch will omnipotent werden, er will sein wie Gott. Der Mensch will gottgleiche Unabhängigkeit und göttliche Macht.

Als Gotteskomplex bezeichnet Richter die triumphale Selbstbefreiung des Menschen in der Neuzeit, die Illusion der narzißtischen Allmacht, den infantilen Größenwahn und die damit verbundene abgrundtiefe *Ohnmacht,* in dem Gottähnlichkeitsstreben zu scheitern. Die unkritische Selbstüberschätzung erzeugt eine wahnsinnige Ohnmachtsangst. Der Gotteskomplex ist das Schwanken zwischen *Allmachtsstreben und Ohn-machtserleben.*

Der Gotteskomplex beinhaltet die krankhafte Spannung von Alles-oder-Nichts. Kinder, die sich mies, klein und minderwertig fühlen, neigen dazu, Allmachtsphantasien und ein gefährliches Gottähnlichkeitsstreben zu installieren. Wenn Eltern und Erzieher ihre Kinder in dem Bewußtsein erziehen, daß sie *gleichwertig* sind, daß Gott ohne Ansehen der Person Kinder und Erwachsene, Kranke und Gesunde, Intelligente und Schwache liebt, dann wird der Heranwachsende davon abgehalten, ein unstillbares Ehrgeizstreben an den Tag zu legen. Übertriebener Ehrgeiz, übertriebenes Überlegenheitsstreben, Perfektionismus und Allmachtsphantasien sind die Wegbereiter eines neurotischen Alles-oder-nichts-Denkens.

Was kann der Christ tun, der mit diesen fragwürdigen Syndromen konfrontiert wird? Wie kann die therapeutische Seelsorge helfen, um Menschen aus diesen neurotischen Lebensgrundüberzeugungen zu befreien?

Einige Denkanstöße.

Denkanstoß Nr. 1:
„Nichts hab ich zu bringen, alles, Herr, bist du"

In einer christlichen Zeitschrift las ich das Bekenntnis der Stuttgarter Germanistikprofessorin Dr. Erika Kimmich „Wie ich Christ wurde". Ihre Lebensgeschichte ist eindrücklich, weil sie in positiver Weise dem „Alles-oder-nichts-Symptom" in ihrem Leben begegnete. Wörtlich schreibt sie: „In der Nachfolge geht es auch durch Wüstenstrecken ... Meine schwerste Glaubenskrise erlebte ich bei Kriegsende, als 20jährige. Wo war Gott? Elternhaus, Heimatstadt, Vaterland zerstört. Hörte Gott denn mein Gebet? Mußte ich Abschied nehmen wie von einer Märchengestalt meiner Kinderzeit?

Dann würde mein Leben völlig wert- und sinnlos! In einer Herbstnacht des Jahres 1945 forderte ich verzweifelt Gott auf, zu seinen Verheißungen zu stehen. Konkrete Hilfe in einer aussichtslosen Situation wollte ich und ein Zeichen, daß er mich liebt. Das Wunder geschah. Am folgenden Tag schon bekam ich beides, Zeichen und Hilfe, Gott sei Dank. ‚Gott erfüllt nicht *alle* unsere Wünsche, aber alle seine Verheißungen' (Bonhoeffer). Je älter ich werde, desto deutlicher erkenne ich, daß es *nichts* ist mit meiner wachsenden, sittlichen Vollkommnung. Im Gegenteil: Ich werde immer kleiner, er wird immer größer."[46]

Was wird hier deutlich?

Wenn wir die Botschaft der Bibel mißverstehen, wird Alles-oder-Nichts zum heillosen Egoismus, wird Alles-oder-Nichts zur grandiosen Selbstverherrlichung. Und gelingt mir diese Selbstverherrlichung nicht, werde ich vom *Nichts* gepackt. Dieses Lebensprinzip zerstört mich:

- Ich will das Höchste, oder ich versinke im Nichts;
- ich will die Traumnote, oder ich tue es gar nicht mehr;
- ich will die Spitze, oder ich bringe mich um;
- ich will das Vollkommene, oder ich gebe auf.

Hier hat ein junger Mensch für das Vaterland *alles* gegeben, er steht 1945 vor dem *Nichts*. Er verzweifelt an Gott oder findet eine Lösung für sein Leben. Frau Kimmich findet die Antwort in Bonhoeffers hilfreichem Satz: „Gott erfüllt nicht *alles*, was wir wollen, aber er erfüllt alle seine Verheißungen."
 Es ist *nichts* mit meiner sittlichen Vervollkommnung,
 es ist *nichts* mit meinem Perfektionismusstreben.
 Es gibt ein schönes Lied im evangelischen Raum, das zum Lieblingsrepertoire gehört: „Stern, auf den ich schaue, Stab, an dem ich geh", und zum Schluß heißt es: „Nichts hab ich zu bringen, alles, Herr, bist du!"
 Das ist die richtige geistliche Blickrichtung. Das ist die

geistliche Quintessenz, die uns vor Überheblichkeit, vor Zusammenbrüchen und Resignation bewahrt.

Denkanstoß Nr. 2:
Die Schwarz-weiß-Aussagen werden hinterfragt

Wie können therapeutische Seelsorger helfen, daß Ratsuchende mit Alles-oder-nichts-Prinzipien besser umgehen?

Ratsuchende mit einem absolutistischen Denken, das zu pauschalen und kategorischen Urteilen neigt, müssen vom Seelsorger hinterfragt werden. Die Ratsuchenden haben in ihrer negativen Selbsteinschätzung *völlig* übertrieben. Sie haben keinen einmaligen Mißerfolg, sondern sie glauben, *völlige Versager* zu sein. Die Betreffenden sind auch der Meinung, daß dieses Versagen ein chronischer Zustand ist, der ein für allemal das Leben beherrschen wird. Dieses ausweglose Denken muß systematisch durchlöchert werden, weil es objektiv nicht stimmt. Fragen können sein:

– „Wie definieren Sie Ihr Versagen?"
– „Welches sind Ihre Maßstäbe?"
– „Wenn Sie ein prinzipieller Versager sind, müssen Sie ja über einen reichen Erfahrungsschatz von Versagensfällen verfügen. Gibt es Unterschiede und verschiedene Grade des Scheiterns?"
– „Gibt es Fälle von Versagen, wo Sie nur teilweise gescheitert sind?"
– „Gibt es in Ihrem Leben Bereiche, in der Freundschaft, Familie, Schule, Beruf und Freizeit, wo Sie nicht gescheitert sind, wo Sie stückweise Ihre Ziele, die Sie sich gesetzt haben, erreichen konnten?"
– „Wenn Sie gescheitert sind und eine Niederlage einstecken mußten, heißt das, daß Sie nichts aus diesem Versagen für sich gelernt haben? Welche positiven Schlüsse haben Sie gezogen?"

– „Haben Sie den Eindruck, daß Sie durch Ihre Mißerfolge
von anderen Menschen abgelehnt werden? Wer lehnt Sie ab?
Wer steht zu Ihnen?"

Die Fragen haben den Sinn, die Selbstindoktrination des falschen Lebensstiles aufzuweichen und dem Ratsuchenden neue
Möglichkeiten zu eröffnen, über sein irriges Selbstkonzept
nachzudenken.

Denkanstoß Nr. 3:
Die Unlogik des Vollkommenheitsdenkens bearbeiten

Viele feine Christen, die mit höchsten Maßstäben sich und an-
deren das Leben schwermachen, haben eine private Logik ent-
wickelt, die sie unglücklich macht. Nicht Gott will sie unglück-
lich sehen, sondern sie selbst *machen* sich unglücklich. Ein
Beispiel, das in christlichen Kreisen häufig vorkommt und die
Unlogik mit Händen greifen läßt, sind folgende Sätze:
„Ich sollte vollkommen sein."
„Ich habe einen schrecklichen Fehler gemacht und bin ein
Versager."
„Die Logik ist, ich bin unvollkommen und völlig wertlos."
Solche Sätze sind *Selbstgespräche.* Sie bezeichnen das,

... was wir *über uns,*
... was wir *über andere,*
... was wir über *Gegenwart, Vergangenheit und Zukunft*
... und was wir über die *Bibel und Gott* denken.

In diesen Selbstgesprächen sind oft Lügen und Irrglaube enthalten. Die Schlußfolgerungen, die ernstzunehmende Christen
ziehen, sind schlicht und einfach falsch. Welche Fehler beinhaltet das kurzschlüssige Denken?

Fehler Nr. 1:
Durch Fehlerlosigkeit werde ich vollkommen

Nein, durch Fehlerlosigkeit bereite ich mir die Hölle. Fehlerlosigkeit ist ein Fehler. Wer ohne Christus sündlos leben will, muß die Erde verlassen. Unser Vollkommenheitsstreben ist Werkgerechtigkeit, eine ungeistliche *Selbstrechtfertigung.*

Fehler Nr. 2:
Ein schrecklicher Fehler stempelt mich zum Versager

Ein Fehler kann schlimm sein, aber er ist nicht *schrecklich*, und schon gar nicht werde ich dadurch zum Versager gestempelt. Rede ich mir aber ein, ein Versager zu sein, muß ich das Leben unerträglich finden, habe keinen Funken Hoffnung mehr und kann ebensogut sterben. Selbstmordphantasien sind in der Regel die Folgen eines falschen Denkens. Wir manövrieren uns selbst in die Sackgasse hinein – und zwar durch irrige Überzeugungen. Die Bibel beurteilt unsere Situation ganz anders:

„Denn Gott hat die Welt so sehr geliebt, daß er seinen einzigen Sohn hingab, damit jeder, der an ihn glaubt, nicht zugrunde geht, sondern das ewige Leben hat" (Joh. 3,16). Für Leute mit Fehlern, für Sünder und Versager ist er gestorben und nicht für Gerechte und Perfektionisten.

Fehler Nr. 3:
Weil ich unvollkommen bin, bin ich wertlos

Der Teufel muß an Christen, die sich zu wertlosen Menschen abstempeln, seine helle Freude haben. Weil sie völlig wertlos sind, sind sie für Christus unbrauchbar. Ob wir die satanische Logik verstehen? Die Wahrheit ist:
– Wir sind *wertvoll*, weil Gott uns liebt;
– wir sind *wertvoll*, weil Gott in Christus für uns gestorben ist;

– wir sind *wertvoll,* weil uns nichts von der Liebe Gottes trennen kann.

„Was sollen wir noch weiter sagen? Gott ist auf unserer Seite, wer kann uns dann noch etwas anhaben? . . . Ich bin gewiß, daß uns nichts von dieser Liebe trennen kann; weder Tod noch Leben, weder Engel noch andere Mächte, weder Gegenwärtiges noch Zukünftiges, weder etwas im Himmel noch etwas in der Hölle" (Röm. 8,31. 38 + 39).

Denkanstoß Nr. 4:
Wie Paulus seine Alles-oder-nichts-Symptome gemeistert hat

Ein Apostel des Neuen Testamentes, der mit diesen Symptomen hart konfrontiert war, ist Paulus.

Vor einigen Jahren erschien eine lesenswerte Biographie über sein Leben, die von einem Theologen und Therapeuten geschrieben wurde, mit dem bezeichnenden Titel: „Die Krise des Tüchtigen"[47]. Auf vielen Gebieten war Paulus ein Mann, der alle Normen sprengte. In einigen Briefen stehen schonungslose Selbstaussagen. Ich nenne einige: „Ich danke Gott, daß ich mehr in Zungen rede als ihr alle" (1. Kor. 14,18). Paulus ist ein *Ekstatiker.* Er kann in vielem übertreiben.

Im 2. Korintherbrief im 11. Kapitel steht die sogenannte „Narrenrede". Ausdrücklich betont er, daß er jetzt dummes Zeug redet, daß er, wie die „Gute Nachricht" formuliert, „nicht ganz bei Verstand ist".

„Darum laßt mich auch als Narren gewähren, damit auch ich ein wenig prahlen kann. Was ich hier sage, sage ich nicht im Sinne des Herrn, sondern sozusagen als Narr, im falschen Stolz des Prahlers" (2. Kor. 11,16 ff.), und dann zieht er vom Leder:

. . . daß er mehr gearbeitet hat als alle anderen;
. . . daß er öfter in Gefangenschaft gewesen ist als andere;
. . . daß er in der Erkenntnis es mit jedem aufnimmt;

... daß er mehr Schläge bekommen hat als seine Mitarbeiter.

Rolf Kaufmann charakterisiert den ehemaligen Pharisäer Paulus so:

„Ein Hang des jungen Paulus zum Absoluten, ja Fanatischen, kann nicht in Abrede gestellt werden ... Er war ein Eiferer. Der Diaspora-Jude Paulus war ein pharisäischer Heidenmissionar strengster Observanz, quasi ‚päpstlicher als der Papst‘ geworden, was ja bei ‚Konvertiten‘ nicht selten der Fall ist. Er predigte die Beschneidung (Gal. 5,11), wollte also für das Judentum nicht bloß ‚Gottesfürchtige‘, sondern ‚vollwertige‘ Proselyten gewinnen: Alles oder nichts!"[48]

Paulus war vernunftbetont. Mit eisernem Willen zwang er sich, die Normen nachzuleben, die der Pharisäismus ihm auferlegte. Er erstrebte das Gerade, das Einlinige, das Klare. Mannhaft riß er sich zusammen und ließ sich nicht gehen. Die Pflicht wurde groß geschrieben. Das *war* der Paulus, bevor ihn Christus umdrehte. In dieser Perfektionismushaltung verstieg sich Paulus sogar zu der Feststellung: „Gemessen an dem, was das Gesetz vorschreibt, stand ich vor Gott ohne Fehler da" (Phil. 3,6).

Welcher Mensch kann so etwas von sich sagen? Von dieser grandiosen Selbstüberschätzung *war* Paulus geprägt.

Und nun kommt die andere Seite. Deutlich wird, was der Geist Gottes aus einem Menschen machen kann, der von solchen Höhenflügen auch bestimmt wird. Noch einmal zwei Zitate, die das belegen:

„Damit ich mich wegen der Überschwenglichkeit der Offenbarung nicht *überhebe*, wurde mir ein Dorn für das Fleisch gegeben, ein Engel Satans, der mir ins Gesicht schlage, damit ich mich nicht *überhebe*. Mit Bezug auf diesen habe ich den Herrn dreimal gebeten, daß er von mir ablassen möchte. Und er hat zu mir gesagt: Meine Gnade ist genug für dich, die Kraft erreicht die Vollendung in Schwachheit" (oder wie Luther übersetzt: „Denn meine Kraft ist in den Schwachen mächtig") (2. Kor. 12,7–9).

Je schwächer der Paulus ist, desto stärker erweist sich die Macht Gottes. Das ist eine revolutionäre Erkenntnis, das ist die Umkehrung einer menschlichen Wertordnung.

Und ein zweites Zitat, das die neue Selbsteinschätzung des Paulus belegt, das die Macht des Heiligen Geistes im Leben des Paulus demonstriert, lautet:

„Aber dies *alles*, was ich früher als Vorteil ansah, habe ich durch Christus als Nachteil erkannt. Ich betrachte überhaupt *alles* andere als Verlust im Vergleich mit dem überwältigenden Gewinn, daß ich Jesus Christus als meinen Herrn kenne. Durch ihn hat für mich *alles andere* an Wert verloren, ja ich halte es für bloßen Dreck" (Phil. 3,7–8).

Wer das sagen und glauben kann, wer das glauben und leben kann, der ist vom neurotischen Prinzip dieses „Alles-oder-nichts-Denkens" befreit. Der muß nicht wie ein Verblendeter irgendwelchen Höchstzielen nachjagen, um dann kraft- und haltlos im Nichts zu versinken.

121

Kapitel 5

Wenn der Zwang das Leben bestimmt

Ich bin ehrlich erstaunt, wieviel Menschen es in der Welt gibt, die fatale Zwangsallüren zeigen. Noch erstaunter bin ich, daß viele Christen darunter leiden.

- Sie sollten doch *Freigemachte* sein,
- sie sollten doch *zwanglos* leben können,
- sie sollten doch *Erlöste* und damit Losgemachte sein.

Diese Christen werden von rätselhaften Zwangsvorstellungen und Zwangshandlungen gepeinigt. Viele in unseren Gemeinden reden nicht darüber. Sie schämen sich,

. . . daß sie Lästergedanken innerlich bekämpfen,

. . . daß sie schreckliche Flüche auf der Zunge haben,

. . . daß sie obszöne Bilder vor Augen sehen und

. . . daß sie bestimmte Sünden begehen müssen.

Menschen mit Zwangssymptomen begegnen uns überall in der Welt. Auch Christen sind immer wieder mit Zwangssyndromen (ein Krankheitsbild, das sich aus mehreren Symptomen zusammensetzt) belastet. Zwangsgedanken, Zwangshandlungen und Zwangsimpulse sind Verhaltensmuster, die ein Mensch verwendet, weil elementare Grundbedürfnisse nicht befriedigt sind. Er tut unsinnige Dinge – in den Augen der anderen –, um auf merkwürdige Weise mit seinem Problem fertig zu werden.

Gertrud tyrannisiert die Familie

Ich greife ein beliebiges Beispiel heraus und versuche, einige Kennzeichen des Zwangs zu verdeutlichen. Der Tag des Christen mit Zwangssymptomen ist in der Regel mit komplizierten Ritualen ausgefüllt.

Da ist Gertrud, eine 19jährige Abiturientin. Das Abitur hat sie mit großer Anstrengung bewältigt. Sie hat sich als 15jährige taufen lassen, ist ein Vorbild an Ordnung, Sauberkeit und ethischen Maßstäben, laut lachen kann sie und darf sie nicht. Lautes Lachen ist Leichtfertigkeit, ist Sünde. Sofort muß sie niederknien, muß eine bestimmte Gebetshaltung einnehmen, die Hände falten, wobei Finger und Daumen in eine Richtung zeigen müssen. Wenn sie sich nicht hundertprozentig auf das Beichtgebet konzentriert, muß sie zwei- bis fünfmal aus Gründen der Selbstbestrafung das Reuegebet wiederholen. Sie weiß, daß sie aus Gnaden lebt, gleichzeitig ist sie davon überzeugt, daß kein I-Tüpfelchen des Gesetzes übersehen und mißachtet werden darf. Unser Herr ist ein Herr der Ordnung. Er liebt, er fordert aber auch Gehorsam und unbedingte Treue. Wer als bewußter Christ seine heiligen Gebote in Gedanken, Worten und Werken mißachtet, macht sich bewußt schuldig. Und bewußtes Schuldigwerden ist eine schwere Sünde in ihren Augen. Stundenlang betet sie gegen die Zwangsimpulse an.

Wenn sie abends zu Bett geht, in der Regel um 22 Uhr, muß die Mutter mitkommen, die Fensterläden herunterlassen, die Heizung klein drehen und das Licht auslöschen. Gertrud hat sich gewaschen und darf jetzt nichts mehr berühren, was sie beschmutzen könnte. Nur wenn sie unberührt schlafen geht, kann sie schlafen, sonst liegt sie stundenlang wach, grübelt und hadert mit sich. Die Mutter hat nur einige Male im Monat die Möglichkeit, abends auszugehen. Am anderen Tag muß sie sich Gertruds Stöhnen anhören. Sie hat schlecht geschlafen, sie wurde von feindlichen Gedanken heimgesucht. Außerdem mußte sie selbst das Licht löschen und die Heizung herunterdrehen. Mit der Beschmutzung wurde sie nicht fertig.

Gertrud erlebt diese Zwangshandlungen wie von einer fremden Macht. Gertrud ist fest davon überzeugt, daß sie ihr Abitur mit eins geschafft hätte, *wenn* sie diese teuflischen Zwänge nicht hätte.

Gertrud ist das älteste Mädchen und hat sich – im Gegensatz zum Bruder – in den ersten Jahren zu einem gefügigen, gehorsamen und angepaßten Mädchen entwickelt. Besonders der Vater war ein übermoralischer Mann, der in der Freikirche sein Amt zur Verfügung gestellt hatte, weil biblische Maßstäbe viel zu liberal von den Ältesten gehandhabt wurden. Zu Hause führte er ein strenges Regiment. Die Mutter fügte sich ihm – willenlos. Unzählige Regeln und Vorschriften, die der Mann angeordnet hatte, führte seine Frau ergeben aus. Gertrud fügte sich ebenso, nur der Bruder wurde ein Rebell und Außenseiter. Mit 12 Jahren mußte er das Haus verlassen und kam ins Internat. Die Tochter nahm als Jüngste an vielen Gemeindeveranstaltungen teil und wurde von vielen Gemeindegliedern bewundert, aber auch bedauert. Denn einigen klarsichtigen Gemeindegliedern entging nicht, wie freudlos und verklemmt das Mädchen reagierte.

Mit 15 wurde das Mädchen getauft, mit 18 machte es sein Abitur, und dann steigerte sich das Zwangsverhalten ins Unerträgliche. Sie faßte blankes Geschirr nicht mehr an. Es könnten Fingerabdrücke darauf erscheinen, die sie dann stundenlang hätte abwischen müssen. Die Eltern mußten ihr den Zucker in die Tasse füllen, das Brot streichen und hier und da die Türe öffnen, die sie selbst nur mit überkleideten Unterarmen öffnete.

Gertrud wurde eine Einsiedlerin, die alle Kontakte mied und nur mit den Eltern zum Gottesdienst und zur Bibelstunde ging. Die Mutter kam als erste in die Beratung, weil sie einem Nervenzusammenbruch nahe war. Das Mädchen saß jetzt ganze Tage zu Hause, konnte sich nicht zum Studium entschließen oder eine Ausbildung beginnen.

Was macht die Geschichte deutlich?

1. Zwangsneurotiker sind oft *trotzige Kinder*. Sie wollen alles anders machen, als es bei Eltern und Mitmenschen üblich ist. Gertrud war zunächst artig und gehorsam, bis sie mit Zwangshandlungen und Zwangsgedanken die Umgebung nach seiner Pfeife tanzen ließ. Zwangshandlungen beinhalten einen *Gegenzwang* gegen den Zwang der Eltern. Gegen Gebote und Verbote setzt der junge Mensch seine Strategien.

2. Schon als kleines Kind hat Gertrud gelernt, daß die übertriebene Einhaltung von Regeln, Formen, Riten und Geboten sie in den Mittelpunkt brachte. Gertrud war dadurch ein außergewöhnliches Kind, weil es ordentlicher, sauberer und gradliniger handelte. Seine betonte Fehlerlosigkeit hob das Mädchen aus dem Kreis der übrigen Kinder heraus. Schon früh setzte Gertrud Maßstäbe und manipulierte mit ihren Tugenden die Umgebung.

3. Die Rituale, Wiederholungszwänge und gleichförmigen Handlungen spielen beim Zwangsneurotiker eine große Rolle. Sie haben den Sinn, die Zeit totzuschlagen, sich lebenswichtigen Fragen nicht stellen zu müssen. Wer stundenlang Gläser putzt, von Chromteilen Fingerabdrücke abwischt, bestimmte Handlungen zwanghaft wiederholt, der flieht in ein unnützes Leben, das der Gemeinschaft der Christen zuwider läuft. Aber auch das andere gilt: Der Zwanghafte gehorcht nur seinem *eigenen Zwang*. Seine Gesetze und Zwangspraktiken bestimmen die Umgebung.
Alfred Adler betont: „Summarisch kann ich behaupten, daß jeder Zwangsneurose die Funktion innewohnt, den betroffenen Zwangsneurotiker jedem äußeren Zwang dadurch zu entziehen, daß er nur seinem eigenen Zwang gehorcht. Mit anderen Worten, der Zwangsneurotiker wehrt sich so sehr gegen jeden fremden Willen und gegen jede Beeinflussung,

daß er im Kampf gegen sie so weit gelangt, seinen eigenen Willen als heilig und unwiderstehlich hinzustellen."[49]

4. Die Zwangshandlungen und Zwangsgedanken haben den Sinn, von entscheidenden Lebensfragen abzulenken. Gertrud hat ihr Abitur gemacht. Sie will studieren, weiß aber nicht welches Fach. Ihr Anspruch an das Leben und den zukünftigen Beruf ist sehr hoch. Nur das Beste ist gut genug. Aber was ist das Beste? Sie will keinen Fehler machen, und sie darf keinen Fehler machen! Diese Gedanken beherrschen sie. Gertrud selbst deutet es so: „Ich will optimal die Gabe, die Gott mir geschenkt hat, einsetzen!" Ihren überhöhten Anspruch deutet sie geistlich. Außerdem macht sie Gott dafür verantwortlich, daß er ihr bis jetzt nicht eine eindeutige Weisung gegeben hat, welches Studium sie ergreifen soll. Krankenschwester will sie nicht werden, wie Mutter geraten hat. Sie weiß, Gott will einen anderen Dienst von ihr, einen höheren. Dieser versteckten Überzeugung kann sie offen nur in seltenen Fällen zustimmen.

5. Die Zwangsneurose ist dem Betroffenen ein brauchbares Alibi, die Leistungen auf ein Podest zu heben. Gertrud schiebt ihr Abiturergebnis, das zwar zufriedenstellend, aber nicht überdurchschnittlich ausgefallen ist, auf die Zwangsneurose, die verhindert hat, eine Bestleistung zu produzieren. „Wenn ich nicht gezwungen wäre, stundenlang zu putzen und stundenlang nachts wach zu liegen, hätte ich eine Spitzenleistung vollbracht. Gott hat mich vor der Eitelkeit bewahrt." Selbst in der fromm erscheinenden *Demut* schimmert überall ihr *Hochmut* hindurch.

6. Gertrud erlebt den Zwang als fremde Macht, die sie beherrscht. Die Zwangsgedanken und -handlungen werden aber nicht zum eigenen Ich gehörig erlebt. Das Ich wehrt sich gegen die unsinnigen Vorstellungen und schafft es nicht. Gertrud erlebt Ohnmacht und Versagen, die Schwäche, mit

ihrem Willen gegen den fremden Willen nicht anzukommen. Es ist einleuchtend, daß viele Seelsorger in den Zwangsgedanken, Zwangsvorstellungen und Zwangshandlungen eine teuflische Macht erkennen. In Wirklichkeit handelt es sich aber nicht um eine Besessenheit, sondern um eine Zwangsneurose. Daß der Teufel sich ins Fäustchen lacht, wenn ein Christ unsinnige Rituale benutzt, ist verständlich. Wer ehrlich, aber eigenmächtig und selbstherrlich alle bösen Gedanken verbannen und abtöten will, ruft ungewollt die Zwangsmechanismen auf den Plan.

Zwangsstörungen (Zwangsneurosen)

Für das Verständnis der Zwangsstörungen ist es hilfreich, eine kurze Definition zu geben, um die vielfältigen Formen des Zwanges zu systematisieren.

1. *Definition:*
- Jede *äußere* Macht, die das Denken und Handeln eines Menschen gegen seinen Willen bestimmt;
- jede *innere* Macht, die das Denken und Handeln gegen seinen bewußten Willen bestimmt oder beherrscht;
- die Vorstellungen und Zwänge können nicht verdrängt werden;
- die Störung ist nicht häufig, auf zehntausend kommen fünf Zwangskranke.

2. *Formen des Zwanges:*
- *Zwangsgedanken:* beinhalten Ängste, jemand anderem oder dem Betroffenen selbst könnte etwas zustoßen;
- *Zwangsimpulse:* ein Drang, etwas Gefährliches oder Ungebührliches tun zu müssen;
- jemand könnte einen anderen mit Messern verletzen oder töten,

jemand könnte einem anderen die Zunge herausstrecken,
jemand könnte etwas Obszönes sagen oder fluchen.
- *Zwangshandlungen:* Sie beinhalten Zählzwang, Wasch-
zwang und Kontrollzwang.

3. *Normale Zwänge, krankhafte Zwänge*

Was ist normal?
- Eine Melodie geht mir eine Zeitlang nicht aus dem Kopf;
- jemand hat das Gefühl, er muß sich Autonummern merken;
- jemand schaut zweimal nach dem Küchenherd, ob er aus ist;
- jemand hat das innere Bedürfnis, Fenster zu zählen;
- jemand tritt ab und zu in bestimmte Muster auf dem Bürger-
steig.

Was ist noch gesund?
- Wenn der Mensch in der Lage ist, seine Gedanken wieder zu
lenken;
- wenn er in der Lage ist, Beziehungen zu pflegen und seine
Aufgaben *zeitgerecht* zu erfüllen;
- wenn er in der Lage ist, seine Gedanken und Gefühle an alle
Lebensumstände sinnvoll anzupassen;
- wenn der Mensch in der Lage ist, die Gedanken zu stoppen,
sich abzulenken und die störenden Impulse zu vergessen.

Was ist krankhaft?
- Wenn eine Mutter von dem krankhaften Gefühl gequält
wird, sich und ihrem Baby etwas antun zu müssen;
- wenn der Bankangestellte das nicht zu verdrängende Gefühl
hat, beim Geldzählen Fehler zu machen;
- wenn Mann oder Frau das unbezwingbare Gefühl haben,
sich zwanzig bis fünfzig mal am Tag die Hände waschen zu
müssen;
- wenn ein Mensch quälende Rituale durchführen muß;
- wenn der Mensch *nicht* in der Lage ist, Gedanken, Wünsche
und Impulse zu stoppen;

- wenn der Mensch *nicht* in der Lage ist, seinen Lebensaufgaben gerecht zu werden, und zwar zeitgerecht, sachgerecht und überhaupt.

4. *Angstneurotiker und Zwangsneurotiker – Unterschiede*
- Der Angstneurotiker reagiert mit Angst vor der Angst, der Angstneurotiker *flieht* vor der Angst;
- der Zwangsneurotiker reagiert mit Angst vor dem Zwang, der Zwangsneurotiker *kämpft* gegen das Symptom an, dieser Kampf ist das eigentlich Krankhafte.

5. *Zwangsvorstellungen und Zwangshandlungen*
Zwangsvorstellungen mit aggressivem Inhalt
- Angst, andere zu verletzen;
- Angst, sich selbst zu verletzen;
- gewalttätige oder erschreckende Bilder;
- Angst, mit Obszönitäten oder Beleidigungen herauszuplatzen;
- Angst, etwas Peinliches zu tun;
- Angst, kriminellen Impulsen zu erliegen (Ladendiebstahl, Bankraub);
- Angst, für Mißlingen von jemandem verantwortlich gemacht zu werden;
- Angst, daß etwas Schreckliches geschehen könnte (z. B. Feuer, Tod eines Angehörigen oder Freundes).

Zwangsvorstellungen zum Thema Ansteckung
- Beschäftigung mit Urin, Fäkalien, Speichel usw., Empfinden von Ekel;
- Beschäftigung mit Schmutz und Bakterien;
- außergewöhnliche Beschäftigung mit Verseuchung von Dingen durch chemische Stoffe usw.

Sexuelle Obsessionen
- Verbotene oder perverse Gedanken und Vorstellungen (Kinder, Inzest, Sodomie, Homosexualität usw. betreffend).

129

Zwanghafte Bedürfnisse nach
- Symmetrie;
- Genauigkeit;
- Einhaltung einer bestimmten Reihenfolge.

Verschiedene Zwangsgedanken
- Angst, etwas nicht richtig zu formulieren;
- Angst, bestimmte Gedanken nicht loszuwerden (können neutrale Bilder und Gegenstände sein);
- unabweisbare, sinnlose Töne, Wörter oder Musik;
- Glück oder Unglück bringende Zahlen;
- Farben mit besonderer Bedeutung.

Körperbezogene Zwangsvorstellungen
- Beschäftigung mit einem Körperteil: die Ohren sind zu groß, die Nase ist schief;
- unabweisbare Vorstellung, die Brust sei zu klein.

Zählzwänge
- Ich muß Fenster in einer Straße zählen;
- ich muß bis zu einer bestimmten Zahl immer wieder zählen.

Kontrollzwänge
- Türen werden überprüft, ob sie geschlossen sind;
- Herde, Schlösser, Fenster werden immer wieder kontrolliert.

Wiederholungsrituale
- Durch Türen hinein- und hinausgehen;
- sich auf einen Stuhl setzen und wieder aufstehen.

Ordnungs- und Aufräumrituale
- Koffer ein- und auspacken;
- Schubladen einräumen.

Horten und Sammelzwänge
- Alte Zeitungen aufheben und sammeln;

– Post, Schnüre, Nägel, Verpackungsmaterial aufheben.

Verschiedene Zwänge
– Bedürfnis, etwas zu zählen;
– Bedürfnis, etwas zu messen;
– Bedürfnis, etwas zu berühren.

Auswertung:
Sollten Sie einen Oberbegriff mit Unterpunkten mit ja beantwortet haben, sollten Sie sich die Frage stellen,
... wie oft solche Zwangshandlungen und -gedanken am Tag, in der Woche, im Monat Sie beherrschen?
... Wieviel Zeit Sie für die Zwangshandlungen aufbringen?
... Ob die Handlungen Ihr Alltagsleben und Ihr Arbeitsleben lähmen und beeinträchtigen?
... Ob es Ihnen schwerfällt, den Gedanken Widerstand entgegenzusetzen?

Wann liegt eine zwanghafte Persönlichkeitsstörung vor?

Der Seelsorger benötigt eine Hilfe, um eine Neurose von einer zwanghaften Tendenz, die noch im Normalbereich liegt, unterscheiden zu können.

Neun Kriterien für eine zwanghafte Persönlichkeitsstörung

1. Nichterfüllung von Aufgaben durch Streben nach Perfektion, z. B. können Vorhaben auf Grund der übermäßig strengen eigenen Normen häufig nicht realisiert werden.
2. Übermäßige Beschäftigung mit Details, Regeln, Li-

131

sten, Ordnung, Organisation oder Plänen, so daß die Hauptsache dabei verloren geht.

3. Unmäßiges Beharren darauf, daß die eigenen Arbeits- und Vorgehensweisen übernommen werden, *oder* unvernünftiger Widerwille dagegen, anderen Tätigkeiten zu überlassen, aus Überzeugung, daß diese nicht korrekt ausgeführt werden.

4. Arbeit und Produktivität werden über Vergnügen und zwischenmenschliche Beziehungen gestellt (nicht bei offensichtlicher finanzieller Notwendigkeit).

5. Unentschlossenheit: Entscheidungen werden vermieden oder hinausgezögert, z. B. können Aufträge nicht rechtzeitig erledigt werden, weil sich der Betroffene nicht über die Prioritäten klar wird (nicht zu berücksichtigen ist die Unentschlossenheit, die von einem übermäßigen Bedürfnis nach Ratschlägen oder Bestätigung durch andere herrührt).

6. Übermäßige Gewissenhaftigkeit, Besorgtheit und Starrheit gegenüber allem, was Moral, Ethik oder Wertvorstellungen betrifft (nicht zu berücksichtigen sind kulturelle oder religiöse Identifikationen).

7. Eingeschränkter Ausdruck von Gefühlen.

8. Mangelnde Großzügigkeit hinsichtlich Zeit, Geld oder Geschenken, sofern kein persönlicher Vorteil zu erwarten ist.

9. Unfähigkeit, sich von verschlissenen oder wertlosen Dingen zu trennen, selbst wenn diese keinen Gefühlswert besitzen.[50]

Hilfen für die therapeutische Seelsorge

1. Es handelt sich um Muster von Perfektionismus und Starrheit. Der Ratsuchende liest die Punkte durch und kreuzt an, welche Punkte für ihn zutreffen.

2. Mindestens 5 der 9 Kriterien müssen erfüllt sein, um eine Zwangsstörung zu diagnostizieren.

Hat die Zwangsneurose einen Sinn?

Für den Betroffenen hat jedes Symptom einen Sinn. Symptome sind unbewußte Werkzeuge des Menschen, das Leben zu meistern. Symptome sind Lebensmittel, sich in der Welt zu behaupten und sich mit positiven oder negativen Arrangements durchzusetzen.

Was ist der Sinn der Zwangsneurose?

Sie wird unbewußt benutzt,

... um sich vor Verantwortung zu drücken;

... um Entscheidungen auszuweichen;

... um ein Gefühl des Nichtgewachsen-Seins zu demonstrieren;

... um das Leben und die Welt unter Kontrolle zu haben;

... um Überlegenheit über alle anzustreben;

... um eine Abwehr gegen die Angst zu installieren;

... um die Zeit totzuschlagen, damit wirklich wichtige Dinge vermieden werden;

... um einen hohen Eigenwert – ohne Leistung – zu demonstrieren;

... um seinen großen Ehrgeiz zu verstecken, aus Angst vor Niederlagen;

... um sich mit Schuldgefühlen zu drücken. Der Betreffende hat wenigstens Grollgefühle, aber er zeigt keine wirkliche Änderung;

... um sich mit bestimmten Abwehrhandlungen, auch mit Mißtrauen, Aggressionen und Eigensinn das Leben und die Menschen vom Halse zu halten;

... um mit chronischem Anderssein alles und nichts auf den Kopf zu stellen;

... um sich nicht hingeben zu müssen.

10 Gesichtspunkte, die die unbewußte Zielrichtung des Zwanges charakterisieren

Das sicherste Kennzeichen für die Zwangsneurose ist die Angst vor dem Leben. Der Zwangsneurotiker baut Hindernisse auf, die er nicht überspringen kann.

Er *weiß*, daß seine Symptome sinnlos sind,

er *weiß*, daß er sie praktizieren muß,

er *weiß*, daß sonst seine Überlegenheit und sein Allmachtsstreben offensichtlich in Frage gestellt werden,

er *weiß nicht*, daß er die Symptome kreiert, um ein brauchbares Alibi zu haben, vor den Anforderungen des Lebens zu fliehen.

1. *Zwang als Gegenzwang*
   Gegen den Zwang des Lebens, gegen das Zusammenleben, gegen Kameradschaft, Freundschaft, Liebe und Ehe wird eine Gegenzwang aufgerichtet. Er ist ein Gegenzwang und Wider-Wille gegen alle Einordnungen in die Realität.

2. *Zwang als Freiheitsdrang*
   Das entscheidende Motiv für die Zwangsneurose ist ein unstillbarer Freiheitsdrang. Wer Zwang ausübt, wird zum H-e-r-r-n. Er hat Rechte und Vorrechte. Seine Vorstellungen werden zur Tyrannei.

3. *Zwang als Eigenliebe*
   Eigenliebe und Eitelkeit sind die Motive, den Menschen der Umgebung ihren Willen aufzuzwingen. Der Zwangsneurotiker sichert eine Schein-Herrschaft oder flieht in die Herrschaft des Märtyrers. Wäre er nicht krank und von Zwängen beherrscht, würde er Superleistungen bringen.

4. *Zwang, Anerkennung zu erhaschen*
   Der Gegenzwang des Neurotikers hat die Aufgabe, Mitleid zu wecken, Fürsorge zu bekommen, Bewunderung und An-

erkennung zu erhaschen und die Umgebung in Dienst zu stellen. Der Zwangsneurotiker versteht es, sich seine Privilegien zu sichern.

5. *Zwang, sich zu isolieren*

Der Zwangsneurotiker versteht es meisterhaft, sich zu isolieren. Damit schiebt er alle Forderungen der Umgebung und Gemeinschaft beiseite. Er kann nicht und will nicht.

6. *Zwang, die Umgebung in Dienst zu stellen*

Wer zwanghafte Verhaltens- und Interaktionsmuster installiert, will unbewußt die Umgebung ärgern. Er bestimmt Angehörige und Freunde und stellt sie in Dienst. Sie reagieren hilflos und ohnmächtig.

7. *Zwang als Moralinstanz*

Der Zwanghafte ist ein übertriebener Moralist. Diese moralistische Gesinnung verschafft ihm – besonders bei bewußten Christen – eine hohe Anerkennung und Bewunderung. Er *muß* so denken, fühlen und handeln und erzieht alle Menschen zur Nachsicht. Der Zwangsneurotiker ist edler, sauberer und ethisch einwandfreier als andere Menschen. Seine hohe Moralität verleiht ihm ein Höchstmaß an Beachtung.

8. *Zwang und Zweifel*

Der Zwangsneurotiker hat ein Gefühl der Unsicherheit, ein Gefühl, bestimmten Aufgaben nicht gewachsen zu sein. Er ist hochgradig ehrgeizig und weicht durch Zweifeln und Grübeln den Erfordernissen des Alltags aus.
Wie deutet Adler den Zweifel: „Auch beim Zweifel bestehen nicht etwa zwei verschiedene Ziele, sondern nur ein einziges: Stillstand! Die gleiche Überlegung gilt für alle sogenannten nervösen Symptome. Wie eine verschleierte Bremswirkung greifen sie in die Bewegung des Fortschritts ein, lenken sie auf ein Nebengleis und hemmen die Erfüllung von oft selbst ausgesprochenen Forderungen."[51]

9. *Zwang und Angst*

Zwangssymptome hängen immer mit Angst zusammen.
Zwänge haben den Sinn, starke Angstimpulse abzuwehren.
Die Zwangshandlungen verdecken die Angst, ein Versager
zu sein. Die Angst besteht also darin, wertlos zu sein und
Niederlagen im Leben einstecken zu müssen.

10. *Zwang und Selbstbestrafung*

Viele Zwangshandlungen nehmen den Charakter der
Selbstbestrafung ein. Erwin Wexberg bringt ein anschauli-
ches Beispiel: „Schließlich aber mengt sich in die seelische
Struktur des Zwangskranken eine Illusion des *Zaubern-
könnens*, die sich in gewissen Formeln und Zeremonien
konkretisiert: ‚Wenn ich jetzt nicht zurückkehre und den
Fuß auf jenen Pflasterstein setze, den ich vorhin ausgelassen
habe, so wird meine Mutter sterben.‘ ‚Wenn ich es auch nur
ein einziges Mal unterlasse, die Gebetsformel auszuspre-
chen, die mir jede Stunde vorgeschrieben ist, so wird meinem Mann ein Unglück geschehen.‘ Natürlich wird auf
diese Sanktion hin jede derartige Zeremonie pünktlich erfüllt – und demgemäß stirbt die Mutter nicht, geschieht dem
Mann kein Unglück. Es ist dafür gesorgt, daß die Fiktion
(Annahme einer gottähnlichen Macht), die in diesen Zau-
berformeln liegt, niemals durch Tatsachen widerlegt
wird."[52]

Was zeigt dieses Beispiel? Drei Hinweise:

Hinweis Nr. 1:
Der Zwanghafte glaubt, ohne daß er sich das bewußt macht,
über *gottähnliche* Kräfte zu verfügen. Er *muß* bestimmte Riten
und Formeln einhalten, dann verhindert er Todesfälle. Der
Zwanghafte ist damit Herrscher über Tod und Leben. Sein
Gottähnlichkeitsstreben ist erschreckend.

Hinweis Nr. 2:
Der Zwanghafte versteckt hinter seinen Selbstbestrafungsan-

drohungen massive Rachegedanken und Wut auf Angehörige. Er darf die bösen und ungeistlichen Gedanken nicht zulassen und verkehrt sie ins Gegenteil. Die Psychoanalyse Freuds würde dieses Verhalten als *Verkehrung ins Gegenteil* bezeichnen. Es handelt sich um einen Abwehrmechanismus des Ichs.

Das *Böse* wird uminterpretiert,

das *Böse* wird durch einen Bußakt geheiligt,

das *Böse* wird durch einen raffinierten Selbstbetrug entschärft.

Hinweis Nr. 3:

Da der Zwangsneurotiker nicht geisteskrank ist, weil er eine volle Krankheitseinsicht hat, können wir als Christen nur staunen, wozu der Mensch fähig ist. Meisterhaft versteht er es, sich zu rechtfertigen und seine Lebensangst in Gottähnlichkeitsstreben umzufälschen.

Welche Familien- und Geschwisterkonstellation hat der Zwangsgestörte oft in seiner Kindheit erlebt?

Ich nenne eine Reihe von Gesichtspunkten, die bei diesen Ratsuchenden häufig zu finden sind:

1. Die Eltern oder speziell ein Elternteil waren selbst *über*ordentlich oder *über*sauber in ihrem Verhalten. Ihre moralischen und ethischen Ansprüche an sich und die Kinder bewegten sich weit über der Normallinie ihrer Mitmenschen. Das Familienleben und die Beziehung zu Freunden und Nachbarn wurden durch Gebote und Verbote, Regeln und Normen bestimmt. Die Kinder wurden in diesem Netz von Verpflichtungen gefangen gehalten.

2. Eltern oder ein Elternteil sind *Nörgler*. Sie sind so gewissenhaft und fehlerorientiert, daß sie alles und nichts kritisieren.

137

Alles ist mangelhaft und unzureichend. Sie können sich und die Kinder nicht annehmen, wie sie sind. Als Christen sind sie unzufrieden, unglücklich und liegen mit sich, mit den Kindern und Gott im Streit. Oder das Kind *erlebt* die Eltern so. Objektiv müssen Zwang und Nörgeln der Eltern nicht stimmen. Das Nörgeln ruft Widerstand oder übergroße Anpassung hervor. Da der Widerstand bei starken und autoritären Eltern nicht gewagt werden kann, wird der Zwang heruntergeschluckt und mit einem Gegenzwang beantwortet. Streng genommen schlägt das Kind die Eltern mit ihren eigenen Waffen. Das Kind legt sich Zwänge auf und gewinnt dadurch Macht und Überlegenheit in der Familie.

3. Das Kind erhebt die Reinlichkeit, die Sauberkeit und Fehlerlosigkeit zum obersten Prinzip. Es treibt die Forderungen der Eltern auf die Spitze. Das Kind übertreibt Ordnung, Moral und Sauberkeit. Die absolute Perfektion und Fehlerlosigkeit, eine Wohnung oder einen Gegenstand, einen Teppich, Gläser oder Geschirr pedantisch und fanatisch extrem sauber zu machen, bringt den jungen Menschen so außer Atem, daß er anderen Aufgaben nicht mehr gewachsen ist. Er ist *total* erschöpft, weil er sich *total* bei der Putzsucht verausgabt hat. Die Lebensaufgaben werden im wesentlichen auf die vier Wände des Zimmers und des Hauses beschränkt. Er verbringt sein Leben damit, so zu tun, als ob er etwas täte.

4. Die zwanghafte Atmosphäre der Familie.
Eine wichtige Bedeutung für die Entwicklung eines Kindes sind die Einflüsse, die die Familienatmosphäre widerspiegeln. Das Familienleben wird nun einmal durch Gefühle, Erwartungen, Hoffnungen und Sorgen der Angehörigen geprägt. Die Atmosphäre kann ein Kind nachhaltig hemmen oder fördern. Annahme oder Ablehnung, Ermutigung oder Entmutigung, Zwang oder Freiheit sind für den Lebensstil eines Menschen tonangebend. Eltern, Großeltern und Geschwister sind Personen, die Vertrauen oder Mißtrauen,

Angst oder Mut vermitteln. Bestimmte Verhaltensmuster sind nicht vererbt. Neurotische Reaktionen sind uns nicht in die Wiege gelegt worden. Der Zwangstyp wird in der Familie aus der Taufe gehoben.

Wie lautet das Motto der zwanghaften Atmosphäre?
Einige Möglichkeiten:
– „Ordnung ist die erste Bürgerpflicht!"
– „Kontrolle ist besser als Freiheit!"
– „Der Eigenwille muß gebrochen werden."
– „Alles braucht einen festen Platz und feste Regeln."
– „Nur wer im Geringsten treu ist, der ist auch im Großen treu."

Was sind die Wünsche der Eltern?
In der Regel haben sie gute Absichten und wollen das Beste für ihre Kinder.
– Sie *bestimmen*,
– sie *regieren*,
– sie *ordnen*,
– sie *kontrollieren*,
– sie *überwachen*,
– sie *manipulieren*.

Was wird von den Kindern erwartet?
... daß sie den elterlichen Vorstellungen entsprechen,
... daß sie für die Gemeinde und die Umgebung vorzeigbar sind,
... daß sie gehorchen, nicht aufmüpfig, sondern angepaßt sind,
... daß sie eine geordnete Welt und ein geordnetes Leben widerspiegeln.

5. Die Kinder oder die Heranwachsenden steigern sich durch diese gesetzliche Einengung in ein Kontrastdenken hinein. Die „Freiheit" wird zur Revolte. In diesem Kontrastdenken

entwickeln sich Gedanken und Gefühle, das Gegenteil zu tun,

... nämlich in der Kirche etwas Unanständiges zu demonstrieren,

... im Angesicht des Kreuzes zu fluchen,

... bei Begräbnissen zu lachen,

... beim gemeinsamen Beten zu kichern,

... beim Bibellesen an etwas Obszönes zu denken,

... im Gottesdienst verbotenen Phantasien nachzuhängen usw.

Hier finden wir ein wesentliches Motiv, warum bewußte Christen, die mit der Nachfolge Ernst machen wollen, Lästergedanken haben und von widersprüchlichen Gedanken und Gefühlen heimgesucht werden.

Panische Angst vor dem Leben – ein Wiederholungstraum

Ein junger Mann mit schweren Zwangsstörungen kommt in die Beratung. Er ist 25 Jahre alt, studiert Mathematik und spielt mit Selbstmordgedanken. Er spricht von panikartigen Ängsten und zweifelt daran, seine Studien erfolgreich abschließen zu können. Er sieht gut aus, ist sprachgewandt und hat ein höfliches und angenehmes Wesen. Die Welt ist für ihn bedrohlich, zwischenmenschliche Beziehungen sind nur in der Familie möglich. Mit Kommilitonen kann er nicht vernünftig sprechen, geschweige denn zwanglos mit ihnen am Tisch in der Mensa essen. Er leidet unter seiner Zwangsstörung, die darin besteht, daß er bis zu sechs Stunden am Tag putzen und scheuern muß.

In einer Beratungsstunde erzählt er mir einen Wiederholungstraum, den er in kleinen Abwandlungen so oder anders träumte:

„Ich sitze in einem Auto. Es ist blitzblank. Wahrscheinlich habe ich es wieder stundenlang geputzt. Es muß ein sehr schneller Sportwagen sein. Der Wagen sieht schwarz aus. Ängstlich schaue ich hinein. Eine innere Stimme sagt mir: ‚Fahr los!' Ich trete aufs Gaspedal – wie ein Verrückter. Die Angst wird zur Panik. Im Rückspiegel sehe ich, wie ein Fuchs hinter mir herjagt. Ich trete das Gaspedal durch, aber der Motor gibt nicht genug her. Der Fuchs, ein roter Fuchs, grellrot, kommt näher. Der Fuchs wird größer und größer, sein Maul steht offen, die Zähne sind lang und spitz. Er holt mich ein. Hinten kann ich nichts mehr sehen. Der Fuchs hat die Heckscheibe mit seiner roten Farbe eingedeckt. Und dann beißt der Fuchs in die Scheibe. Sie zersplittert, und ich werde wach. Ich bin schweißnaß."

Was macht der Traum nach einer gründlichen Besprechung mit dem Ratsuchenden deutlich?

1. Der junge Mann sieht im Auto sich selbst. Er möchte einen „schnittigen Sportwagen" verkörpern. Seine Phantasie gaukelt ihm vor, ein Mensch zu sein, der etwas darstellt, der bewundert wird, der schnell ist und etwas leistet.

2. Das Auto ist blitzblank. Der junge Mann ist ein Zwangsneurotiker mit einem Putzzwang. Einen ganzen Tag braucht er, um sein Auto zu putzen. Äußerlich soll es vollkommen sein, makellos und fehlerlos.

3. Das Auto ist schwarz. In der Tat ist er ein „Schwarzseher" und ein Pessimist. Er zieht das Dunkle im Leben an. Seine gesamte Lebenseinstellung beinhaltet: Er sieht sich als Unglücksrabe.

4. Ängstlich schaut er nach hinten, nicht nach vorn. Die Angst sitzt ihm im Nacken. Vorn verläuft die Front des Lebens, der er ausweicht. Die Gegenwart macht ihm Probleme. Die Zukunft ist ohne Perspektive und ein Bündel von Unsicherheiten.

5. Eine innere Stimme sagt ihm: „Fahr los!" Nicht er selbst gibt sich den Befehl und treibt sich an. Er deutet die Stimme

selbst als Elternstimme. Als Kleinkind und heute als Zwanzigjähriger lebt er völlig abhängig von seinen Eltern, die ihm raten und bevormunden. Gleichzeitig tyrannisiert er die Familie mit seinen ausgefallenen Zwangsmechanismen.

6. Er tritt aufs Gaspedal, aber die vielen PS unter der Haube geben nicht her, was sie versprechen. Der Wagen „zieht nicht". Wie einen Verrückten erlebt er sich. Das haben die Eltern gesagt, das hat sein Bruder gesagt. Selbst erlebt er sich als krank und unnormal.

7. Die Angst wird zur Panik. Er ist wie gelähmt. Sein Auto, sein Körper versagen ihm den Dienst. Kopflos steigert er sich in höchste Erregung hinein.

8. Im Rückspiegel – er hat nur das Leben von hinten im Auge – verfolgt ihn ein Fuchs. Als er sich selbst in den Fuchs hineinversetzt, erkennt er in ihm das „Leben". Das Leben wird von einem roten Fuchs verkörpert. Der Fuchs ist „schlau", sagt er junge Mann selbst. Er hält sich für dumm. Er ist dem schlauen Räuber nicht gewachsen.

9. Die Farbe des Fuchses ist grellrot. Rot ist die Farbe des Blutes, des Lebens. Und dieses pralle, feurige Leben verfolgt ihn. Er reagiert mit Lebensangst und flieht in die Zwangsneurose, um vor dem Leben davonzulaufen.

10. Der Fuchs erwischt ihn jedesmal. Der Wiederholungstraum zeigt kleine Unterschiede. Aber im Traum wird er mal für mal gefressen. Der Fuchs wird größer und größer, füllt die gesamte Rücksicht aus und beißt sich durch die Scheibe und fällt den jungen Mann an. Hilflos ist er dem aggressiven Leben ausgeliefert. Ein selbstmordgefährdeter, zwangsneurotischer junger Mann, der jeden Tag sechs Stunden irgendwelche Blankteile putzt, um wenigstens in

diesem Zwang etwas Vollkommenes zu leisten, das der im rauhen Alltag nicht schafft.

Was können wir tun? Wie können wir therapeutisch und seelsorgerlich helfen?

Hilfe Nr. 1:
Der Mensch mit Zwangsmechanismen muß bei seiner Verantwortung gepackt werden

Solange er sich herausredet, solange er seine Probleme auf die Umstände, auf die Krankheit und auf Gott schiebt, kann ihm nicht geholfen werden. Seine Grundbedürfnisse sind nicht befriedigt, und er verwendet Techniken und Umgangsmuster, die verhindern, daß diese lebenswichtigen Grundbedürfnisse (geliebt zu werden und Wertschätzung zu erfahren) erfüllt werden. Christen tragen Verantwortung: „. . . und seid alle Zeit bereit, euch gegen jedermann zu verantworten, der von euch Rechenschaft über die Hoffnung fordert, die in euch lebt" (1. Petr. 3,15).

Der Psychiater William Glasser, der Begründer der Realitätstherapie, schreibt unmißverständlich über die Arbeit an Neurotikern und Psychotikern: „Es ist ja nur zu offensichtlich, daß die Begriffe neurotisch, psychotisch, schizophren und andere Fachausdrücke heutzutage Teil unserer Sprache geworden sind, und zwar der Umgangssprache ebenso wie der wissenschaftlichen . . . Wir schlagen vor, diese Etikettierungen als Beschreibungen eines besonders unverantwortlichen Handelns aufzufassen. Wir hoffen, daß der Leser verantwortlich für geistig gesund und unverantwortlich für geistig-seelisch-gestört einsetzen wird. Akzeptiert man die Änderung der Terminologie, so wird das allen schon helfen, den Menschen, denen wir helfen wollen, anders entgegenzutreten: nämlich nicht als Geisteskranken, sondern als Menschen, die zu uns eine Bindung brau-

143

chen, um ihre Bedürfnisse zu befriedigen. Dann kann jedes Verhalten geändert werden, das uns auf sie aufmerksam macht."[53]

Diese Haltung setzt Hoffnung voraus. Und Seelsorger, die therapeutisch arbeiten, sollten von der Hoffnung in Christus leben. Ein Ratsuchender, der von Zwängen heimgesucht wird und seinen Anteil erkennt, seine Flucht- und Ausweichmanöver, der kann Hilfe im Namen Jesu erfahren.

Hilfe Nr. 2:
Eine Lebensstilanalyse deckt die ungeistlichen
Verhaltensmuster auf

Die Lebensstilanalyse, die den Selbstwert, die Beziehungsfähigkeit, das Wertgefühl, die wirkliche Glaubenseinstellung und die gelebten Verhaltensmuster untersucht, deckt damit auch die falschen Glaubensüberzeugungen auf:

... die übertriebene Moralität,
... den unrealistischen Perfektionismus,
... die krankhafte Sauberkeit,
... den geistlichen Fanatismus,
... die falsch verstandene Gesetzlichkeit,
... die selbstbetrügerische Fehlerlosigkeit.

Es handelt sich um Glaubensüberzeugungen, die den Betroffenen selbst und die Umgebung unter Druck setzen. Hinter der Zwangsneurose verbergen sich ein ungeistliches Allmachtsstreben und eine uneingestandene Werkgerechtigkeit. Es ist ein Gottesgeschenk, wenn den Zwangschristen die Einsicht geschenkt wird, daß sie ungeistliche Vorstellungen und Ziele verfolgen. Die Lebensstilanalyse muß behutsam *mit* dem Ratsuchenden erstellt werden, damit kein Widerstand hervorgerufen wird.

Hilfe Nr. 3:
Der Kampf gegen den Zwang verstärkt den Zwang

Gutmeinende Seelsorger, die den Mechanismus des Zwanges nicht verstehen, raten zu intensivem *Beten gegen den Zwang*. Warum ist solch ein geistlicher Ratschlag falsch?

Der Unterschied zwischen dem Angstneurotiker und dem Zwangsneurotiker ist der: der erste ergreift die *Flucht* vor Angst, er läuft der Angst davon. Der zweite *kämpft gegen den Zwang an*. Das ist sein Verderben. Es gibt ein schönes Sprichwort, das treffend den aussichtslosen Kampf gegen das Symptom beschreibt:

„Erhebst du ein Problem zum Problem, kriegst du ein Problem."

Ein Kind, das seine erste Sechs in einer Arbeit schreibt und das Entsetzen seiner Eltern erlebt, die eine Katastrophe an die Wand malen, kann von einer Erwartungsangst heimgesucht werden. Die Eltern haben den „Teufel" an die Wand gemalt.

Im Klartext heißt das: „Malst du den Teufel an die Wand, hast du ihn eingelassen." Das Kind konzentriert sich auf das Versagen, es konzentriert sich auf die Sechs und blockiert bei den kleinsten Anforderungen. Der Zwangsgequälte beschäftigt sich mit Zwangsimpulsen und schlägt sie sich aus dem Kopf.

Gertrud betet stundenlang gegen die Zwangsimpulse an, und die Folge: Sie beschäftigt sich *nur noch* mit dem Zwang und setzt den Zwangsmechanismus in Bewegung. Nirgendwo ist der Gebetskampf fragwürdiger als bei der Zwangsneurose. Das Gebet unterstützt (ungewollt) den Zwang. Der Zwang ruft zum Gebet.

Ein hilfreiches Gebet beschäftigt sich nicht mit dem Kampf *gegen* das Symptom, sondern mit dem Kampf *für* ein verantwortliches und geistliches Leben.

Hilfe Nr. 4:
Die paradoxe Intention setzt den Ratsuchenden instand, seine Zwangsneurose zu ironisieren

Eine äußerst hilfreiche Methode, der Zwangsneurose zu begegnen, ist die *paradoxe Intention*. Der Ratsuchende tut genau das, wovor er sich am meisten fürchtet. Er tut das Gegenteil von dem, was üblich ist, er tut das Gegenteil von dem, was er bisher probiert hat. Die therapeutische Technik wurde von Alfred Adler, Viktor E. Frankl und späteren Forschern therapeutisch aufgebaut. Schon im Neuen Testament begegnen uns überall sogenannte „paradoxe Techniken". Jesus hat sie so niemals genannt, aber er hat sie praktiziert. Ich greife zwei Beispiele heraus, die in der Bergpredigt berichtet werden: „Ich aber sage euch: leistet dem, der euch Böses antut, keinen Widerstand, sondern wenn dich einer auf die rechte Wange schlägt, dann halte ihm auch die andere hin" (Matth. 5,39).

„Ich aber sage euch: Liebet eure Feinde und betet für die, die euch verfolgen" (Matth. 5,44). Diese Anweisungen Jesu sind paradox. Sie widersprechen dem gesunden Menschenverstand. Dem Durchschnittsbürger sträuben sich die Haare. Und wer sie praktiziert, erlebt erstaunliche Wunder.

Auch im therapeutischen Geschäft haben paradoxe Anweisungen eine erstaunliche Wirkung. Viktor E. Frankl berichtet von der Heilung einer Frau, die 20 Jahre lang an der Zwangsvorstellung gelitten hatte, vergessen zu haben, ihre Türe abzuschließen. Die Frau mußte viele Male zurückgehen und die Tür überprüfen. Immer war sie von der Angst besessen, die Tür offen zu finden. Frankl gibt eine Tonbandaufzeichnung mit seiner Mitarbeiterin Dr. Becker wieder. Da heißt es:

„Mich hat schon das Leben nicht gefreut. Nun, seit ich bei Frau Dr. Becker war, sage ich mir jedesmal, wenn ich den Zwang verspüre, wenn die Tür jetzt offen ist, dann *soll* sie offen bleiben. Man soll mich ganz ausräumen, und kein Stück soll in der Wohnung bleiben. *Dann kann ich weitergehen.*" Drei Monate später: „Es geht mir jetzt tadellos. Ich habe gar keine

Zwangsgedanken mehr. Ich kann mir nicht vorstellen, daß ich solche Vorstellungen gehabt habe. Früher war ich ganz gepeinigt und zu keiner Freude fähig. Jetzt bin ich glücklich."[54]

Wo liegt der therapeutische Effekt bei paradoxen Intentionen? Drei Gesichtspunkte:

1. Dem Ratsuchenden gelingt es, seine Zwangsneurose zu ironisieren
Wer sich über seine Symptome lustig machen kann, hat sie besiegt. Er gewinnt Abstand. Wie sagt Luther: „Das beste Mittel, den Teufel auszutreiben, ist, ihn auszulachen!"

2. Der Ratsuchende lenkt von sich und seiner Selbstsucht ab
Wer ständig auf den Zwang schaut, wird vom Zwang in Beschlag genommen. Wer sich ständig mit dem Zwang beschäftigt, den beschäftigt schließlich der Zwang. Wer ständig mit der Sünde flirtet, mit dem flirtet schließlich die Sünde. Das sind Erfahrungen, die der Seelsorger und der Ratsuchende beherzigen müssen.

3. Der Ratsuchende gewinnt Gelassenheit
Elisabeth Lukas, eine Frankl-Schülerin, schreibt über die Wirkung der paradoxen Intention: „Es ist die Gelassenheit, die mit der paradoxen Intention in das Gemüt eines Menschen einzieht, die Rückkehr des verlorenen ‚Urvertrauens'... Fast könnte man sagen, daß durch sie etwas wie eine ‚religiöse Demut' vermittelt wird, nämlich die Klarsicht der eigenen Unzulänglichkeit, die aufgefangen wird in der Geborgenheit einer allumfassenden Güte."[55]
Gelassenheit ist das, was der Zwangsneurotiker nicht kennt. Er wird gejagt und gepeinigt von Zwangsgedanken, von Zwangsimpulsen und von Zwangshandlungen. Er schaut wie hypnotisiert auf die Zwänge und läßt sich überwältigen. Sieht er von seinem heldenhaften Kampf gegen den Zwang ab und schaut auf Jesus, wird seine Ohnmacht in Geborgenheit, in Gelassenheit und in Selbstwerte verwandelt. Und wie kann der

zwangsneurotische Mensch seine verzerrte Perspektive verändern? Was muß er tun, damit nicht aus Mücken Elefanten werden? Noch einmal E. Lukas:

„Aber die paradoxe Intention rückt die Details wieder an ihren Platz: Bei der Morgentoilette muß man sich bemühen, die ‚auf der Haut sitzenden Bakterien‘ ja nicht naß zu machen, um sie nicht zu verärgern, im Bus wird es Zeit für einen kleinen Ohnmachtsanfall, um den versäumten Morgenschlaf nachzuholen, über den Schreibtisch soll endlich mal der Orkan brausen, daß die Bleistifte nur so tanzen!"[56]

Die Ironisierung bedeutet Distanzierung vom Problem.

Hilfe Nr. 5:
Die Heilung der schwachen Reaktion

Der Schweizer Arzt und Therapeut Dr. Paul Tournier spricht beim Zwanghaften von *schwachen Reaktionen*. Schwache Reaktionen sind:
... Rückzug,
... fromme Ergebenheit (als Feigheit getarnt),
... Hilflosigkeit,
... Aggression nach innen,
... Mitleid erregen.

Tournier schreibt: „Neurosen, Schüchternheit, Minderwertigkeitsgefühle, Zweifel an sich selbst, Überempfindlichkeit, krankhafte Schuldgefühle, Erregbarkeit, Zwangsvorstellungen, panische Angst, funktionelle Störungen, Unentschlossenheit und Erschöpfung sind der Ausdruck schwacher Reaktionen. Ihrerseits nähren all die krankhaften Erscheinungen im Menschen ein Gefühl der Schwäche, das ihn dazu treibt, auf jede Schwierigkeit erneut mit schwachen Reaktionen zu antworten."[57]

In der säkularen Therapie soll der Zwanghafte, der Neurotiker, der schwache Reaktionen zeigt, starkgemacht werden. Er soll lernen, seine Aggressivität herauszulassen. In der Therapie erfährt er,

- Wut herauszuschreien,
- Rachegefühle zu verbalisieren und mit Ausklopfern auf wehrlosen Polstern auszuagieren,
- Haßgefühle auf die Eltern zu schleudern,
- autoritäre Unterdrückung und Vernachlässigung gefühls- stark beim Namen zu nennen und aggressiv zur eigenen Auf- erbauung rauszuschleudern.

Tournier hat recht, wenn er diese Form geistlich in Frage stellt:
   „Aber die Entwicklung hat sich offensichtlich nur auf der Ebene der Reaktionen vollzogen und nicht im Innersten der Person. Solche Patienten sind von der Verdrängung der Aggres- sivität zur *Verdrängung des Gewissens* übergegangen. Sie ha- ben den inneren Grundkonflikt nicht gelöst. Sie drücken ihn nur durch andere Reaktionen aus. Dieser Hauptkonflikt ist der Kampf zwischen unserem Aggressionstrieb und unserem Ge- wissen."[58]
   Der lebendige Gott hat dem Menschen einen Lebenstrieb ge- geben, der nicht durch Forderungen nach blindem Gehorsam, durch autoritäre Strenge und durch Tyrannei geknebelt werden darf. Menschliche Entfaltung muß durch maßvolle Erziehung gewährleistet werden. Übermächtiger Zwang der Eltern wird durch Gegenzwang des Kindes beantwortet.
   Die Heilung des Zwanges ist die Befreiung von Lebensfeig- heit, von Rückzug in zwanghafte Symptome, ist die Befreiung von falschem Edelmut, von Gegenzwängen als Trotz gegen die Eltern und andere Menschen. Nicht die Wut auf die Eltern soll am Ende des therapeutischen Prozesses stehen, sondern die Vergebung und die Aussöhnung mit den Eltern, die das zwang- hafte Arrangement überflüssig machen.

Hilfe Nr. 6:
Die Einstellung des Ratsuchenden muß geändert werden

Der schon genannte Psychiater Viktor E. Frankl hat eine Therapie entwickelt, die vornehmlich die *Einstellung* des Ratsuchenden zum Problem im Auge hat:

„Der Zwangsneurotiker läuft gegen seinen Zwang Sturm – und in vielen Fällen von Zwangsneurosen ist erst dieser Mechanismus das eigentlich Pathogene ... Worauf es therapeutisch ankommt, ist, den Spielraum solcher Freiheit zu erweitern – indem Distanz geschaffen wird zwischen dem Menschlichen, dem Kranken, und dem Krankhaften am Menschen. Solche Therapie ist keine symptomatische; im Gegenteil: Sie kümmert sich nicht viel um das Symptom, sondern wendet sich an die Person des Patienten – und zwar so, daß sie um eine Änderung seiner *Einstellung* zum Symptom bemüht ist. Insofern als die Logotherapie sich gerade nicht an die Symptome wendet, sondern einen Einstellungswandel, eine personale Umstellung gegenüber den Symptomen herbeizuführen versucht, ist sie echte personalistische Psychotherapie."[59]

Einstellungsänderung ist das Ziel der Logotherapie.

Einstellungsänderung ist das Ziel der Bibel.

Sie nennt es Buße, Gesinnungsänderung, Umkehr.

Wenn der Ratsuchende mit Hilfe des Seelsorgers und im Gebet eine innere Kehrtwendung vollzieht, wenn er seine Flucht vor dem Leben und vor der Verantwortung bekennt, wenn seine ungeistlichen Motive, die sich im Lebensstil des Zwangsneurotikers finden, ans Licht kommen und er erkennt und bekennt, vollzieht sich eine Einstellungs- und damit eine Gesinnungsänderung.

Paulus bringt im Römerbrief die Einstellungsänderung auf den Punkt und schreibt:

„Doch all das überwinden wir durch den, der uns geliebt hat. Denn ich bin gewiß, weder Tod noch Leben, weder Engel noch Mächte, weder Gegenwärtiges noch Zukünftiges, weder Gewalt in der Höhe oder Tiefe noch irgendeine andere Kreatur können uns scheiden von der Liebe Gottes, die in Christus Jesus ist, unserem Herrn" (Röm. 8,38 f.).

Die Einstellungsänderung beinhaltet auch eine Sichtänderung. Wer auf den Zwang schaut, wird vom Zwang aufgefressen. Wer auf Christus schaut, und sich auf ihn rückhaltlos verläßt, der erlebt Beistand und Befreiung.

Kapitel 6

Was hat mein Körpergewicht mit dem christlichen Glauben zu tun?

Was haben Kalorien mit Kartoffeln, Schweinesteaks und Butter mit meiner christlichen Glaubensüberzeugung zu schaffen? Etwas zugespitzt gesagt haben viele Christen in der Vergangenheit so gedacht und gehandelt:

... Der Seelsorger hat es *nur* mit der religiösen Entwicklung eines Menschen zu tun;

... der Arzt beschäftigt sich *nur* mit allen Krankheiten, Funktionsstörungen der Organe und mit körperlichen Problemen;

... der Psychotherapeut kümmert sich *nur* um seelische Schwierigkeiten, um psychische Störungen und innere Konflikte.

Der Mensch wird in drei Bereiche aufgeteilt, in den seelischen, in den körperlichen und geistlichen, und drei verschiedene Fachleute kümmern sich – fein säuberlich getrennt – um je ihren Anteil. Dieses einseitige und verkürzte Denken hat für den Menschen innerhalb und außerhalb der Kirche erhebliche Nachteile. „Darum soll es nicht heißen: Hie Doktor! Hie Gott!, wie es oft die Parole geworden ist, so wenig man sagen kann: Hie Seele! Hie Leib!, ohne großen Schaden zu leiden. Solche Parole ist nicht ein Werk Gottes, sondern eine Schöpfung unseres eigenen, verkehrten, von den natürlichen Ordnungen Gottes abgekommenen Lebens und Denkens", schrieb Christoph

Blumhardt schon im vorigen Jahrhundert.[60] Als Christen sollten wir folgende Gesichtspunkte ernst nehmen:

1. Falsche Glaubensvorstellungen können lebensfeindliche Selbstwerteinschätzungen zur Folge haben:
   Über Gebühr erniedrigt sich der Mensch selbst,
   über Gebühr lehnt sich der Mensch ab und lebt eine mißverstandene Demut,
   über Gebühr zeigt der Mensch Leistungsüberforderungen, die als Gottes- und Nächstenliebe gewertet werden,
   über Gebühr reagiert er mit psychosomatischen Beschwerden und Krankheiten,
   über Gebühr flieht er in depressive Symptome und Ersatzbefriedigung.

2. Hinter seelischen Störungen werden vorschnell dämonische Mächte vermutet, die nach dem obengenannten Denkmodell dem Menschen die seelischen Qualen bereiten. Viele Seelsorger, die bei seelischen Schwierigkeiten nicht helfen können und die über intensives Beten keine Heilung vermitteln konnten, vermuten dämonische Mächte, die nur durch Befreiungsgebete ausgetrieben werden können. Selbstverständlich ist der Teufel mit seinen Helfern und Helfershelfern überall zu finden und benutzt alle Einfallsmöglichkeiten. Festhalten müssen wir aber, daß *viele* seelische Störungen durch ungeistliche Fehleinschätzungen entstanden sind. Der Teufel wird triumphieren. Die geistliche Haltung ist von daher in erster Linie eine Heilung der falschen Gottesvorstellung.

3. Im Verlust der heilen Gottesbeziehung liegt einer der Hauptakzente für Störungen und Krankheiten. Jesu Lehre ist eine heilende und heiligende Lehre. Er ruft auf zur Buße, zur Metanoia, zur Sinnesänderung. Er schenkt *Wollen* und *Vollbringen* dieser Gesinnungsänderung. Jesus ist der Heiler und der Heiland der Welt. Er deckt Sünden und Glaubensfehlhaltungen auf. Sind die Sünden und Fehlziele erkannt und

*be*kannt, werden sie vergeben und zugedeckt. Die Umkehr beinhaltet

... die Änderung meiner Einstellung,

... die Änderung meiner ungeistlichen Gedanken,

... die Erneuerung meines Herzen, aus dem böse Gedanken, Mordphantasien, ehebrecherische Überlegungen, verleumderische und beleidigende Einstellungen herausquillen (Matth. 15,19).

4. Therapeutische Seelsorge strebt das Heilwerden des *ganzen* Menschen nach Leib, Seele und Geist an. Das Wort „Therapie" bedeutet ursprünglich „Anbetung", „Dienst" und davon abgeleitet „Heilung" und „Wiederherstellung".

Der therapeutische Seelsorger, der ganzheitliche Glaubens- und Lebenshilfe anbietet, will nicht nur Schmerzen lindern, zwischenmenschliche Störungen verringern, von falschen Schuldgefühlen befreien und neurotische Verhaltensmuster abbauen, er hat das Heilwerden des ganzen Menschen im Auge. Ohne die Zusicherung „Siehe, ich mache alles neu!" (Offb. 21,5) bleibt der Mensch auf sich selbst angewiesen. Die Befreiung, die Gott in Jesus Christus vorbereitet, beinhaltet, daß der Mensch ganzheitlich von den Folgen seines falschen Denkens, seiner Sünden und seiner irrigen Glaubens- und Gottesvorstellungen er-löst wird.

Diese ganzheitliche Sinnesänderung kann nicht durch Techniken, Methoden und psychologisch-therapeutische Eingriffe erzielt werden. Viele Behandlungsmethoden aus dem psychologisch-therapeutischen Bereich sind hilfreich, aber sie haben im Prinzip wenig mit der *Heilung der Gottesbeziehung* zu tun. Sie ist ein Geschenk des Heiligen Geistes.

Glaubensungewißheit und psychisches Leid

Der katholische Theologe und Psychotherapeut Jörg Müller geht davon aus, daß die *Glaubensungewißheit* psychische Störungen, persönliches und kollektives Leid hervorruft. Er schreibt:

„Wo der Glaube an eine sinnvolle transzendentale und personale Macht fehlt, entsteht Angst vor Hilflosigkeit, Verwundbarkeit, Liebesverlust, Unverbindlichkeit. Daraus erwachsen die Übertreibungen ihrer gegenteiligen Werte, sozusagen als überkompensatorische Verdrängungsmuster."[61]

Was geschieht, wenn der Mensch überkompensiert und einen Überausgleich versucht? Die Werte verkehren sich ins Gegenteil. Und die Folgen?

- Christen suchen nicht wahre Nähe und Intimität. Sie wollen bewundert werden.
- Christen nehmen andere Menschen nicht an, wie sie sind, sondern wollen von ihnen glücklich gemacht werden. Die anderen sollen sich nach ihren Wünschen richten.
- Christen erkaufen sich Liebe durch Reichtum, Macht und Sexualität.
- Christen erkaufen sich Liebe durch übertriebene Anpassung und Unterwerfung.

Jörg Müller legt den Finger auf die Wunde. Menschen, die keine Liebe erfahren haben, verschaffen sich Liebe auf Schleichwegen. Ersatzhandlungen sollen die Liebe stillen. Und da der Mensch eine Einheit ist, lädt er sich seelisches Leid auf und kommt mit seinem Glauben ins Schleudern.

„Das Bewundert-werden-Wollen scheint mir eines der Symptome zu sein, das zum Syndrom des Glaubens- und Liebesverlustes gehört. Wer bewundert wird, fühlt sich stark. Das Gefühl wird fatalerweise mit Liebe verwechselt. Die Bewunderung, die ihren Ausdruck in dem Satz ‚Ich bete dich an!', findet, gebührt allein Gott. Der so denkende und fühlende Mensch lehnt sich selbst ab; sein schwaches Selbstwertgefühl kann nur ausgehalten und kompensiert werden durch das Empfinden des Bewundertwerdens."[62]

Glaube, Liebe und Vertrauen sind die Begriffe, die sich wechselseitig bedingen. Wer glaubt, kann sich einem anderen anvertrauen, dem Partner, aber auch Gott. Wer sich einem anderen anvertrauen kann, dem Partner, Gott, der liebt. Und der Liebesunfähige?

... Er kann einem anderen Menschen nicht *vertrauen*,
... er kann einem Menschen nicht *glauben*,
... er kann sich einem anderen Menschen nicht *anvertrauen*.

Die Beziehungsprobleme auf allen Ebenen setzen automatisch Leib, Geist und Seele unter Druck.

Auf diesem Hintergrunde verstehen wir Menschen, die sich durch Überanpassung und Überaufopferung Liebe erkaufen wollen.

Die Eßsucht und ihre versteckten Motive

Viele Frauen und Männer führen einen verzweifelten Kampf gegen überzählige Pfunde. Nicht wenige glauben, sie leiden an einer Stoffwechselstörung und an einer erblichen Disposition. Selbst Ärzte schlagen die Hände über dem Kopf zusammen und bemühen sich oft vergeblich, die eigentlichen Antriebskräfte hinter der Eßsucht zu erforschen. Der Zusammenhang von Übergewicht und Glaubensfehlhaltung soll an einem Beispiel aus der Beratungspraxis demonstriert werden. Auch viele Seelsorger kapitulieren vor dem Problem der Eßsucht. Ihnen gelingt es nicht, die roten Fäden von „weltlicher Seele", „Fett", „Essen" und „falscher Gottesbeziehung" aufzuspüren.

Da ist Frau Senne, eine übergewichtige, unglückliche, aber gläubige Frau von 42 Jahren. Seit Jahren gehört sie zur Gemeinde, besucht regelmäßig den Gottesdienst und die Bibel-stunde. Ihre 200 Pfund schleppt sie bedrückt und keuchend in die Gemeinde, stellt sich für jeden Dienst zur Verfügung, ist die erste, die sich anmeldet, wenn Kaffee gekocht, Feste arrangiert und Pakete für Notleidende gepackt werden müssen. Sie hat na-türlich einen Mann, der sich tagaus und tagein bedienen läßt, ebenso zwei Kinder, im Alter von 10 und 12 Jahren, die faul und bequem sind und eine „asoziale Unordnung verbreiten", wie sie als Mutter feststellt. Das Hauptproblem Frau Sennes ist die Eßsucht. Sie möchte von diesem unwiderstehlichen Zwang befreit werden. „Helfen Sie mir, meine Freßsucht zu überwin-den!" Sie sagt in der Beratung: „Ich sehe zwar aus wie das blü-hende Leben, aber ich bin ein Wrack. Mein Herz ist nicht in Ordnung. Mein Nervenkostüm ist kaputt. Ich möchte am lieb-sten tot umfallen, dann ist alles vorbei." „Und was ist dann vor-bei?" frage ich. „Die Plackerei für andere. Ich komme aus dem Streß nicht heraus. Würde ich als Klofrau bezahlt, ginge es mir besser! So ist das Leben eine einzige Strafe!"

Frau Senne überfordert sich. Sie ist psychisch und körperlich am Ende. Was macht sie falsch? Und welche geistlichen Über-zeugungen in ihrem Leben sind verkehrt?

Einige Denkanstöße:

Denkanstoß Nr. 1:
Geben und Nehmen sind nicht im Gleichgewicht

Frau Senne ist nur die Gebende. Von morgens bis abends opfert sie sich für andere auf. Ungewollt erzieht sie dazu Mann und Kinder, sich bedienen zu lassen. Opferbereitschaft ist eine gute geistliche Tugend, wenn sie für Menschen eingesetzt wird, die es wirklich nötig haben. Unzählige Menschen leiden bittere Not, weswegen sie unsere Opferbereitschaft benötigen. Leider kann Opferbereitschaft *ausgenutzt* werden. Die Gespräche mit Frau Senne haben gezeigt, daß sich Gemeinde und Familie auf ihren kompromißlosen Einsatz verlassen haben. Mann und

Kinder sind *verwöhnt*. Sie lassen sich *alles* vorsetzen. Die Familie pflegt keine echte Partnerschaft, sondern praktiziert ein parasitäres Leben.

Denkanstoß Nr. 2:
Mangelnde Liebe wird durch Süßigkeiten ausgeglichen

Frau Senne hat ein großes Liebesdefizit. In ihrer Kindheit war sie die Älteste von drei Kindern. Schon als Schulkind begann sie, ihren Wert durch tätige Mitarbeit im Haushalt aufzubessern. Sie hatte das Gefühl, geliebt zu werden, wenn sie etwas leistete, wenn sie der Mutter beistand und als Musterkind fungierte. Die Mutter war oft krank, und die älteste Tochter wurde als „Vizemutter" von Eltern und Nachbarn bestätigt. Nur die beiden Geschwister verhielten sich extrem unkooperativ. Sie stritten viel, halfen nicht mit, machten Unordnung und rebellierten gegen die älteste Schwester, die durch ihre Opfer- und Hilfsbereitschaft Sonderrechte genoß. Die Geschwister machten ihr das Leben schwer. „Kein Mensch wußte, welche Kraft es kostet, ein bißchen Anerkennung zu ergattern!" seufzte Frau Senne. Sie arbeitete über ihre Kräfte als Kind und hungerte nach Liebe, die sie nicht bekam.

Denkanstoß Nr. 3:
Das unästhetische Aussehen bewahrt
vor sexueller Annäherung

Auf meine Frage, ob ihre Figur und das Übergewicht auch eine positive Seite hätten, antwortete Frau Senne wie aus der Pistole geschossen: „Seit Jahren läuft zwischen meinem Mann und mir nichts mehr. Er rührt mich auch nicht mehr an. Ihm ist der Appetit vergangen!" In ihren Augen blitzen Schadenfreude und Rachegedanken auf. Ihre übertriebene Opferbereitschaft hat Mann und Kinder unverantwortlich gemacht. Sie lassen sich bedienen. Die Folge ist, daß Frau Senne mit Verbitterung und innerer Rebellion reagiert. Und diese Verbitterung findet bei körperlich-sexuellen Begegnungen ihren Niederschlag. Sie reagiert frigide. Frau Senne will nicht „Putzlappen" und „Betthäschen" sein und bereitstehen, die tausend Wünsche des Mannes zu befriedigen. Von ihrem Gatten fühlt sie sich benutzt und erniedrigt. Sie weiß, daß ihr Mann sexuell frustriert ist, aber nach ihrer Meinung hat er das auch nicht anders verdient: „Es kann doch nicht Gottes Wille sein, daß eine Frau zum Sklaven degradiert wird!"

Wir unterhalten uns eingehend über ihre sexuelle Einstellung und wie sie sich – auch auf diesem Gebiet – von Gott im Stich gelassen fühlt. Sie macht Gott für das verantwortlich, was sie selbst arrangiert hat. Frau Senne beklagt sich, daß Gott ihr Sklavendasein zuläßt. Die Gespräche müssen ihr bewußt machen, daß sie *ganz allein* für diese Selbstentwertung verantwortlich ist. Mann und Kinder kann sie nicht ändern, das ist therapeutisch und geistlich falsch. Nur *sie selbst* kann ihre Lebens- und Glaubensirrtümer korrigieren, wenn sie ihr im Gespräch und Gebet klar geworden sind.

Denkanstoß Nr. 4:
Die Liebessehnsucht wird durch Opferbereitschaft befriedigt

Die christliche Botschaft ist einhellig. Wir werden geliebt um unserer selbst willen, wie wir sind. „Gott liebt die Menschen (die Welt) so sehr, daß er seinen eingeborenen Sohn hergab. Nun wird jeder, der sein Vertrauen auf den Sohn Gottes setzt, nicht zugrunde gehen, sondern ewig leben. Gott sandte ihn nicht in die Welt, um die Menschen zu verurteilen, sondern um sie zu retten" (Joh. 3,16 + 17).

Christus liebt uns,

... nicht unserer *Leistung* wegen,
... nicht unserer *Opferbereitschaft* wegen,

... nicht unserer makellosen *Heilung* wegen.

Wer sein Vertrauen auf *eigene* Leistungen und Werke setzt, setzt auf das falsche Pferd. Er muß seelisch und geistlich unzufrieden werden. Er untergräbt den Frieden mit Gott, den Frieden mit den anderen und den Frieden mit sich selbst. Gott liebt uns, ohne auf Herkunft, Rasse, Klasse, Noten und Benehmen zu schauen. Er ist für Sünder gestorben und nicht für Gerechte; er wendet sich ganz den Kranken zu, nicht den „Gesunden". Wir wissen das mit dem Kopf, aber Herz und Seele sträuben sich. Auch Frau Senne weiß es nur theoretisch, sie *lebt* und *praktiziert* eine andere Wahrheit. Die Erfahrungen der Kindheit sind mächtiger als unsere biblischen Erkenntnisse. Die Erfahrungen der Kindheit haben Frau Sennes Leben entscheidend geprägt, und die falschen Schlüsse, die sie daraus gezogen hat, verhindern, daß sie eine geistliche Kehrtwendung schafft.

– Sie *muß* sich aufopfern, um einen Sinn im Leben zu sehen,
– sie *muß* das Letzte geben, um anerkannt zu werden,
– sie *muß* den Dreck wegmachen, um sich zu bestätigen,
– sie *muß* alles tun, um ein wenig Liebe zu bekommen.
Sie schuftet aus Liebessehnsucht und überträgt diese grundfalsche Einstellung auch auf den Glauben.

Denkanstoß Nr. 5:
Die Heilung der Person

Die Heilung der Person ist ein langwieriger Prozeß. Bei Frau Senne hat er fast zwei Jahre gedauert. Selbstverständlich gibt es Heilungen, die abrupt einsetzen. Es gibt Wunder, die von einer Minute zur anderen ihre Wirksamkeit im Menschen offenbaren. Und es gibt Persönlichkeitsveränderungen, die eine lange Zeit in Anspruch nehmen, die mit Kampf und Versagen, mit Siegen und Niederlagen zu tun haben. Wir wünschen uns alle Symptomheilungen, Eingriffe des Heiligen Geistes, die auf der Stelle sichtbare Spuren hinterlassen.

Frau Senne hatte immer wieder um Frieden für ihre Seele gebetet, der Herr möge ihr Gelassenheit geben, möge ihr die Unzufriedenheit und Zerrissenheit nehmen, möge ihr die Kraft schenken, das Essen einzuschränken und die Opferbereitschaft mit Gleichmut und innerer Freude zu leisten. Sie betete und hatte klare Vorstellungen von dem, was der Herr tun sollte. Frau Senne wußte genau, wie der Frieden ihrer Seele auszusehen hatte. Sie vergaß, konkret für ihre Sinnesänderung zu beten.

Ich möchte einige Schritte aufzeigen, die die Umwandlung der *ganzen* Person zur Folge hatte. Frau Sennes Problem waren Leiden, die Leib, Seele und Geist tangierten. Sie hatte körperliche Störungen, litt unter seelischen Krisen und wurde durch einen falsch interpretierten Glauben geknechtet.

Schritt Nr. 1:

Frau Senne mußte erkennen, daß sie durch einen fehlerhaften Lebensstil – weitgehend selbstverantwortlich – in ein menschliches Dilemma geraten war. Der fehlerhafte Lebensstil beinhaltet immer auch einen fehlerhaften Glauben. Ein gesunder und klarer, an den Maßstäben der Bibel orientierter Glaube ist ein wirksamer Schutz gegen psychische Störungen und Leiden, die in erster Linie von uns selbst produziert werden. Unsere Leiden sind keine Strafe Gottes, sie sind keine Folge unseres mangelnden Glaubensgehorsams, es sind nicht die Wunden, die uns ein unzufriedener Herr auf den Hals schickt.

Schritt Nr. 2:

Frau Senne mußte erkennen, *was* sie konkret selbst von klein auf falsch gedacht, falsch interpretiert und falsch gelebt hatte.

Wir gingen zusammen den 139. Psalm in der Übersetzung von Jörg Zink durch:

„Mein Gott, du siehst mein Herz, du kennst mich.
Wie schön, daß du mir nahe bist
und ich geborgen bin bei dir.
Du siehst meine Sorge und Angst.
Du siehst alle meine Fluchtwege,
du hörst alle meine Ausflüchte, mit denen ich verbergen will,
was ist.
Du siehst mich, wenn ich träume,
von großen Dingen, die ich tun will,
und wenn ich versage dort,
wo ich das Notwendige tun soll.
Keinen Schritt kann ich tun, den du nicht begleitest.
Kein Wort kann ich reden, das du nicht hörst.
Wie in zwei großen Händen hältst du mich.
Ich bin geborgen wie ein Vogel im Nest.
Mein Gott, du siehst mein Herz.
Du kennst mich.
Wie gut, daß du mir nahe bist.
Und ich geborgen bin bei dir."[63]

Plötzlich wurde ihr deutlich, daß sie sich selbst in Sorge stürzt und Ängste produziert. Die Sorgen und Ängste müssen aber konkret benannt und in unser persönliches Leben übersetzt werden. Plötzlich werden die *übertriebenen* Sorgen für Mann und Kinder, für die Gemeinde, für Hungrige und Leidende in aller Welt deutlich. Ihre ständigen Kopfschmerzen und Migräneanfälle, die sie mit Medikamenten niederhält, sind ein untrügliches Zeichen ihrer falschen Verantwortlichkeit, die sie sich auflädt, um wertgeachtet zu werden, um einen Sinn im Leben zu haben. Sie glaubt mit ihrer gesamten Existenz nicht, daß Gott sie bedingungslos liebt, daß sie bedingungslos bei Gott angenommen ist. Wir haben gemeinsam „ihre Fluchtwege" nachgezeichnet. Gemeinsam haben wir die „Ausflüchte" unter die Lupe genommen von Kindheit an bis zum 41. Lebensjahr.

Es hilft nicht, daß wir den Psalm ehrlich nachsprechen und beten: „Mein Gott, du siehst mein Herz. Du kennst mich!" Das sind schöne Worte ohne Selbstbesinnung, wir leben und bestätigen die Richtigkeit, aber wir leben nicht in dieser Selbsterkenntnis.

- Unser Herr *weiß* alles, er kennt uns besser, als wir uns kennen,
- unser Herr *sieht* alles, er sieht tiefer, als wir sehen wollen,
- unser Herr *hört* alles, er hört auch unsere Ausreden, unsere Ausflüchte und Rationalisierungen, die wir tagaus, tagein aussprechen,
- unser Herr *kennt* alles, er kennt unsere irrigen Überzeugungen, unsere fragwürdigen Verhaltensmuster, unsere falschen Selbsteinreden, unsere Lebensirrtümer, an die wir uns so gerne klammern. Wir können beten lernen: „Herr, erforsche du mich!" Das Wunder der Veränderungen in unserem Leben beginnt, WENN WIR IHN AUFRICHTIG BITTEN, unsere „Fluchtwege", unsere „Ausflüchte" und „Lebensirrtümer" aufzudecken. Je klarer wir die irrigen Lebensstilelemente benennen können, desto leichter können wir sie mit Gottes Hilfe in Angriff nehmen.

Schritt Nr. 3:

Frau Senne ändert ihre Gebete.

Als ich Frau Senne fragte, was sie konkret gebetet hätte im Sinne ihrer Lebensproblematik, antwortete sie, daß sie im wesentlichen gegen ihr Übergewicht angebetet habe. „Herr, gib mir die Kraft, daß ich weniger esse!" Außerdem habe sie häufiger ihre seelische Unzufriedenheit und innere Zerrissenheit vor Gott gebracht. „Herr, gib mir Zufriedenheit und deinen Frieden, so daß meine körperlichen Probleme verschwinden." Täglich habe sie Gott angefleht, ihr die Kraft zu schenken, der Aufopferung für die Gemeinde und für Mann und Kind gerecht zu werden. „Herr, du hast sogar dein Leben für mich gegeben, gib mir die Durchhaltekraft, ganz für andere – für die Gemeinde und meine Lieben – dazusein."

Solche Gebete sind subjektiv ehrlich und gut gemeint, gehen aber am Eigentlichen vorbei. Wir beten um Gottes Beistand, wollen eine seelische und körperliche Änderung, sind aber nicht bereit, eine gründliche *Gesinnungsänderung* zu leisten. Ohne es zu merken, flüchten wir in fromme Wünsche, die unser Herr – ohne Selbsterkenntnis – nicht erfüllen kann. Die Gebetserhörung und das Wunder Gottes können im recht verstandenen Sinn nur darin bestehen, daß der Herr mir deutlich macht,

... worin unsere falsche Lebenseinstellung besteht,
... was die Motive für Eßsucht sind,
... was die Motive für übertriebene Aufopferung beinhalten
... und was die Motive für Unzufriedenheit, körperliche Krankheiten und „kaputte Nerven" signalisieren.

Zuviel essen ist nicht das *Kern*problem, es ist ein Symptom, ein Anzeichen für einen Hunger nach Liebe und Anerkennung. Frau Senne ist durch ihre Lebensgeschichte in einen unstillbaren Hunger nach Zuwendung und Bestätigung geraten. Sie benutzt zwei problematische Wege, diesen Hunger zu stillen: Sie opfert sich für andere auf, und sie ißt zuviel, um sich diese Liebe gewaltsam zu verschaffen.

Mit diesem falschen Verhaltensmuster ist gleichzeitig ein geistliches Fehlverhalten verbunden. Sie überbewertet ihre Aufopferung als „Dienst für den Herrn". Frau Senne glaubt, nur durch äußerste Selbsthingabe kann sie Gott gefallen. Ihr Lieblingsgedanke ist ein Satz des jungen Zinzendorf, den er im Anblick eines Kruzifixes aussprach: „Das tat ich für dich, was tust du für mich?"

Besonders der Nachsatz wird zum ständigen Stachel im

Fleisch. Der Opfertod Christi verlangt in ihren Augen eine totale Aufopferung ihres Lebens.

Die Erhellung ihrer falschen Ziele erwirkt auch eine Änderung ihrer Gebete. Sie kann aus innerer Überzeugung die Sätze beten, die wir gemeinsam formuliert haben: „Herr, du hast *alles* für mich getan. Dein Opfertod ist meine *einzige* Rettung und Erlösung. Auch wenn ich mich kaputtmache für dich, meine Rettung und Erlösung kann ich mit keiner Eigenleistung gewisser machen."

Schritt Nr. 4:

Die Lebensstiländerung ist ein Wunder Gottes.

Bei Frau Senne hat diese Änderung fast zwei Jahre gedauert. Die alten Verhaltensmuster sitzen so tief und bestimmen das Fühlen, Denken und Planen von Frau Senne. Sie kann es sich nicht vorstellen, daß Gott uns *kostenlos* liebt, daß Gott ohne Bedingung ja zu uns sagt.

Frau Senne begreift, daß ein *rationales* Erkennen biblischer Wahrheiten den Menschen noch nicht umkehren läßt. Der Opfertod Christi am Kreuz kann eine Wahrheit sein – ohne persönliche Betroffenheit. Der Opfertod Christi am Kreuz, der uns durch und durch berührt, gestaltet unser gesamtes Leben um.

– Nicht unsere *Leistung* garantiert die Erlösung, sondern sein Werk,
– nicht unser *Opfer* garantiert die Rettung, sondern sein Tod,
– nicht unser *Einsatz* garantiert die Befreiung, sondern sein Lebenseinsatz.

Welche Konsequenzen zieht Frau Senne in ihrem Leben?

Frau Senne nimmt 25 Kilo ab, weil sie sich geliebt weiß von Gott und darf sich annehmen – wie sie ist.

Frau Senne nimmt am geistlichen Leben der Gemeinde teil, ohne sich als erste durch Sonderleistungen profilieren zu müssen. Eine Bestätigung für ihre Einstellung erfährt sie durch eine Frau in der Gemeinde, die ihr anvertraut, sie fühle sich jetzt stärker herausgefordert und wolle sich mehr einsetzen als bisher. Vorher habe sie sich herausgeredet, Frau Senne übernähme schon die Aufgabe, und ihr wolle sie nicht im Wege stehen.

Mann und Kind werden selbständiger, die familiären Beziehungen laufen besser, weil Frau Senne nicht durch Kritik und Unzufriedenheit an Mann und Sohn herummäkelt. Sie erlebt, daß Mann und Sohn die Liebe zu ihr nicht von der übertriebenen Fürsorge abhängig machen. Solche Umwandlungen ergreifen den ganzen Menschen nach Leib, Seele und Geist. Eine Gesinnungsänderung, eine wirkliche Buße, erfaßt alle Beziehungsebenen,

- die Beziehung zu Gott,
- die Beziehung zum anderen, zum Mitmenschen und
- die Beziehung zu sich selbst.

Kapitel 7

Eine verwirrende Erziehung –
ein verwirrter Glaube

Es gibt Erziehungsfehler, die äußerst problematisch sind und
die erst in den letzten Jahrzehnten in ihrer tiefen Bedeutung aufgedeckt wurden. Bestimmte erzieherische Verhaltensmuster
können wirksam Kinder und Heranwachsende kopflos machen. Kinder reagieren, als wären sie um den Verstand gebracht. Sie stehen vor einfachen Fragen und Problemen und
können sich nicht entscheiden. Die Kinder grübeln und deuten,
aber sie kommen nicht vom Fleck. Die Beine stehen wie ange-
wurzelt. Die Hände hängen schlaff und unentschieden herunter. Eine unnormale Lähmung hat den Menschen von Kopf bis
Fuß erfaßt.

Wer zum Glauben an Christus findet, überträgt sofort diese
seelische Verwirrung und Kraftlosigkeit auf Gott. Mit dem
Glauben erwartet der Christ eine völlige Befreiung von seiner
extremen Unsicherheit. Sein fehlgesteuertes Leben kann aber
nur schrittweise von Gott erneuert werden.

Wovon ist also die Rede? Von einer Erziehung, die *verwirrt*,
die das Kind und den Heranwachsenden *durcheinanderbringt*.
Viele Fehlverhaltensformen von Kindern und späteren Erwachsenen werden auf diesem Hintergrund verständlich.

Was ist geschehen? Eltern oder Erzieher senden *widersprüchliche* Botschaften. Das Kind wird in verschiedene Rich-
tungen gezogen und steht entgeistert vor der Frage:

Soll es hü – oder hott?

Soll es *lachen* oder *weinen*?

Soll es das *eine* oder das *andere* tun?

Wie kann es beides gleichzeitig erfüllen? Ungewollt senden die Eltern Botschaften, die nicht einhellig sind.

– Ihre Appelle sind *zweideutig*,
– ihre Appelle sind *unklar*,
– ihre Appelle sind *verwirrend*.

Wenn Eltern Widersprüchliches fordern

Kein Mensch kann entgegengesetzte Appelle befolgen. Versuchen wir uns in das Kind hineinzuversetzen, das den Befehl erhält: „Geh rechts und geh gleichzeitig links. Wird's bald!" Dieses Kind versteht die Eltern und die Welt nicht mehr. Wie es sich entscheidet, es kann den Befehl der Eltern nicht erfüllen. Was es auch tut, die Eltern werden unzufrieden sein. Widersprüchliche Botschaften lähmen und stürzen das Kind oder einen Heranwachsenden in ein inneres Chaos.

Nun werden Sie sagen: „Welcher einigermaßen normale Mensch fordert denn so einen Wahnsinn?" Die Tragik ist, daß viele Eltern und Erzieher ihre doppelbödigen Botschaften nicht durchschauen. Und wie lauten solche Forderungen? „*Komm*, laß mich in Ruhe!"

Der Satz ist ohne Überlegen ausgesprochen. Was soll das Kind tun? Soll es kommen oder die Mutter in Ruhe lassen? Wenn wir uns einmal die Handbewegungen vorstellen, die diese Aufforderung begleitet, dann wird der Widerspruch augenfällig.

Ein Vater sagt: „Ich wünsche mir endlich einen mündigen und selbstverantwortlichen Sohn! Es wird die höchste Zeit, daß du für dein Leben die Verantwortung übernimmst." Eine halbe Stunde später sagt derselbe Vater: „Damit es keine Mißverständnisse unter uns gibt, solange du deine Beine unter unseren Tisch hältst, hast du zu tun, was wir dir auftragen."

Der Vater will ein „rundes Viereck". Er verlangt etwas Absurdes. Er will einen mündigen und selbstverantwortlichen Sohn, gleichzeitig soll der Sprößling alles tun, was die Eltern bestimmen. Solche Erziehungspraktiken sind ein Widerspruch in sich. Sie machen unglücklich und konfus. Es fehlt eine klare Linie, an die sich ein Kind halten kann. Und diese Verwirrung ist mit dem Glauben an Christus nicht automatisch verschwunden.

Die Fachleute sprechen

... von *double-bind*, von einer Doppelbindung;
... vom *Dilemma* – was ich mache, ist verkehrt –;
... von einer *Zwickmühle*, ob ich die eine „Mühle" verhindere oder die andere, eine bleibt auf, und ich sitze in der Sackgasse. Wer das Mühlespiel kennt, weiß, wie ärgerlich und frustrierend solche ausweglosen Situationen sind;
... von der *Beziehungsfalle*, auf der Beziehungsebene gerät der Mensch in eine Falle, die ihn handlungsunfähig macht. Die Fachleute sprechen auch von einer *schizophrenogenen* Erziehung, von einer Erziehung, die *verrückt* macht, die Kinder und Heranwachsende durcheinanderbringt.

Wie man ein Kind durcheinanderbringt

Was *tun* Eltern, die ungewollt ihr Kind verwirren?

Die amerikanischen Therapeuten Amy und Thomas Harris, Verfasser des Weltbestsellers „Ich bin o. k. – du bist o. k.", haben in ihrem neusten Buch „Einmal o. k. – immer o. k." ein treffendes Beispiel erzählt:

„Eine entscheidende Beeinträchtigung des Erwachsenen-Ichs kann auf wiederholte Traumatisierungen in der frühen Kindheit zurückgehen. Das mag ein Beispiel erläutern, das wir in einem Supermarkt beobachtet haben: Ein kleiner Junge von ungefähr 2 Jahren saß im Einkaufswagen und wurde von seiner Mutter geschoben. Als ein anderer Wagen vorbeifuhr, griff der Junge nach einem hellen Gegenstand im anderen Wagen. Die

Mutter sah das Kind nach diesem Gegenstand greifen und schlug ihrem Sohn mitten ins Gesicht. Unmittelbar darauf hob sie den heulenden Jungen aus dem Wagen, drückte ihn an sich und sagte: ‚Ich hab dich ja so lieb!' Es folgte auf höchste Wut völlige Zerknirschung. Entsprechend war die Verwirrung, die sich auf dem Gesicht des Kindes zeigte. Während die Tränen noch in seinen Augen standen, verzog sich sein Mund schon zu einem Lächeln. Er versuchte, es der Mutter recht zu machen, wollte gleichzeitig sowohl auf ihren Schlag als auch auf ihr Streicheln reagieren. Wenn ein Kind solchen Erfahrungen wiederholt ausgesetzt ist, wird es möglicherweise jeden Versuch aufgeben, sich Zuneigung zu verschaffen oder Probleme zu lösen. Vielleicht hört sein Erwachsenen-Ich ganz auf zu funktionieren. Wozu sollte es auch funktionieren?"[64]

Welche Konsequenzen kann ein Kind aus diesen traumatisierenden Erfahrungen ziehen? Es leuchtet ein, daß der Mensch Widersprüche nicht lange aushalten kann. Er sucht Lösungen für seine Verwirrung. Aber die Lösungen müssen nicht hilfreich sein. Einige Konsequenzen, zu denen sich ein durcheinander gebrachter Mensch entschließen kann, sehen so aus:

Konsequenz Nr. 1:
Das Kind erlebt sich hin- und hergerissen und reagiert entmutigt

Das Kind wird so verunsichert, daß es seinen vernünftigen Reaktionen mißtraut. Die zupackende, das Leben bejahende Art, die Gott dem Kind in die Wiege gelegt hat, wird gedämpft und untergraben. Der kleine Mensch *traut* sich nicht mehr. Der kleine Mensch reagiert *gelähmt*. Er reagiert nicht gelähmt, weil er krank ist, er reagiert krankhaft, weil er verwirrt wurde.

Konsequenz Nr. 2:
Das Kind mißtraut den Erwachsenen und mißtraut sich

Die Handlungen der Erwachsenen sind für das Kind unberechenbar. Die Verhaltensmuster der Eltern sind nicht zu begreifen. Das Kind zweifelt an den Erwachsenen, es zweifelt aber
auch an sich. Ihm fehlen die Maßstäbe, auf die es sich verlassen
kann. Ihm fehlen die positiven Erfahrungen, auf die es zurückgreifen kann. Die Folge ist:
    Es *denkt* konfus,
    es *fühlt* konfus,
    es *reagiert* konfus.

Da die Eltern die lebenden Bezugspunkte in dieser Welt sind,
die Halt geben, die Maßstäbe setzen, die Orientierung vermitteln, ist es für das Kind katastrophal, wenn diese Bezugspunkte
keinen Verlaß mehr bieten.
    Und im Glauben? Auch Gott ist für den Gläubigen unbere-
chenbar. In seinen Augen handelt er verrückt und uneinsichtig.
Der Gläubige erlebt:

– ein Mensch kommt zum Glauben und bekommt nach drei
  Monaten Krebs;
– unzählige unschuldige Kinder sterben an Unterernährung;
– die Ärmsten der Armen werden in Südamerika und Pakistan
  durch Erdbeben schutzlos;
– unschuldige Frauen und Kinder werden durch Bomben im
  Krieg getötet oder heimatlos.

In den Augen des Zweiflers und des Hin- und Hergerissenen
wird der Gott der Liebe zum Gott der Ungerechtigkeit. Der Widerspruch zerreißt ihn im Glauben. Er schüttelt den Kopf und
ist verwirrt.

Konsequenz Nr. 3:
Der Mensch schiebt auf

Zwickmühlen sind unangenehme Situationen im Leben, die keine Lösung zulassen. Jeder Schritt ist falsch. Wer oft diese Ausweglosigkeit erlebt, sucht eine Notlösung. Was tut der Mensch? Die Konfusion wird aus dem Kopf verbannt. Der Betroffene macht die Augen zu und weicht aus. Das unlösbare Problem wird auf die lange Bank geschoben. Da liegt es lange gut. „Aufgeschoben ist nicht aufgehoben", sagt das Sprichwort. Der Verwirrte hat Luft, er muß sich nicht entscheiden. Einen Augenblick hat er Ruhe, weil er den Kopf in den Sand gesteckt hat.

Jeder vernünftige Mensch begreift, daß er sich selbst betrügt. Das Problem liegt auf der Bank und muß gelöst werden.

Auch der Gläubige benutzt das Verschiebespiel, um sich zu entlasten. Er schiebt die Lösung aller Probleme auf Gott. Weil er selbst keine Entscheidung mehr treffen kann, erwartet er von Gott den erlösenden Eingriff. Diese Menschen verraten auf den ersten Blick einen positiven kindlichen Glauben. Sie verlassen sich *total* auf Gott. Im Grunde sind sie *total* entscheidungsschwach und unfähig, verantwortlich vor Gott und Menschen zu handeln. Ihr Glaube ist nicht kindlich, sondern unreif. Ihr Handeln ist nicht verantwortlich, sondern magisch.

Konsequenz Nr. 4:
Kinder und Erwachsene ziehen sich zurück und betäuben sich mit Drogen

Alkohol und Drogen sind Mittel, um sich zurückzuziehen. Der junge Mensch betäubt seine ausweglose Lage. Er flieht in den Rausch, um mit der Verwirrung fertig zu werden. Kinder und Jugendliche meistern das Leben nicht, weil sie keine klare Orientierung für ihr Leben gewonnen haben. Sie können nicht entscheiden, weil Eltern nicht eindeutig gehandelt und entschieden haben. Die Sucht wird benutzt, um mit dem „verrückten Leben" fertig zu werden. Drogen werden konsumiert, um den Alltag mit seinen Forderungen zu vernebeln. Viele Gläubige nehmen keine Drogen, sondern *verschriebene* Tabletten. Sie betäuben ihre Angst legal.

Der verantwortliche Arzt:
... hat sie entschuldigt;
... trägt die Verantwortung;
... muß schließlich fachlich wissen, was er tut;
... ist letztendlich für die körperlichen Symptome zuständig;

Der Christ nimmt das Rezept aus Gottes Hand und hat die Lösung seiner sämtlichen Probleme an den Arzt delegiert.

Konsequenz Nr. 5:
Völlige Passivität

Viele Eltern können nicht verstehen, daß eines ihrer Kinder die Flügel hängen läßt und zu keiner Aktivität motiviert werden kann. Verwirrte Kinder sind so verunsichert, daß sie jeden Schritt in Zweifel ziehen. Sie wissen, was sie machen, ist verkehrt. Sie legen die Hände in den Schoß und reagieren lethargisch. Der „Totstell-Reflex" soll sie vor Gefahren schützen. Wenn sie handeln, machen sie Fehler, wenn sie inaktiv bleiben, vermeiden sie negative Folgen. Neugier und Lebensmut sind auf Null geschraubt. Die „Null-Bock-auf-nichts-Haltung", die vor einigen Jahren sprichwörtlich viele junge Menschen ereilte, ist zum Teil Folge einer solchen Verwirrung. Das Leben ist für sie zur Sackgasse geworden. Die Zukunftsperspektiven sind in ihren Augen vorbei. Die Sinn-losig-keit triumphiert über Vergangenheit, Gegenwart und Zukunft. Weil alles irre und irrig ist, flieht der Mensch in die völlige Passivität. Die depressive Antriebslosigkeit kann zum Teil auch unter diesem Vorzeichen verstanden werden. Die niedergedrückte

Stimmung und die völlige Gleich-Gültigkeit sind Symptome einer verwirrten Seele.

Konsequenz Nr. 6:
Der junge Mensch s-p-i-e-l-t mit Selbstmord

Selbstmorddrohungen und Selbstmordversuche sind ernst zu nehmen. Selbstmord ist Rückzug von der Front des Lebens in extremster Form. Das Leben ist zu einer einzigen Bedrohung geworden. Und da das Kind nicht gelernt hat, ermutigt, selbstbewußt und zuversichtlich das Leben anzupacken, weil es hin- und hergerissen wurde und sich nicht traut, flieht es in den Tod, um der unerträglichen Verwirrung zu entgehen. Der Selbstmordgefährdete

– sieht keine Lösung,
– sieht keinen Weg,
– sieht keine Antwort.

Seine Verunsicherung ist so erschreckend, daß der Tod für ihn eine wirkliche *Lösung* beinhaltet. Er glaubt in der Tat, er ist seine Verwirrung los. Daß selbst gläubige Menschen mit Suizidphantasien „spielen", auch wenn sie die Gedanken nicht in die Tat umsetzen, zeigt, wie tief Verzweiflung und Ratlosigkeit einen Menschen verunsichern können. Treffend beschrieb Alfred Adler den potentiellen Selbstmörder: „Selbstmord bedeutet nur für den eine Lösung, der anläßlich einer drängenden Frage an der Grenze seines mehr oder weniger zu kurz geratenen Gemeinschaftsgefühls angekommen ist ... ein Hang, bei schwierigen Lebenslagen unter seelischen Schmerzen zusammenzubrechen, fiel öfter auf. Daneben auch ein gesteigerter Ehrgeiz und Eitelkeit und ein Scheinbewußtsein ihres Wertes für andere."[65]

Wer in schwierigen Lebenslagen vor der „Zwickmühle" steht, wer an der Grenze des Lebens keinen Ausweg sieht und trainiert hat, handlungsunfähig in den Selbstmord zu fliehen, der zeigt als Christ und als Mensch ein seelisch gestörtes Verhalten. Der Psalm 130 gibt dieser verzweifelten Ausweglosigkeit eines Menschen Ausdruck: „Aus tiefer Verzweiflung schreie ich zu dir. Herr, höre mich doch! Sei nicht taub für meinen Hilferuf! ... Ich setze meine ganze Hoffnung auf den Herrn und warte auf sein helfendes Wort."

Viele Menschen in der Bibel bringen ihre Verzweiflung zur Sprache. Sie sitzen im Dilemma und sehen rechts und links keine Lebensmöglichkeit mehr. Aber sie bringen sich nicht um, sie setzen ihre verzweifelte Hoffnung auf den Herrn.

Die Wechselbaderziehung

Herr Löser ist 28 Jahre alt, unverheiratet und seit einem Jahr arbeitslos oder als Hilfsarbeiter tätig. Er ist wesentlich intelligenter, als er sich darstellt. Seine völlige Entscheidungsunfähigkeit beeinträchtigt ihn auf allen Ebenen. Er hat ein angenehmes Wesen, wirkt extrem angepaßt und vermeidet jegliche Auseinandersetzung. Wenn er zwei Menschen gegenübersteht, schaut er ständig von einem zum anderen und versucht, die Aussagen der beiden zu koordinieren. Bei Meinungsverschiedenheiten spielt sein Nervensystem verrückt. Er hält die Spannung nicht aus und läuft raus. Herr Löser hat im Laufe seines Lebens eine perfekte Abwehr arrangiert, die automatisch funkioniert, wenn widersprüchliche Meinungen im Raum stehen. Er spricht von enormen Seelenschmerzen, die sich vorwiegend im Kopf manifestieren.

Mit 15 Jahren kam er zum Glauben. Die Beziehung zu Christus hat sein Leben verändert. Vorher war er krankhaft ängstlich, extrem vorsichtig und völlig entscheidungsschwach. Er fühlte sich als Pessimist und hatte eine panische Angst vor dem Leben. Jetzt ist er weniger ängstlich und benutzt aber den Glauben, um Entscheidungen zu treffen. Sein Kontakt mit Gott funktioniert perfekt. Lösungen erzwingt er von seinem himmlischen Vater, indem er ihm verschiedene Wege anbietet und auf Antwort wartet. Zig Entscheidungen am Tag kommen auf diese Weise zustande. Soll er Brötchen kaufen oder ein richtiges Brot? Soll er Straßenbahn fahren oder zu Fuß gehen? Will er einen Film im Fernsehen anschauen oder ein Buch lesen? Er hat ein ausgeklügeltes System entwickelt, von Gott auf der Stelle eine Antwort zu erhalten. Steht die nächste Ampel auf grün, hat er von Gott die Erlaubnis, am Abend den Film zu sehen. Begegnet ihm unter den nächsten fünf Autos ein Mercedes, darf er sich im Schlußverkauf noch einen Pullover genehmigen. Auch die Wahl des Pullovers kommt auf ähnliche Weise zustande.

Seine Eltern sind grundverschieden im Wesen und Verhalten. Der Vater, ein starker, tonangebender Mann, bestimmt, ohne nach rechts oder links zu schauen. Er ist es gewohnt zu befehlen und gibt auch in einer Firma als Meister den Ton an. Seine Frau ist das Gegenteil. Sie ordnet sich unter und unterläuft die Anordnungen ihres Mannes. Auf Außenstehende wirkt sie weich und liebevoll, setzt aber konsequent ihre Vorstellungen durch.

Als Kind stand Herr Löser dazwischen. Er liebte beide Eltern und war auf ihre Zuwendung angewiesen. Da Vater und Mutter mehr oder weniger diametral gegeneinanderstanden, geriet der Junge zwischen die Fronten. Wie er sich auch entschied, es war falsch. Als Einzelkind wurde er von Vater und Mutter umworben oder wütend abgelehnt. Jeden Tag erlebte er in der Familie ein Wechselbad der Gefühle. Ging er morgens nach einer liebevollen Umarmung der Mutter in den Kindergarten, konnte es geschehen, daß die Mutter ihn mittags zornerfüllt abholte. Auch den Vater erlebte er Abend für Abend unberechenbar.

Diese Schaukelpädagogik und Wechselbaderziehung lähmten jegliche Lebensfreude. Der Junge wurde innerlich so zerrissen, daß er zeitweise nicht sein Spielzimmer verlassen konnte. Ein Schritt über die Schwelle brachte ihn in eine zerrissene und unberechenbare Welt. Willenlos ließ er sich mal von der Mutter, das andere Mal vom Vater führen. Seine Eigeninitiative bremste er auf Null. Deutlich wird:

- eine *Wechselbaderziehung* kann die Seele eines Kindes und des späteren Erwachsenen so deformieren, daß der Lebensantrieb zerstört wird;
- eine *Wechselbaderziehung* bringt Herz und Gewissen eines Menschen völlig durcheinander. Werte und Normen, die unser Leben bestimmen, kann der Mensch nicht mehr nachvollziehen;
- eine *Wechselbaderziehung* kann die Entscheidungsfähigkeit so untergraben, daß der heranwachsende Mensch seinem Urteil völlig mißtraut;
- eine *Wechselbaderziehung* wirkt in den späteren Glauben hinein. Der christliche Glaube wird benutzt, um die krankhafte Entscheidungsfähigkeit zu umgehen. Gott wird in die Rolle des magischen Wundertäters gedrängt, der auf Knopfdruck kleine und große Entscheidungen ausspucken muß;
- eine *Wechselbaderziehung*, die Lebensprobleme produziert, ruft in den meisten Fällen später Glaubensprobleme hervor. Lebensfehlhaltungen werden zu Glaubensfehlhaltungen.

Wie man einen Hund verrückt macht

Nicht nur Kinder lassen sich verwirren und durcheinanderbringen. Auch bei Tieren ist das möglich. Ihre Reaktionen sind überraschend. Der russische Forscher Pawlow, der in Leningrad Professor für Physiologie war und 1904 den Nobelpreis für seine bahnbrechende Untersuchung über bedingte Reflexe erhielt, arbeitete unter anderem mit Hunden. Ein Experiment bestand darin, dem Hund den Unterschied von einem Kreis und einer Ellipse zu lehren. Sehr schnell begriff der Hund den geometrischen Unterschied. Dann begann Pawlow, die Ellipse langsam zu verändern, so daß sie von einem Kreis kaum noch zu unterscheiden war. Die Folge war, daß der Hund zunehmend verunsichert wurde. Es war ihm unmöglich, die beiden Kreise zu unterscheiden. Der Hund geriet in Panik und zeigte alle Anzeichen einer Konfusion. Pawlow nannte diesen Zustand eine „Experimentalneurose". Das Tier zeigte Verhaltensweisen, die im menschlichen Leben ähnlich ablaufen können. Es reagierte verwirrt, weil es keine Möglichkeit mehr hatte, sich vernünftig zu entscheiden. Bevor der Versuchsleiter die geometrischen Figuren so änderte, daß sie nicht mehr auseinanderzuhalten waren, hatte der Hund einen klaren Überblick. Er konnte sich auf den Unterschied verlassen und eine Entscheidung fällen.

In dem Augenblick, als die Lösung unmöglich wurde, geriet der Hund in Panik. Drei Reaktionsmuster beobachtete Pawlow:

1. Der Hund verfiel in ein Koma
Ein Koma ist eine Art Tiefschlaf, eine anfallartige Bewußtlosigkeit, eine Form der Betäubung. Unbewußt floh das Tier in ein Koma, um nicht mit einer verrückten Welt konfrontiert zu werden.

2. Der Hund wurde bösartig
Viele Hunde, die in eine ausweglose Situation geraten, beißen wütend um sich. Sie wollen sich irgendwie befreien und greifen an.

3. Der Hund wurde ängstlich
Angst ist die normale Reaktion auf Erlebnisse, die nicht mehr eingeordnet werden können. Wenn eine Wahl unmöglich ist, ergreift lähmende Angst Mensch und Tier.

Was können Eltern und Erzieher tun?

Was sollten sie bedenken, wenn ein Kind verwirrt und entscheidungsunfähig reagiert? Welche erzieherischen Hilfen können verhindern, daß sich Kinder völlig passiv auf das Leben einlassen?

Hilfe Nr. 1:
Sie überprüfen ihre verwirrenden Botschaften

Es ist ein einfaches Rezept. Vielleicht haben sie ungewollt ihr Kind ins Dilemma getrieben. Sie sagen etwas verkürzt formuliert bei den Schulaufgaben des Kindes: „Denk doch nach! Wer etwas lernen will, muß denken. Wenn du deinen Grips anstrengst, findest du auch die Lösung!" Eine halbe Stunde später: „Gehorchen sollst du und nicht denken! Was du da alles zurechtdenkst! Du hättest weniger Probleme, wenn du tust, was man dir sagt!"

Es sind Botschaften, die zu gleicher Zeit nicht erfüllbar sind. Beide Eltern überprüfen ihre Erziehungsgrundsätze. Sind in ihnen widersprüchliche Erwartungen enthalten? Neigen sie dazu, ausweglose Situationen zu arrangieren?

Hilfe Nr. 2:
Sie sprechen miteinander

Wer Anordnungen trifft und sie mit dem Kind nicht reflektiert, erzieht Ja- oder Neinsager, aber keine mündigen und entscheidungsfähigen Nachkommen. Wenn Eltern Kinder von klein auf anhalten, alles zu hinterfragen, und ihnen Mut machen, Mißverständnisse zu klären, herrscht eine offene und angstfreie Atmosphäre. Sackgassen können besprochen, geklärt und verhindert werden. Eltern müssen mit gutem Beispiel vorangehen und Probleme zum Gespräch erheben, wenn sie Wut, Rückzug oder Trauer beim Kind beobachten. Auch Fehlverhaltensmuster, die sie als Christen bereuen, können mit den Kindern besprochen werden, damit sie in ihren Eltern keine „kleinen Götter" erblicken. Gespräche sind die Brücke von Mensch zu Mensch. Der Gedankenaustausch verhindert Vorurteile, die sich im Herzen des Kindes einfressen. Kinder, die Angst vor den Eltern haben, sind nicht gleichwertig erzogen worden. Verwirrende Gefühle und Gedanken, Unzufriedenheit mit den El-

179

tern und resignierter Rückzug sind Verhaltensmuster, die der Klärung bedürfen.

Hilfe Nr. 3:
Kinder bitten um Klärung

„Es gibt keine dummen Fragen, es gibt nur dumme Antworten!" hat mir einer meiner Lehrer gesagt. Er hat mich ermutigt, Unklarheiten zu hinterfragen. Mißverständnisse produzieren wir tagaus, tagein. Wir können sie hervorrufen, sie können aber auch beim anderen so interpretiert werden. Wir wissen, was wir sagen wollen, können es aber nicht formulieren. Und der Gesprächspartner kann irregeführt werden. Unsinnige Botschaften können ungewollt eine Beziehung belasten. Für uns ist die Botschaft, die wir senden, sinnvoll, für den Zuhörer ist sie unsinnig. Nur die gegenseitige Klärung bringt in der Regel Licht ins Dunkel. Ein Kind, das sagen kann: „Ich bin völlig verwirrt, ich weiß nicht mehr, was richtig oder falsch ist. Laß uns mal darüber sprechen", hat sich mit der Bitte um Klärung schon aus der lähmenden Unsicherheit herausgebracht.

Hilfe Nr. 4:
Eltern und Kinder akzeptieren die Ungewißheit

Keinem Menschen gelingt es, die Ungewißheit aus unserem Leben restlos zu verbannen. Alle Fragen lassen sich nicht beantworten, alle Zweifel lassen sich nicht klären. Das Leben ist so vielgestaltig und geheimnisvoll, daß wir keinem Menschen zweifelsfreie Antworten übermitteln können. Niemand kann einem Kind hundertprozentig Angst und Zweifel nehmen. In den Schlupflöchern der Seele verstecken sich unlösbare Ängste. Weil Erwachsene nicht immer ehrlich und gradlinig handeln, weil wir fünf gerade sein lassen und mit den Wölfen heulen, muß das Kind beunruhigt sein. Es erlebt uns widersprüchlich, unzuverlässig und nicht berechenbar. Aber das gehört nun mal zu unserer sündhaften Natur. Wir sind Sünder und keine vollkommenen Wesen. Wir verstellen uns und spielen falsch. Kein Wunder, daß Kinder irritiert und verwirrt werden.

Weil das so ist, müssen wir unsere Kinder von klein auf davor bewahren, in uns Eltern falsche Heilige, Superchristen und Vorbilder ohne Flecken und Runzeln zu sehen. Wir verunsichern uns und fördern Verwirrung und Enttäuschung.

Auf diesem Hintergrunde wird es verständlich, warum viele junge Menschen von Sekten und autoritären Kulten angesogen werden. Hier werden Wahrheiten endgültig und ohne Wenn und Aber verkündigt. In diesen Zirkeln wird die Welt in Schwarz und Weiß eingeteilt. Junge Menschen sehnen sich nach Klarheit und nach Eindeutigkeit. In unserer verrückten Welt, die mehr oder weniger ausweglose Situationen produziert, sehnen sich ungezählte nach Gewißheit. Je mehr ein junger Mensch das Leben fragwürdig findet, desto ungewisser und entscheidungsschwächer verhält er sich. Mut und Selbstbewußtsein sind verschwunden, Neugier und Aktivität sind erlahmt. Auch wir Christen leben im Vorletzten, wir haben die Wahrheit nicht gepachtet. Unser Glaubensleben und unsere Gotteserkenntnis sind Stückwerk.

Paulus drückt dieses Stück Ungewißheit und Unvollkommenheit, mit der wir in dieser Welt leben müssen, so aus: „Denn unser Wissen von Gott ist Stückwerk, und unser prophetisches Reden ist Stückwerk. Doch wenn sich die ganze Wahrheit zeigt, dann ist es mit dem Stückwerk vorbei. Anfangs, als ich noch ein Kind war, da redete ich wie ein Kind. Dann aber wurde ich ein Mann und legte die kindlichen Vorstellungen ab. Jetzt sehen wir ein unklares Bild, wie in einem trüben Spiegel; dann aber stehen wir Gott gegenüber. Jetzt kennen wir ihn nur unvollkommen; dann aber werden wir ihn völlig kennen, so wie er uns jetzt schon kennt" (1. Kor. 13,9–12)

Eine unmißverständliche Selbsterkenntnis. Beziehen wir es auch auf Eltern und Erzieher, die als Christen dieser Einschränkung unterworfen sind. Wenn sie sich diese Unvollkommenheit

eingestehen und die Kinder mit diesem „Stückwerk" leben können, werden sie sich realistischer auf diese verrückte Welt ein-
stellen.

Hilfe Nr. 5:
Fühlen und Handeln sollen übereinstimmen

Ein Kernsatz gesunder Erziehung lautet: „Inneres und Äußeres, Fühlen und Handeln sollen übereinstimmen." Das, was wir
denken, und das, was wir leben, sollten kongruent und damit
deckungsgleich sein. Menschen und Christen, die anders leben,
verhalten sich unehrlich. Sie wirken verlogen. Sie bringen ihre
Kinder durcheinander und fördern ein unsicheres Verhalten.
Im Alltag begegnen uns fortlaufend Menschen, die nicht kongruent sind. Auf der *Beziehungsebene* und auf der *Inhalts-
ebene* demonstrieren sie uns Verhaltensmuster, die nicht dek-
kungsgleich sind.

Schauen wir uns ein simples Beispiel an: Frau Müller begegnet dem Pastor ihrer Gemeinde im Supermarkt. Sie schaut bedrückt aus, ihre Mundwinkel hängen herunter. Der Pastor sagt:
„Wie geht es Ihnen?" Und Frau Müller sagt mit trauriger
Miene: „Danke, gut!"

Was geschieht hier? Welche Konsequenzen hat das für unser
Zusammenleben? Machen wir uns die Folgen klar:

Folge Nr. 1:
Frau Müller ist unehrlich. Die Beziehungsebene und die In-
haltsebene stimmen nicht überein. Sie demonstriert etwas anderes, als sie mit Worten von sich gibt. Handeln und Reden sind
nicht deckungsgleich.

Folge Nr. 2:
Was soll der Pastor glauben? Kann er ihren Worten vertrauen,
oder soll er sich auf ihre Stimme, auf ihre traurige Miene verlassen? Soll er nachhaken oder sich zufriedengeben? Will die Frau

in Ruhe gelassen werden, oder hat sie den Wunsch, ein tadelloses Image als Christin zur Schau stellen zu müssen?

Folge Nr. 3:
Für die therapeutische Seelsorge gilt es, diesen Widerspruch offenzulegen, das heißt, der Seelsorger hebt alles, was er sieht, ins Licht: „Frau Müller, ich habe den Eindruck, daß es Ihnen nicht ganz so gut geht, wie Sie sagen. Ich kann mich täuschen, aber Sie sprechen mit trauriger Miene. Kann das sein?" Der Seelsorger greift nicht an, aber er greift den Widerspruch auf.

Folge Nr. 4:
Eltern, die ihren Kindern widersprüchliche Botschaften vermitteln, untergraben ihr Vertrauen. Kinder haben ein untrügliches Gefühl, daß etwas nicht stimmt. Sie können es aber nicht in Worte fassen. Sie fühlen sich zurückgestoßen, verunsichert und in ihrem Vertrauen enttäuscht.

Den ersten Pfeiler für eine gesunde Persönlichkeit nennt der amerikanische Psychologe Erikson das *Urvertrauen.* Vertrauen heißt, das Kind kann sich rückhaltlos auf die Erwachsenen verlassen. Sie sind da und versorgen, sie sind da, wenn Schmerzen oder Unwohlsein das Kind befallen. Vertrauen muß erst verdient werden. Die Eltern müssen dafür etwas leisten, damit das Kind ihnen voll vertraut. Das Kind erfährt, daß es den Eltern entgegenkommen muß, damit diese ihm ihr Zutrauen schenken. Vertrauen beinhaltet, beide Parteien trauen sich, und keine hat das Gefühl, daß einer abspringt. Eltern und Kinder erweisen sich als verläßlich. Wenn die Eltern oder ein Elternteil sich *nicht* als verläßlich erweisen, wird das kindliche Vertrauen erschüttert. Der Glaube an einen väterlichen Gott kann sehr erschwert werden.

Im Hebräerbrief wird ausgedrückt, was Vertrauen beinhaltet und welche Einstellung den Gläubigen kennzeichnen: „Gottvertrauen heißt: sich verlassen auf das, was man hofft, und fest mit dem rechnen, was man nicht sehen kann. Durch solches Vertrauen haben vorbildliche Menschen früherer Zeiten bei

Gott Anerkennung gefunden" (Hebr. 11,1–2). Kinder, deren Vertrauen enttäuscht wurde, haben es im späteren Leben schwer, ihren Partnern, Freunden und Bekannten und dem lebendigen Gott zu vertrauen.

- Wer vertraut, liefert sich aus,
- wer vertraut, rechnet fest mit dem anderen,
- wer vertraut, gibt sich preis,
- wer vertraut, springt ohne Netz.

Kapitel 8

Wenn das Leiden zur Lust wird

Sie alle kennen den verrückt klingenden Satz: „Es gibt nichts, was es nicht gibt." Wir sagen ihn, wenn uns Dinge spanisch vorkommen. Wir sagen ihn, wenn wir kopfschüttelnd vor Problemen stehen, die uns unsinnig erscheinen. Eine solche Unsinnigkeit ist die *Leide-Lust*. Daß Schmerzen, Pleiten und Niederlagen ein inneres Fest beinhalten können, ist nur für „Kranke" glaubhaft.

Das Gottesbild eines Christen ist ein Barometer, die neurotische Glaubensabweichung zu messen. Die positiven und negativen Vorstellungen von Gott sind ein Spiegelbild für ein gesundes oder psychisch gestörtes Glaubensleben.

Es gibt unzählige Wege, wie Menschen durch falsche Erziehung, durch falsche Wertvorstellungen seelisch und körperlich unglücklich werden können.

Nicht die *Vererbung* allein ruft psychische Störungen hervor, sondern wie wir sie verarbeiten und gestalten. Nicht die *Umgebung* allein macht krank, sondern wie wir als Mitspieler die Einflüsse verarbeiten. Nicht die *Erziehung* allein belastet unser Leben, sondern welche Schlüsse Kinder und Heranwachsende aus den elterlichen Erziehungsangeboten ziehen. Unser kreatives Mitgestalten entscheidet über Krankheit und Gesundheit.

Wenn Gott unser Leiden will

Das Leiden gehört zu den Grundproblemen dieser Welt. Wie es keine Rosen ohne Dornen gibt, so kennen wir kein Leben ohne Leiden. Beides gehört zusammen. Es gibt nicht *das* Leid. Jeder Mensch leidet anders. Den einen plagen körperliche, den andern seelische Schmerzen. Die Empfindungen, Reaktionen und Deutungen des Leides sind bei allen Menschen verschieden. Leiden können subjektiv und objektiv, übertrieben oder eingebildet sein. Dem einen gelingt es, geduldig und mit Gottvertrauen die Lasten des Leides zu ertragen, während ein anderer sich – auch als Christ – mit aller Macht gegen das Leid aufbäumt. Schweres Leid kann das Denken, Fühlen und Verhalten eines Menschen von Grund auf revolutionieren.

Krisen und Leiden sind *Lebenshilfen,*
Krisen und Leiden sind *Reifungshilfen,*
Krisen und Leiden sind *Wachstumshilfen,*
Krisen und Leiden sind *Herausforderungen Gottes.*

„Aus sechs Trübsalen wird er dich erretten, und in der siebenten wird dich kein Übel rühren" (Hiob 5,19).

Die Leidelust des Masochisten

Nun gibt es aber Menschen, die im Leid meinen, Gottes besonderen Weg zu sehen. Sie nehmen das Leid nicht nur aus Gottes Hand,

. . . sie *suchen* das Leid,
. . . sie *wollen* das Leid,
. . . sie *begrüßen* das Leid.

Von klein auf haben sie eine schiefe Vorstellung von Nöten und Schwierigkeiten erlebt. Mußten sie leiden, wurden sie geliebt. Hatten sie Schmerzen zu ertragen, bekamen sie Zuwendung.

Plötzlich werden Leiden idealisiert und bekommen einen Heiligenschein. Solche Menschen bekennen sich zu einem Lebensstil, den sie verinnerlichen und der folgende Lebensgrundüberzeugungen widerspiegelt:

„Nur wenn ich leide, nimmt Gott mich ernst."

„Nur wenn ich leide, meint Gott es gut mit mir."

„Nur der *untere* Weg ist der Weg der Nachfolge."

„Nur der *bittere* Weg ist der Weg, den Gott für mich bereit hält."

„Nur der *schwere* Weg zählt für die Ewigkeit."

„Der Weg zum Himmel ist mit Leid gepflastert."

„Glückselig sind die Leidenden, denn sie sollen getröstet werden" (Matth. 5,4). Alle möglichen Leiden werden erhofft und ersehnt.

Diese Leidenssehnsucht hat eine masochistische Komponente. Und Masochismus meint die *Leidelust.* In der Seelenheilkunde wird sie als Perversion gekennzeichnet. Nicht nur der *sexuelle* Masochismus ist gemeint, sondern jede verkehrte, perverse Form der Leidelust. Glück, Gesundheit, Wohlempfinden und Zufriedenheit sind die Fallen des Teufels.

Menschen, die solchen Lebensstil pflegen, übertragen dieses abnorme Denken, das sie von klein auf erlebt und praktiziert haben, auf Gott, wenn sie zum Glauben kommen. Sie sind unzufrieden, pessimistisch und bedrückt. Aber sie wollen es so. Ihr ständiges Leid ist Gottes Weg mit ihnen.

Der Ausdruck Masochismus geht auf den österreichischen Schriftsteller Leopold von Sacher-Masoch (1836–1895) zurück, der in einem seiner Romane diese Perversionen näher beschrieb:

„Für mich besteht ein einzigartiger Reiz im Leiden; die Tyrannei, die Grausamkeit und vor allem die Untreue einer schönen Frau steigern meine Leidenschaft."[66]

187

Drei Spielarten des Masochismus

Es gibt verschiedene Formen der Leide-Lust. Da ist zunächst der *psychische Masochismus*. Er beinhaltet eine Mentalität, in Niederlagen, die der Mensch im privaten oder gesellschaftlichen Leben erleidet, zu schwelgen. Demütigungen und Mißerfolge werden gesucht und genossen. Beruflich ordnen sich diese Menschen völlig unter und wollen beherrscht werden. Ständig fühlen sie sich schuldig und phantasieren sich in Minderwertigkeitsillusionen hinein. Es ist fast selbstverständlich, daß masochistische Männer eine Frau suchen und finden, die herrscht und die „die Hosen anhat", wie der Volksmund sagt. Aber auch masochistische Frauen suchen den starken Partner, weil sie sich auf allen Gebieten völlig unterordnen. Ohne es zu wissen, provozieren Masochisten ihre eigenen Niederlagen und Mißerfolge. Ihrem Grundlebensstil entsprechend sorgen sie dafür, daß sie gedemütigt und überrollt werden – sie finden Gefallen daran. Der Nachsatz ist für die Masochisten entscheidend.

Dann sprechen die Fachleute vom *Kompensations-Masochismus*. Er besagt, daß der Betroffene sich physische und psychische Schmerzen zufügen läßt und so dem Geschlechtsverkehr ausweicht. Die unterschiedlichsten sexuellen Wünsche spielen dabei eine Rolle. Der eine läßt sich von einer Frau in Leder oder nackt auspeitschen, wird wie ein Hund an die Leine gelegt und gestraft. Es kommt zu keinem richtigen Geschlechtsverkehr, sondern die perversen Praktiken *ersetzen* den Koitus.

Eine dritte Form der Leide-Lust ist der *sexuelle Masochismus*. Meist handelt es sich um Menschen, die infantil geblieben sind. Auch in ihren sexuellen Wünschen fliehen sie in die Kindheit zurück, wo sie eine „Herrin" suchen, die sie gängelt, schlägt und fordert. Sie wollen Sklaven sein und der Herrin die Füße küssen. Die meisten solcher sexuellen Masochisten finden keinen geeigneten Lebenspartner. Sie suchen ihn daher in Zeitungsinseraten, in Korrespondenzzirkeln oder bei sadistisch orientierten Dirnen. Viele reagieren ihre perversen Wünsche in schrecklichen Sklavendiensten ab. Die Betroffenen unterwerfen sich rückhaltlos. Masochisten treten der Herrin die völlige Verantwortung für das Leben ab, sie versklaven sich.

Der Weg zur Hölle ist mit Rosen gekränzt

Herr Brand ist ein Beispiel für diese Lebens- und Glaubenseinstellung. Er kam mit 21 Jahren zum Glauben, als er nach einem Unfall aus dem völlig zerstörten Auto mit vielen Knochenbrüchen herausgeschnitten wurde. „Meine Lebensfahrt ohne Probleme war zu Ende. Nur Not lehrt beten. Ich bin ein Krüppel. Wäre ich gesund, wäre Gott mir egal. Nur wenn ich leide, bleibe ich auf dem Wege bei IHM."

Er lehnt schmerzstillende Tabletten ab, um stündlich an Gottes Gegenwart erinnert zu werden. Einen elektrischen Rollstuhl, den man ihm schenken will, weist er zurück, da kommt der Teufel ihm luxuriös entgegen. Herr Brand will leiden, um die Ewigkeit beschwerdefrei zu erleben. Gnade hat für ihn einen eigenwilligen Stellenwert. Gnade Gottes beurteilt er anders als die meisten Christen. Der Unfall ist Gnade. Leidenkönnen ist ein Geschenk. Leidenwollen ist Gnade.

„Ich darf leiden."

„Ich will leiden."

„Ich muß leiden."

Viele Freunde und Verwandte haben sich weitgehend distanziert, weil sie seine Lebensweise nicht verstehen können. Er sieht in der Distanzierung ein Zeichen Gottes, daß er auf dem richtigen Wege ist. Herr Brand ist unsagbar unglücklich, aber er will von diesem Unglücklichsein nicht befreit werden. Er hat ein Lebensmotto gefunden, das seinem Leben Sinn verleiht. Es lautet:

„Der Weg zur Hölle ist mit Rosen gekränzt."

Er will keine Rosen, er will die Dornen;

er will keine Erleichterung, er will Beschwernisse;

er will keine Entlastung, er wählt die bitteren Schmerzen.

In seinen Augen sind alle schönen Dinge, Luxus, Frauen, Geld und Ruhm Köder des Teufels, um die Menschen zu verblenden.

Die genannten Dinge hat er bis zum Alter von 20 Jahren ausgiebig genossen. Auf der Rückfahrt von einer Hasch-Party ereilte ihn Gottes strafende Hand, wie er sagt. Ein Freund wurde ebenfalls schwer verletzt und hat bleibende Körperbeschwerden davongetragen. Herr Brand muß sühnen. So sieht er jedenfalls seinen Weg in der Zukunft. Er will leiden, um etwas von der Riesenschuld abzutragen. In einem Gespräch sagte er mal:

„Meine Mutter war eine gläubige Frau, ich habe ihr in der Kindheit unsagbares Leid zugefügt. Ein Satz von ihr geht mir nicht aus dem Kopf: ‚Dein Hochmut wird dich mal elend zu Fall bringen!‘ Sie hat recht behalten."

Viele Gemeindeglieder bewundern ihn und sprechen anerkennend über seine Leidensbereitschaft. Seine Freunde von damals, vor denen er sich mit einem „schnittigen Auto" produzieren und mit „verrückten Partys" Ansehen verschaffen wollte, sind weggeblieben. Heute muß er sich profilieren – es ist eine bittere Wahrheit –, indem er Leiden auf sich nimmt, die menschliche Kräfte übersteigen. Seine Leidensbereitschaft hat in den Augen vieler Gemeindemitglieder etwas Übernatürliches. Er braucht dieses Leiden, um wieder völlig überlegen zu sein. Sein selbstgewähltes Leiden ist sein Beitrag, um Christus für sein Erlösungswerk zu danken.

Die Lebensgeschichte des Masochisten

Wie kommt es zu solchen perversen Gefühlen und Praktiken? Fünf Hinweise:

Hinweis Nr. 1:
Der Masochist wird als Kind gezwungen, bedingungslos zu ge-

horchen. Gehorsam wird dem Kind „eingebleut". Das Kind hat zu parieren und hat keine Wahl, aufmüpfig zu sein. Die Eltern handeln nach dem Grundsatz: Der Eigenwille des Kindes muß so früh wie möglich gebrochen werden, damit das Kind nicht selbstherrlich wird. Denn Selbstherrlichkeit ist die Ur-Sünde, die schon Adam und Eva aus dem Paradies getrieben haben.

Hinweis Nr. 2:
Masochistische Menschen behalten als Erwachsene den Unterlegenheitszustand bei. Als Kind haben sie ihn eintrainiert, haben ihre Vorteile schätzen gelernt und sind nicht bereit, diese Unterwürfigkeit aufzugeben. Die Logik dieses Verhaltens wird nur verständlich, wenn wir uns in die Betroffenen hineinversetzen und nachempfinden, wie ihnen zumute ist. Sie fühlen sich wohl, wenn sie eine sklavische Abhängigkeit praktizieren können.

Hinweis Nr. 3:
Masochistische Erwachsene bezichtigen sich oft allerlei Verbrechen und Schandtaten, die sie gar nicht begangen haben. Sie haben einen Drang, Sünden zu büßen. Es gibt Menschen, die Gefängnisstrafen auf sich nehmen, um für die unglaublichsten Fehler und Vergehen zu leiden. Erst wenn sie „gewürdigt" werden, Leiden zu ertragen, sind sie für kurze Zeit zufrieden.

Hinweis Nr. 4:
Der masochistische Erwachsene behält die völlige Unterordnung bei und hat den Vorteil, keine Verantwortung tragen zu müssen. Wer sich unterordnet, will geführt und befehligt werden. Entscheidungen werden über ihn gefällt. Er selbst lehnt es ab, seinen Kopf hinzuhalten.

Diese völlige Unterordnung und Abhängigkeit wird im christlichen Raum nicht selten als besondere christliche Tugend bewertet. Der von Christus *abhängige* Mensch wird zum Inbegriff wirklicher Nachfolge.

Der Sexualforscher Ernest Borneman kommentiert diese Verhaltensmuster folgendermaßen:

„Was hierbei nur selten als Masochismus erkannt wird, weil es so gänzlich fern von jedem sexuellen Masochismus zu liegen scheint, ist das Bedürfnis solcher Menschen, weniger zu scheinen als zu sein.

Das Leben in einer besonders häßlichen oder unangenehmen Gegend zu verbringen, Opfer auf sich zu nehmen, ein Martyrium zu erdulden, aber auch einen beschmutzenden und unwürdigen Beruf auszuüben, häßliche oder schmutzige Kleidung zu tragen. Es handelt sich mithin um die Weigerung, dem eigenen ästhetischen Maßstab und der eigenen geistigen Potenz entsprechend zu leben."[67]

Diese Menschen sind *krankhaft* abhängig von Personen, die führen, den Ton angeben und Entscheidungen treffen.

Diese Menschen sind *krankhaft* abhängig von Gott, sie sind nicht mündig und frei.

Der von Christus *erlöste* Mensch ist der befreite und unabhängige Mensch. —

Der von Christus *erlöste* Mensch ist der selbständige Sohn und nicht mehr der Sklave.

Der von Christus *erlöste* Mensch ist nicht mehr hörig, sondern los-gekauft.

Nicht umsonst hat die WHO (Weltgesundheitsorganisation) das Suchtverhalten durch *Abhängigkeit* ersetzt. Abhängigkeit ist eine Krankheit. Der Mensch kann nicht anders. Er ist hörig geworden und hat sich selbst hörig gemacht. Ein kompliziertes Wechselspiel in der Erziehung und im Leben hat die seelische Störung in Gang gesetzt.

Hinweis Nr. 5:
Auch der Masochist strebt in der Unterlegenheit Überlegenheit an. Das klingt unlogisch. Und doch: Das Schwachmütige sucht den Triumph. So kann Alfred Adler die unbewußten Ziele des Masochisten auf den Punkt bringen und schreiben: „Der Sadist ist der ‚triumphierende Besiegte', der Masochist der ‚geschlagene Sieger' ... Die masochistische Einstellung beinhaltet: ‚Ich werde nicht von deiner Anziehungskraft beherrscht; du mußt

das tun, was ich dich tun lassen will.' Das Ziel der meisten Masochisten ist die Flucht vor Liebe und Ehe."

Um den scheinbaren Widerspruch zwischen Unterordnung und Überlegenheit zu verstehen, muß man sich in die Spannung zwischen den starken *Minderwertigkeitsgefühlen* und *Überlegenheitsgefühlen* der Betroffenen einfühlen. Der Unterlegenheitskomplex fordert geradezu eine Überlegenheit heraus. Der Masochist schwankt zwischen Entwertung und Idealisierung der eigenen Person. Er zweifelt an sich selbst und phantasiert gleichzeitig Überlegenheit. Diese Dialektik macht die Spannung zwischen Herrschenwollen durch Schwäche oder durch Stärke deutlich. Und diese ins krankhaft gesteigerte Einstellung nennt man *Sadomasochismus*.

Die Perversion des Masochismus ist der Ausdruck einer vergrößerten Distanz zwischen Mann und Frau. Sie beinhaltet auch eine Revolte gegen die normale Geschlechtsrolle. Der Masochist ist nicht durch Erziehung, soziale Einflüsse und die Dominanz einer oder beider Elternteile einseitig zum leidelustigen Dulder *gemacht*, sondern er hat diese Rolle mitgestaltet. Das masochistische Lebensziel ist *auch* eine Schöpfung des Kindes.

Diese Einsicht ist für eine Lebensstilkorrektur entscheidend. Christen mit masochistischen Tendenzen müssen ihre Vorstellungen, Gedanken und Gefühle anhand biblischer Maßstäbe überprüfen. Nur eine wirkliche Buße, das heißt eine gründliche Gesinnungsänderung, kann auf Dauer dem Masochisten helfen, seine unsoziale Lebenseinstellung und seine ungeistliche Glaubenseinstellung aufzugeben.

Masochismus – eine ekklesiogene Neurose

Der schon zitierte Berliner Arzt und Theologe Dr. Klaus Thomas zählt diese seelische Störung neben Selbstbefriedigung mit krankhaften Schuldgefühlen, neben Fetischismus und der

Verweigerung sexueller Beziehungen in der Ehe überhaupt zu den ekklesiogenen Neurosen. Sein Urteil liest sich so:

„Sadomasochismus. – Enge Beziehungen zwischen Grausamkeit und dem lustvollen Zufügen von Schmerzen einerseits und einer (vermeintlichen) Frömmigkeit andererseits sind längst bekannt und durch zahlreiche Beispiele belegt. Sie reichen von den mittelalterlichen Hexenprozessen und manchen Religionskriegen bis hin zu blutigen Verfolgungen von Ketzern aller Art ... Wenn dem Sadismus die krankhafte Neigung zugrunde liegt, durch das Verursachen von Schmerzen sexuelle Lust zu gewinnen, so tritt bei dem *Masochismus* das entgegengesetzte Streben in den Vordergrund: Das Erdulden von Leiden verschafft lustvolle Befriedigung.

Solche selbstquälerischen Neigungen sind häufig Ausdruck einer Selbstbestrafung, meist wegen der vermeintlichen Sünde der Onanie. Fest zu halten bleibt die Erkenntnis: ‚Ekklesiogene Neurosen‘ gehen mit einer Vielzahl von besonders ernsten sexuellen Symptomen einher."[68]

Thomas macht im Zusammenhang mit dem Masochismus auch auf das Problem der *Selbstbestrafung* aufmerksam. Vor allem depressive Christen neigen dazu, sich übertriebene Vorwürfe zu machen, sich unnötig zu beschuldigen und für die unglaublichsten Dinge verantwortlich zu sein. Die übersteigerten Selbstvorwürfe können verschiedene Selbstbestrafungshandlungen auslösen.

„Weil ich so sündig bin, muß ich bis Ratingen zu Fuß gehen (ca. 20 km), um zu sühnen."

„Ich darf wegen der Gallenkolliken nicht zum Arzt gehen. Ich muß die Schmerzen aushalten, weil Gott es von mir fordert."

„Ein halbes Jahr werde ich auf Latten schlafen statt auf Matratzen. Ich habe willentlich gesündigt, und die willentlichen Sünden sind besonders verwerflich. Es ist unmöglich, daß ich mir Vergebung einfach von Christus schenken lassen kann."

Selbstbestrafungstendenzen sind Sühnepraktiken, die dem christlichen Glauben und der guten Nachricht Gottes widersprechen. Welche Botschaften haben solche Menschen gehört?

Wie wurde ihnen das Wort Gottes vermittelt?

Welche irrigen Glaubensüberzeugungen haben Eltern, Lehrer und Verkündiger von sich gegeben?

Was haben Eltern und Erzieher getan, daß Kinder und später Erwachsene die Botschaft der Liebe und Versöhnung durch Christus in eine streckenweise Selbsterlösung uminterpretieren konnten?

Kapitel 9

Die Herz-Neurose

Das Herz des Menschen spielt eine entscheidende Rolle. Es hält den Blutumlauf in Gang und ist die Motorpumpe des Blutkreislaufs. Die rechte Herzhälfte versorgt den Lungenkreislauf, die linke Herzhälfte den Körperkreislauf. Bei 70 bis 80 Schlägen in der Minute werden 5–6 Liter Blut durch den Kreislauf geführt. Die gesamte Blutmenge des Körpers wird einmal pro Minute umgewälzt. In 24 Stunden kommt die Förderleistung des Herzens auf ca. 7 000 Liter, womit man einen mittelgroßen Heizöltank füllen könnte. Zwischen zwei Herzschlägen entsteht eine winzige Pause, so daß das Herz unmerklich etwa ein Drittel seines Lebens ruht und wieder Kraft schöpft. Bei körperlichen Belastungen muß das Herz sich wesentlich mehr anstrengen und den Blutkreislauf auf ca. 30 Liter pro Minute steigern. Das sind einige Fakten über das Zentrum unseres Organismus.

Was seelische Spannungen bewirken

Jeder weiß, daß dieses Zentralorgan beeinflußbar ist. Seelische Probleme und Belastungen können es verunsichern, aus dem Takt bringen und wie wild pochen lassen.

Von allen menschlichen Organen nimmt das Herz bis in unsere Tage eine Sonderstellung ein. In unzähligen Gedichten und

Liedern besungen, gilt es als Sitz der Liebe und des Gefühls. Der Verstand sagt „nein", aber das Herz sagt „ja". Psychosomatisch gesehen ist das Herz ein Bereitstellungsorgan. Das heißt, es ist jederzeit bereit, sich an seelischen Erlebnissen wie Furcht, Panik oder Freude zu beteiligen, in dem es unter anderem heftig klopft, sticht, rast oder auch seine Schlagfolge verlangsamt. Das Herz reagiert sofort auf seelische Spannungen aller Art. Menschen mit strenger Selbstdisziplin setzen sich und ihr Herz unter Druck, sie nehmen Zorn und Aggressionen nach innen, weil sie nicht anecken wollen, und belasten den Motor des Organismus.

Seelische Spannungen beinhalten *Streß*. Bei Streß, der bei allen Anspannungen und Tätigkeiten des Menschen entsteht, werden Körperdrüsen in Tätigkeit gesetzt, die Hormonstoffe in den Körper abgeben, die ihn instand setzen, mit bestimmten Situationen auf geeignete Weise fertig zu werden. Streß ist nicht unbedingt schädlich, er wird es, wenn er zu lange anhält, wenn die Organe sich nicht erholen können. Dauernde Anstrengungen, die durch Schlaf, Entspannung, Essen und Trinken, Sport und Bewegung ausgeglichen werden, zeigen keine Negativwirkungen. Ein Körper, der ständig im Alarmzustand lebt, der höchste Mobilmachung signalisiert, verliert die Fähigkeit zum Widerstand und zur Anpassung. Er wird geschwächt und reagiert mit Krankheit.

Um das Herz zu schonen, sind nach jeder zweiten Erschöpfungsphase Erholungszeiten notwendig, um den Normalzustand wiederherzustellen. Zuviel Sorgen, starke Befürchtungen und Angst können das Herz so beanspruchen, daß der Chemiehaushalt des Körpers aus dem Gleichgewicht gerät. Diese Unausgeglichenheit entwickelt sich bei Überarbeitung, bei Sorgen, die Schlaflosigkeit im Gefolge haben, und übergroßen Ängsten. Solche Erregungen rufen viele Körperreaktionen hervor,

... das Gefühl, der Magen schnürt sich zusammen,
... das Gefühl, eine Zentnerlast legt sich auf den Magen,
... das Gefühl, man hört das Pochen des Herzens,

... das Gefühl, die Hände sind schweißnaß.

Die Furcht verkrampft, und das Herz schlägt schneller. Starkes Herzklopfen ist jedoch ein bekanntes Symptom für seelische Erregung.

„Der verstorbene Dr. John Schindler stellte eine kurze Liste von Symptomen auf, die seelisch bedingt sein können, und gab in Prozenten an, wie oft jedes Symptom auf seelische Erregung zurückging. Seine Liste enthielt Beschwerden wie:

‚Aufstoßen‘ in über 99% aller Fälle,

‚Kloß im Hals‘ und ‚Ermüdung‘ in 90% aller Fälle,

‚Kopfschmerzen‘ und ‚Schwindelgefühl‘ in 80% aller Fälle,

‚Schmerzen im Hinterkopf‘ in 75% aller Fälle."[69]

Starke Sorgen verbunden mit innerer und äußerer Unruhe sind die Faktoren, die lebenswichtige Systeme des Organismus in Mitleidenschaft ziehen: das System des Kreislaufs, die inneren Sekretionsorgane und die Nerven. Jedes dieser Systeme kann auf seine Weise dem Herzen Schaden zufügen. Statistiken zeigen, daß Menschen mit starker Veranlagung zum Wettbewerb sieben Mal häufiger an der Koronararterie erkranken als Vergleichspersonen, die die Dinge leichter nehmen.

Redewendungen, die das Herz betreffen:

Das Herz hüpft mir vor Freude.
Das Herz rutscht mir in die Hose.
Das Herz zerspringt vor Freude.
Das Herz schlägt mir bis zum Halse.
Es geht mir zu Herzen.
Es bricht mir das Herz.
Einer nimmt sich etwas zu Herzen.
Jemand ist hartherzig.
Jemand ist kaltherzig.
Jemand ist engherzig.

Jemand liebt mit ganzem Herzen.
Jemand hat ein versteinertes Herz.
Jemand ist herzlos.
Jemand lacht herzhaft.
Jemand weint herzerweichend.
Jemand kann sein Herz verlieren.
Jemand bleibt das Herz stehen.

Was ist eine Herz-Neurose?

Es handelt sich um ein Krankheitsbild, das in unserem Lebensbereich und in unseren Gemeinden nicht selten auftaucht. Wir sprechen von der *Herz-Neurose*. Etwa 2–5 % der westdeutschen Bevölkerung leiden an dieser Krankheit. Besonders betroffen sind Menschen zwischen 20 und 40 Jahren, also in jenem Lebensabschnitt, in denen sich psychosomatische Konflikte verstärkt zu Wort melden.

Das psychologische Wörterbuch beschreibt die Herz-Neurose in wenigen Sätzen:

„Psychisch bedingte Herzstörungen und Herzbeschwerden bei Neurasthenie (Nervenschwäche, nervöse Reizbarkeit, geringe seelische Belastungsfähigkeit), bei Hysterie, Angstneurosen usw."

Herz-Neurosen werden auch *Herz-Phobien* genannt, weil es sich um eine auf das Herz bezogene Angst handelt. Allerdings muß seelsorgerlich und therapeutisch gesagt werden: Nicht das Herz ist neurotisch, sondern der Patient; nicht das Organ ist krank, sondern der Mensch.

Die Herz-Neurose ist ein *Symptom*, ein Krankheitsanzeichen, und deutet auf einen tiefliegenden Konflikt hin.

Was kennzeichnet den Herz-Neurotiker?

– Herz-Neurotiker sind häufig Hypochonder, also Menschen

mit einer gedrückten Stimmungslage und mit übersteigerter Selbstbeobachtung;

- Herz-Neurotiker laufen mit unbegründeten Krankheitseinbildungen umher;
- Herz-Neurotiker können ihre Angst so steigern, daß sie überzeugt sind, am Herztod zu sterben;
- Herz-Neurotiker reagieren mit heftigen, schnellen Herzbewegungen;
- Herz-Neurotiker können mit panischer Angst reagieren, wahnsinnig zu werden;
- Herz-Neurotiker reagieren mit Angst, daß sich die Herzfrequenz steigern könnte. Die erhöhte Angst läßt in der Tat das Herz schneller schlagen;
- Herz-Neurotiker demonstrieren in der Regel eine depressive Stimmungslage;
- Herz-Neurotiker erleben selten einen wirklichen Herzinfarkt, aber sie neigen dazu, gefühlsmäßig ihre Störungen zu dramatisieren;
- Herz-Neurotiker reagieren besonders stark mit Anfällen, wenn Trennung, Scheidung und Partnerverlust den Betreffenden heimsuchen.

Ich kann mich an eine ledige Ratsuchende erinnern, die mit einer handfesten Herz-Neurose reagierte, als ihre beste Freundin plötzlich durch einen tödlichen Unfall ums Leben kam. Sie erlebte physisch und seelisch den Tod ihrer innigen Freundin. Mit beiden Händen faßte sie sich an die linke Brustseite. „Mein Herz spielte verrückt. Ich hatte den Eindruck, das Herz zerreißt. Tagelang spürte ich ein unerträgliches Herzelend. Der Herzschlag war unregelmäßig. Ein heißes Brennen spürte ich im linken Arm."

Es handelte sich um eine sehr mitfühlende, depressive Frau, die mit der Freundin in einer großen Etagenwohnung zusammengelebt hatte. Die herz-neurotischen Anfälle wurden erst besser, als eine gute Bekannte zu ihr in die Wohnung zog. Sie sagte: „Ich habe mich genau beobachtet. Wenn jemand da ist, mit dem ich reden kann und der auf mich eingeht, schlägt mein Herz ruhig, und ich habe Frieden."

Der Herz-Neurotiker ist *nicht* ursächlich organisch krank. Auch bestehen keine Bedenken, daß der Betreffende eines Tages wirklich organisch krank wird. Eine große pharmazeutische Firma hatte für ein bestimmtes Präparat mit der falschen Behauptung geworben, daß die Herz-Neurose längerfristig hohen Blutdruck, Angina pectoris und koronare Herzkrankheiten begünstige. In Wirklichkeit besteht dieser Zusammenhang nicht, wie eine Reihe von statistischen Längsschnitt-Studien bewiesen haben.

Der Herz-Neurotiker stellt sein Symptom in Dienst

Er schaut so stark auf seine Symptome, daß er von ihnen aufgefressen wird. Ein Pionier der Psychosomatik ist Thore v. Uexküll, er beschreibt den Fall eines 40jährigen Mannes, eines Juden aus Polen, der in verschiedenen Konzentrationslagern alle Schrecknisse und Entbehrungen durchlitten hatte, die man sich vorstellen kann. Seine Freunde wurden ausgerottet, und er selbst hatte beim Fluchtversuch ein Bein verloren.

Der Grund seines Besuches beim Arzt waren quälende Herzschmerzen, die mit Todesangst einhergingen. Die Diagnose lautete: „Herz-Neurose". Der Patient berichtete: „Als junger Mann in Polen habe ich schon die gleichen Herzschmerzen gehabt wie jetzt. Ich war damals bei vielen Ärzten. Man hat mir Verschiedenes verschrieben. Es hat aber alles nichts geholfen. Dann hat man mir gesagt, ich sollte mich schonen. Es ist aber schlimmer geworden. Dann im KZ, wo ich mich nicht mehr schonen konnte, sind meine Schmerzen auf einmal weggewesen. Sie werden es mir glauben oder nicht: Im Lager war ich der gesündeste Mensch, den Sie sich denken können. Nie in meinem Leben bin ich so gesund gewesen."[70]

Die *wirkliche* Gefahr lenkte ihn so von seinen Problemen ab, daß er keine Zeit hatte, sich mit herz-neurotischen Attacken zu beschäftigen. Deutlich wird:

- Die Neurose hat einen Sinn;
- die Herz-Neurose wird unbewußt in Dienst gestellt;
- zwischen seelischer Belastung und körperlichen Störungen besteht kein Kausalzusammenhang;
- die Herz-Neurose ist ein dramatischer Appell an die Umgebung, sich um den „Kranken" zu kümmern;
- die Herz-Neurose ist nur aus der *Lebensgeschichte* eines Menschen zu verstehen.

Besonders der letzte Aspekt soll im nächsten Abschnitt ausführlich beschrieben werden.

Eine Herz-Phobikerin in der therapeutischen Seelsorge

Eines Tages kommt Frau Keller, sie ist 39 Jahre alt, von Beruf Bibliothekarin, in die Eheberatung. Sie ist unglücklich über die Partnerschaft, verzweifelt über die geringen ehelichen Kontakte und tieftraurig über die „langweilige Beziehung".

„Da tut sich nichts", sagt sie, „mein Mann ist Prediger und liebt alle Welt, nur mich nicht. Er hat für alle Zeit, nur für mich nicht. Glauben Sie mir, er reißt sich ein Bein für Hinz und Kunz in der Gemeinde aus, nur nicht für mich."

Sie schaut mich verlegen an und ahnt, was ich denken könnte. „Eigentlich sollte ich zufrieden sein mit meinem Mann. Er ist bestimmt treu, das glaube ich. In der Gemeinde ist er beliebt, weil er einsatzfreudig ist. Täglich macht er viele Hausbesuche. Wir haben zwei gut geratene Kinder. Wie gesagt, äußerlich ist alles in Ordnung. Ich kann Gott dafür nur danken. Aber verstehen Sie, ich leide, daß ich ihn nur beim Frühstück sehe, beim Mittagessen, beim Kaffee, wenn ich Glück habe, nachts und im Gottesdienst."

Sie lacht und wird sofort wieder ernst. Sie wirkt auf mich eher dick als vollschlank, hat ein rundes Gesicht und strahlt ihr Gegenüber unverwandt an. Ihr Kleid ist unter den Achselhöhlen durchgeschwitzt, am Hals bilden sich rote Flecken. Sie spricht schnell, fließend und eindringlich – ohne Punkt und Komma. Im letzten halben Jahr sei sie zweimal zusammengebrochen und in eine Nervenheilanstalt eingewiesen worden. Nach drei Wochen hätte sie es nicht mehr ausgehalten und wäre „nach Hause geflüchtet . . ." Von verschiedenen Ärzten hätte sie verschiedene Diagnosen gehört: Sie sei nervenkrank, litte unter paroxymalen Tachykardien (anfallsweise auftretendes Herzjagen), sei übernervös und hochgradig empfindlich. Der Hausarzt und der Psychiater des Krankenhauses hätten ihr geraten, einen Therapeuten aufzusuchen, um die „nervösen Herzstörungen" behandeln zu lassen. Die Herzstörungen seien so stark geworden, daß sie fast täglich einen Anfall gehabt hätte. Mit den Herzanfällen seien Todesängste verbunden. Oft holte ihr Mann dann den Arzt. Sie bekäme Spritzen, und erst allmählich ginge das Herzjagen zurück. Angst sei überhaupt ein ständiger Begleiter in ihrem Leben. Sie lebe pausenlos in Aufregung, daß etwas passieren könne – besonders ihrem Mann. Er könne verunglükken, sich lebensgefährlich verletzen oder umkommen. Ihr Mann sei sieben Jahre älter, ein Mann mit „väterlichen Zügen", leider aber völlig stur, oberflächlich in der Zuwendung und kein liebevoller Ehemann. Er verstände sie überhaupt nicht, ließe sie links liegen, sei eher egoistisch und lebe und denke nur für die Gemeinde. Darunter litte sie am meisten. Zweifellos sei er ein ernsthafter Prediger und bereite sich oft tagelang auf den Gottesdienst vor. Wenn er nach Hause käme, gäbe er ihr einen oberflächlichen Kuß, brüte dann vor sich hin, sei extrem ungesprächig und zöge sich vor ihr in sein Schneckenhaus zurück. Sie müsse mit ihm reden und wolle sich mitteilen. Er hielte sie für „geisteskrank" und könne sie mit solchen oder ähnlichen Ausdrücken zutiefst kränken. Dann empfände sie eine ohnmächtige Wut, und dabei könne sie sich in Vorwürfe und heftigste Aggressionen steigern. Da ihr Mann aber eine verantwortliche

Tätigkeit als Prediger hätte, könne sie ihn nicht oft mit „hysterischem Blabla", wie der Ehemann das nenne, belästigen. Sein Schweigen könne sie zur Weißglut bringen, sie müsse sich auseinandersetzen. Ihren Halbtagesdienst in einem städtischen Betrieb könne sie – Gott sei Dank – wahrnehmen, denn bisher hätte sie keine Anfälle in der Bibliothek gehabt. Allerdings könne man sich auf sie als Mitarbeiterin nicht verlassen, denn im letzten Jahr hätte sie mindestens 18 Wochen krankgefeiert, und zwar ihrer Herzbeschwerden wegen. Dann sei ihr Mann sehr fürsorglich, und ihre zwei Kinder nähmen auch Rücksicht auf sie.

Der therapeutisch-seelsorgerliche Prozeß

Beratung und Seelsorge an Herz-Neurotikern braucht Zeit. Die Krankheit ist nicht von heute auf morgen verschwunden. Die Herz-Neurose hat eine lange Entstehungsgeschichte. Darum sind viele Gespräche und Gebete notwendig. Der Betroffene *und* die Beteiligten müssen berücksichtigt werden. Denn die Neurose ist kein *binnenseelisches*, sondern ein *zwischenmenschliches* Problem. Zum Beratungsverlauf einige Anmerkungen:

Anmerkung Nr. 1:
Der Ratsuchende will zwei getrennte Probleme besprechen

Die ersten zwei Sitzungen kommt die Frau allein. Sie leidet unter zwei Problemen, die nichts miteinander zu tun haben, wie sie meint. Sie sucht Hilfe und Verständnis für ihre schwierige Ehe. Ihr Mann, den sie sehr mag, sei lieblos und an einer innigen Beziehung desinteressiert. Und dann litte sie an einer Herz-Phobie, das wäre die Diagnose zweier Ärzte, und dafür brauche sie Gespräche, weil es sich um eine psychosomatische Krankheit handele. Weil sie ihr Christsein ernst nähme, sei sie zu mir gekommen, und möchte ernsthaft an dem Problem arbeiten.

„Die Ehe ist mir am wichtigsten. Denn mein Leben hängt in der Luft, wenn die Beziehung nicht besser wird." Der Mann lehne es ab, mit in die Beratung zu kommen, weil er in der neurotischen Herzattacke das Übel für alles sähe. Beide hätten sie schon viel für Ehe und Gesundheit gebetet, aber bisher sei keine Besserung eingetreten.

Deutlich wird, daß beide einen leib-geist-seelischen Zusammenhang von Eheproblemen und Herzneurosen ablehnen. Wie immer auch beide argumentieren, ihre Vorurteile schützen sie, die gemeinsamen Ehekonflikte menschlich und geistlich richtig einzuordnen.

Es finden insgesamt 22 Gespräche statt, 16 im Abstand von acht Tagen, vier im Abstand von vier Wochen und zwei im Abstand von acht Wochen.

Anmerkung Nr. 2:
Der Mann kommt mit in die Beratung

Nach dem dritten Gespräch kommt auch der Mann regelmäßig mit. Er ist groß und eine stattliche Erscheinung. Sieben Jahre ist er älter als die Frau. Er kann sehr kühl und distanziert sein und hat die Angewohnheit, dramatisierte Mitteilungen seiner Frau glatt zu überhören. Je distanzierter und cooler er sich verhält, desto hektischer und lauter wird dann seine Frau. Ja, sie steigert sich in eine hysterische Erregung hinein. Verbal dominiert die Frau und versteht es, sich laut und gestenreich durchzusetzen. Daß er sich zurückzieht, mit Schweigen und Desinteresse reagiert, wird schon im ersten Dreiergespräch deutlich. Er bezeichnet seine Ehesituation so, daß er kein Verständnis für ihre „tausend Nichtigkeiten" hat, die sie ihm erzählen will. „Ich will meine Frau nicht beleidigen, denn ich liebe sie, aber ich würde lügen, wenn ich leugnen würde, daß sie eine ‚Schwätzerin' ist. Sie reagiert krankhaft unsachlich und sorgt mit ihren Herzanfällen ständig für extreme Aufregung." Wenn sie so weitermache, lande sie noch in einer Nervenklinik, in der sie schon einige Male in den letzten Ehejahren gewesen sei. Er wage nicht, sie zu stark anzuschreien, weil das sofort einen Herzanfall auslösen könne. Sie schlucke viel zuviel Medikamente und laufe von einem Arzt zum anderen. Sie hätte schon unzählige Male gebetet und Gott die Herzanfälle anbefohlen. Deutlich wird:

Der Ehemann ist fest überzeugt, daß die Konflikte und Spannungen eindeutig im körperlichen Bereich seiner Frau zu suchen sind und glaubt nach wie vor, daß sie bei einem r-i-c-h-t-i-g-e-n Arzt am besten aufgehoben sei. Mit keiner Silbe spricht er als Christ die *Beziehungsprobleme* an. Er glaubt und rationalisiert, daß die Ehe sofort gut wird, wenn die Herzanfälle und die e-i-n-g-e-b-i-l-d-e-t-e-n T-o-d-e-s-ä-n-g-s-t-e verschwunden sind.

Anmerkung Nr. 3:
Beide haben ein Ehekampfspiel installiert

In der vierten Beratungsstunde hebe ich die eheliche Interaktion zum Gespräch. Sie geht engagiert, wortreich und dramatisierend auf ihn los, und er zieht sich schweigend und distanziert zurück. Jeder wirft dem anderen ein egoistisches und liebloses Verhalten vor, und beide sind innerlich überzeugt, daß der andere die negativen Reaktionen auslöst. In zwei Gesprächen gelingt es, die *ungeistlichen* Schuldzuweisungen bewußt zu machen.

– *Beide* halten das lieblose und destruktive Kampfspiel aufrecht.
– *Beide* machen – auf Grund ihrer Charakterstruktur – den anderen für die ehelichen Auseinandersetzungen verantwortlich.
– *Beide* sind erleichtert, als sie erkennen, daß sie gemeinsam ihre trainierten Verhaltensmuster benutzen, um den anderen zu treffen.
– *Beide* können voreinander und vor Gott bekennen, daß sie

das Adam-und-Eva-Spiel im Paradiese nachgespielt haben:
„Ich war es nicht, der andere war es. Ich war es nicht, die
Schlange war es. Ich war es nicht, Gott war es."
- *Beide* erkennen ihre Projektion und gehen zum ersten Mal
händchenhaltend aus der Beratung.

Anmerkung Nr. 4:
Was drücken ihre frühkindlichen Erinnerungen aus?

In den folgenden Kontakten sprechen wir ihre *und* seine frühkindlichen Erinnerungen durch und versuchen, anhand der Erinnerungen die Lebensgrundüberzeugungen, den Lebensstil
und die Leitideen beider Partner ins Licht zu heben. Die Auswertung der frühkindlichen Erinnerungen in diesen Beratungs-
stunden haben den Vorteil, daß die Ratsuchenden

- mit ihren speziellen Ängsten,
- mit ihren unverstandenen Zielen,
- mit ihrer Aktivität oder Passivität,
- mit ihren zwischenmenschlichen Defiziten und mit ihren positiven und negativen Umgangsmustern konfrontiert werden.

Welche Lebensgrundüberzeugungen haben sich beide Partner
angewöhnt? Welche Techniken und Verhaltensmuster benutzen beide, um sich im Leben und in den Beziehungen zu behaupten? Welche Lebensstilpraktiken sind hilfreich und geistlich, welche Muster sind unkooperativ und unchristlich?
  Der Vorteil dieser Lebensstilanalyse liegt darin,

- daß *beide* Partner ihre konstruktiven und destruktiven Um-
  gangstechniken kennenlernen;
- daß *beide* Partner ihre Defizite, Mängel und Sünden erkennen können;
- daß *beide* Partner erleben, im Zusammenspiel entstehen
  Kämpfe, Verletzungen und Krankheiten;

207

– daß *beide* Partner bejahen: Wir sind *gemeinsam* für Konflikte und Krankheiten verantwortlich und können nur gemeinsam – mit Gottes Hilfe – die Schwierigkeiten lösen.

Um die Darstellung zu verkürzen, stelle ich nur die erste Erinnerung von Frau Keller und die erste Erinnerung von Herrn Keller vor.

Frau Kellers früheste Erinnerung lautet:

„Ich bin ungefähr drei Jahre alt, und ich schlief immer mit meinen Eltern in einem Zimmer. Es ist ein kalter Wintermorgen, am Fenster ist Eis. Meine Eltern sind schon aufgestanden. Ich klettere aus meinem Bett und laufe durch den langen Flur zur Küche. Mir ist kalt, aber als ich die Tür öffnete, schlägt mir die Wärme vom Herd entgegen. Meine Eltern sehen mich an. Mein Vater steht auf, nimmt mich auf den Arm und sagt: ‚Na, mein Pusselchen, warum bist du so früh aufgestanden?' Ich antwortete: ‚Warum? Weil ich mit dir Kaffee trinken will.' Mein Vater drückt mich, lacht und setzt mich auf seinen Schoß."

Herrn Kellers früheste Erinnerung lautet:

„Ich bin vier Jahre alt. In unserer Familie ist die Diphtherie aufgetreten. Man hat mich ins Krankenhaus gebracht und dort isoliert. Hinter einer dicken Scheibe aus Glas spiele ich allein mit einem Teddy und vielen Spielsachen, die man mir extra gekauft hat. Ich sitze mit dem Rücken zur Scheibe. Mitten im schönen Spiel klopft es plötzlich laut an die Scheibe. Es ist meine Mutter. Sie weint und schaut mich traurig an. Ich verstehe das nicht. Ich habe doch alles, was ich brauche."

Was kommt in der Erinnerung von Frau Keller zur Sprache?

– Sie fühlt sich rundum glücklich und geborgen, wenn sie zwischen den Eltern schlafen darf.
– So wie sie im Schlafzimmer alleingelassen wird, die Eltern sind schon aufgestanden, sucht sie die Nähe und den Kontakt der Eltern, besonders die Geborgenheit beim Vater.
– Wärme und Kälte bringt die Ratsuchende in wenigen Zeilen

zum Ausdruck. Wärme und Kälte sind Zeichen für Nähe und Distanz, für Kühle und Geborgenheit.
- Der Schoß des Vaters ist der Ort höchsten Wohlbefindens. Die Stube ist warm. Eltern und Kind sind zusammen. Das Glück ist perfekt, die Verlassenheitsängste sind gebannt.
- Die Eltern schauen sie an. Das möchte sie, angeschaut werden. Der Partner soll Interesse zeigen und nicht hinter der Zeitung sitzen und sich verstecken. Der Partner soll sich nach ihrem Wohlbefinden erkundigen.
- Trennung, Einsamkeit und Verlassenwerden sind die schlimmsten Ängste, die Frau Keller kennt. So interpretiert sie selbst ihre Erinnerung.

Da diese Ängste ihre Gedanken und Phantasien beflügeln, „produziert" sie ständig Todesängste. Immer wieder fürchtet sie, ihr Mann sei gestorben, verschleppt worden oder ihm würde schweres Unglück zustoßen. Herr Keller bringt in einem Satz auf den Punkt, was er empfindet: „Das ist meine Frau, wie sie leibt und lebt."

Was kommt in der Erinnerung von Herrn Keller zur Sprache?
- Er wird als Kind im Krankenhaus *isoliert*. Hinter einer dicken Scheibe aus Glas wird er abgeschirmt.
- Herr Keller ist *allein* und fühlt sich inmitten seiner Spielsachen wohl. Er ist beschenkt worden, damit ihm das Alleinsein etwas versüßt wird.
- Er sitzt mit dem Rücken zur Scheibe und genießt sein *Spiel*. Und mitten in dieser wunderbaren Einsamkeit wird er gestört. Seine Mutter klopft an die Scheibe. Sie weint und schaut ihn traurig an. Er versteht das nicht und kann die Einstellung der Mutter nicht einordnen.
- Sein letzter Satz ist wie das Leitmotiv seines Lebens: „Wenn ich schöne Spielsachen um mich herum finde, habe ich alles, was ich brauche."
Die Frau ist bei dieser Analyse in hemmungsloses Weinen verfallen. Sie hat das Gefühl und sagt es mit Schluchzen:

„Wenn er seine Gemeinde hat, braucht er nichts anderes. Wenn seine Frau oder Mutter an die dicke Glaswand klopfen, versteht er nicht, daß die Menschen sich sehnen und Nähe und Zärtlichkeit suchen."

Herr Keller beginnt erst allmählich zu begreifen, daß seine Introversion, seine Distanziertheit und seine Unabhängigkeit ein schweres Eheproblem provoziert haben. Zwei völlig verschiedene Menschen haben zueinander gefunden. Zwei Ehepartner mit gegensätzlichen Bedürfnissen haben sich angezogen. Jeder hat durch sein extremes Verhalten den anderen enttäuscht.

Anmerkung Nr. 5:
Beziehungsverweigernde und beziehungsstiftende Neurosen

Mann und Frau, die sich neu von ihrer Ursprungsfamilie her verstehen lernen, die Verständnis füreinander aufbringen mit ihren unterschiedlichen Lebens- und Liebesbedürfnissen, kommen sich näher.

Er *begreift*, was seine Frau braucht,

er *begreift*, was sie sucht,

er *begreift*, daß er in die Gemeindearbeit geflohen ist, um nicht von seiner Frau vereinnahmt zu werden;

er *begreift*, daß er sie sträflich vernachlässigt hat.

Sie *begreift*, daß sie ihn jahrelang gequält hat mit Vorwürfen und Anklagen;

sie *begreift*, daß ihre hysterischen Attacken den Sinn hatten, ihn unter Druck zu setzen;

sie *begreift*, daß sie sich in Herz-Phobien gesteigert hat, um ihn festzuhalten und ihn zu zwingen, sich um sie zu kümmern.

Forscher der verschiedensten Fachrichtungen haben immer wieder versucht, die unterschiedlichsten psychosomatischen Krankheiten bestimmten Persönlichkeitstypen zuzuordnen. Der Sozialmediziner und Familientherapeut Jürg Willi hat eine hilfreiche Differenzierung vorgenommen, wenn er schreibt:

„Wenn wir nun versuchen, einen gemeinsamen Nenner von Sucht, Anorexie (Magersucht), Borderline-Störungen einerseits und hysterischer Neurosen, Angstneurosen, Herzneurosen andererseits zu finden, so können wir sagen, daß die ersteren *beziehungsverweigernde,* die zweiten *beziehungsstiftende* Neurosen sind ... Bei der Herzneurose ist bekannt, daß deren Symptome in einer Situation drohender Trennung auftreten. Die oft anfallartigen Beschwerden verschwinden meist schlagartig beim Erscheinen des Arztes oder einer anderen Hilfsperson. Hysterische und phobische Patienten neigen dazu, sich an Hilfspersonen anzuklammern."[71]

Herzneurotiker und Phobiker gehören in erster Linie zu den Menschen,

... die Wärme suchen,
... die den gedanklichen und verbalen Austausch wünschen,
... die sich durch Klammern hilflos und unselbständig machen,
... die mit Verlassenheitsängsten reagieren.

Da der Herzneurotiker mit seinem Organ etwas zur Sprache bringt, gerät dieses Organ in den Mittelpunkt des Interesses. Er phantasiert über sein Herz wie über einen liebsten Menschen.

Frau Keller gehört zu den Menschen, die eine *beziehungsstiftende Neurose* gelebt haben. Sie bestätigt, daß die Anfälle oft wie von Geisterhand verschwanden, wenn ihr Mann sich „herabließ", neben ihr zu sitzen, um sie zu trösten. Noch heute möchte sie am liebsten auf dem Schoß ihres Mannes sitzen. Herr Keller hat begriffen, daß er seiner Gattin keine größere Freude machen kann. Vertrautheit, Nähe, Wärme und echte Intimität sind die beste Medizin gegen Herzneurosen.

Anmerkung Nr. 6:
Sie wünscht sich eine symbiotische Vereinigung

Das Wort „zusammen" hat bei Frau Keller einen hohen Stellenwert. Was nicht zusammen geschieht, ist fragwürdig. Frau Keller läßt durchblicken, daß sie ihrem Gatten *alles* geben will. *Ganz* will sie ihm gehören. Vor dem Traualtar hat sie ihm versprochen, mit Leib und Leben und mit ihrem ganzen Herzen in guten und bösen Tagen bei ihm zu bleiben. Mit ihrem „Herzen" umschreibt sie unergründliche Tiefe und die größte Innigkeit. Mit dem Herzen verbindet sie das Zentrum ihrer Persönlichkeit und die Schaltstelle ihrer tiefsten Empfindungen. Sie spricht am deutlichsten mit ihrem Herzen. Es ist daher kein Zufall, daß dieses Organ, mit dem sie am stärksten ihre Liebe ausdrückt, am auffälligsten reagiert. Wenn sie um ihren Gatten zittert, spiegelt ihr Herz dieses Zittern wider. Wenn sie in Panik gerät, spielt ihr Herz verrückt.

„Nach den Erkenntnissen von Psychosomatikern erleben – wie schon erwähnt – viele Herzneurotiker ihr Herz wie ein Kind die Mutter. War das Kind auf die für sein Überleben unerläßliche Mutter fixiert, so bangt der Erwachsene um sein Herz, dem Sitz des Lebens schlechthin. Sah sich das unartige Kind durch Liebesentzug vital bedroht, so erwartet der Patient angstvoll die Rache des Herzens auf jeden nur denkbaren ‚Fehltritt'."[72]

Frau Keller erwartet einen Herzanfall als Strafe für ihr unpartnerschaftliches Verhalten. Sie schimpft, wird laut, flucht, um den Gatten als Christen zu ärgern, bekommt Schuldgefühle und läßt ihr Herz krankhaft reagieren. Je mehr sie auf das Organ schaut und ängstlich seine Regungen belauert, desto auffälliger tanzt es aus der Reihe und verliert seinen Rhythmus. Das Herz wird zum Barometer für alle negativen Empfindungen und Befürchtungen.

Wir sprechen mit den Organen, die im Sinn unseres Lebensstiles eine primäre Bedeutung haben. Wer mit dem Kopf alles regeln, mit dem Kopf alles steuern muß, wer der „Kopf" eines Unternehmens, einer Familie oder Gruppe sein will, wird unter

Umständen hier seine Probleme haben. Unsere Organe, unsere Lebensüberzeugungen und unser christlicher Glaube sind nahtlos miteinander verbunden. Es besteht eine rege Wechselwirkung.

Als Hauptlied zur Trauung hatte sich Frau Keller die Strophen Zinzendorfs gewünscht: „Herz und Herz vereint zusammen." Frau Keller sagt sinngemäß: „Dieses Lied drückt am klarsten aus, was ich mir unter Ehe vorstelle. Wir sind *ein Herz* und *eine Seele*. Früher habe ich mir immer gewünscht: Wir sind zwei Herzen und ein Schlag. Wir wollen *alles* gemeinsam machen und innigst miteinander verbunden bleiben."

Frau Kellers irrationale Vorstellungen von Ehe und Partnerschaft haben ihr Eheprobleme und Herzphobien beschert. In der Ehe will sie fortsetzen, was sie als Kind erlebt hat: Verwöhnung, starke Zuwendung und ein ungeteiltes Interesse der Eltern. Sie möchte die Rolle als geliebtes Kleinkind in der Ehe verlängert wissen, und ihr Herz gerät aus dem Häuschen, wenn diese kindlichen Wünsche an ihren Gatten nicht erfüllt werden.

Und warum ist sie an den ernsten, in sich gekehrten und distanzierten Partner geraten?

„Er war für mich der Fels in der Brandung. Ich habe ihn bewundert, wie er mit Lebensproblemen umging. Er stand wie eine Eiche. Ich hatte das bestimmte Gefühl, er fällt nicht um, wenn ich mich anlehne." Nun, der Partner fiel nicht um, aber die Eiche verschwand, wenn die Anklammerung erdrückend wurde. Je mehr er sich losriß und seine Freiheit behauptete, je unfreundlicher er sich gebärdete, desto kränker reagierte seine Ehefrau.

Als beide Ehepartner ihr destruktives Hand-in-Hand-Spiel erkannten, als beide begannen, liebevoller aufeinander zuzugehen und die Bedürfnisse des anderen ernst zu nehmen, lösten sich augenfällig die Ehespannungen. Die herzneurotischen Anfälle gingen zurück, und die Frau konnte die Medikamente absetzen.

Anmerkung Nr. 7:
Richtige Gebete verändern Vorurteile

Wenn von *richtigen* Gebeten die Rede ist, muß es offensichtlich *falsche* Gebete geben, und die gibt es in der Tat. Wir können für etwas beten, was wir im tiefsten verhindern wollen. Vergessen wir nicht, unser menschliches Herz ist eine Räuberhöhle und kann selbst ernst gemeinte Christen hinters Licht führen.

Ich habe erlebt, daß eine Mutter, deren Gatte vor einigen Jahren gestorben war, jeden Tag für ihren Sohn betete, er möge lebenstüchtig und eigenständig werden. Der mutterhörige Sohn war inzwischen 36 Jahre alt geworden. Als er aber auszog, klagte sie Gott an, jetzt sei sie allein ohne Schutz. Nach dem Tode ihres Gatten hatte sie den Sohn verwöhnt, überbeschützt und ihm alle Schwierigkeiten abgenommen. Mit falscher Überfürsorge hielt sie ihn klein und machte ihn unselbständig. Gleichzeitig betete sie, er möge selbständig und eigenverantwortlich leben lernen. Als Christen erkennen wir oft nicht diese Widersprüchlichkeiten. Ein rechtes Gebet fragt immer auch nach unserem Tun und Lassen. „Herr, was willst du, das ich tun soll?"

Dieses Gebet zeigt die Richtung an, die wir beschreiten können. Und habe ich mit Gottes Hilfe die Richtung erkannt, habe ich die Motive meines Anteils durchschaut, kann ich um seine Kraft bitten, die entscheidenden Schritte zu *gehen*, die gegangen werden müssen. Wie kann Gott Gebete erhören, bevor wir unsere ungeistlichen Verhaltensmuster nicht erkannt und bekannt haben? Es geschieht immer wieder, daß Menschen um etwas bitten, was sie im tiefsten Innern verhindern wollen.

Wenn wir reinen Herzens beten, zeigt uns Gott auch unsere Verfehlungen.

Herr Keller war nach einigen Gesprächen bereit, seine Vorurteile im Hinblick auf die Ehe fallenzulassen. Die Gespräche und Gebete zeigten ihm,

... daß die Eheschwierigkeiten nicht *allein* Folge der Herzneurose waren,

... daß er seine Frau nicht einseitig als *krank* kennzeichnen durfte, um damit selbst alle Schuld auf sie abzuwälzen,

... daß die Herzneurose eng mit seinem irrationalen und distanzierten Verhalten verbunden war,

... daß seine viel gelobten Gemeindebesuche Flucht aus einer Machtkampfehe waren,

... daß seine introvertierte, einsiedlerische Lebensweise nicht in erster Linie eine angeborene Eigenschaft war, sondern eine trainierte Lebenseinstellung, um sich gegen die einseitige Bevorzugung seines Bruders durch die Mutter zu rächen.

Solche Vorurteile können häufig erst in gemeinsamen Gesprächen und Gebeten aufgedeckt werden. Sie helfen, Machtkämpfe zu mildern, Mauern einzureißen und verhärtete Interaktionsmuster zu lockern. Frau Keller erging es ähnlich. Auch sie hatte erkannt, daß die Herzattacken ein untaugliches Machtmittel darstellen, den Ehemann ans Haus zu ketten.

Wenn der Notarzt gerufen werden mußte, um ihr eine Beruhigungsspritze zu geben, und der Mann ängstlich und liebevoll am Bett saß und ihre Hand tätschelte, dann kamen ihr Tränen der Freude. Aber nur für Augenblicke. Dann war der Anfall vorüber, das Herz hatte sich wieder beruhigt, Herr Keller ging zum nächsten Gemeindebesuch oder schloß sich im Dachstübchen ein, um Andachten oder Predigten vorzubereiten.

Sie mußte erkennen, daß ihre wütenden Angriffe, verbunden mit „gottlosen Flüchen" gegen den geliebten Menschen, die Mauer zwischen ihm und ihr noch mehr verfestigte.

Beide lernten in den Beratungsgesprächen, Nähe und Distanz richtig zu gewichten. Wenn er Nähe, Wärme und Zärtlichkeit gab, wenn er sich für sie Zeit nahm, dann war er *ganz* da, nicht mit halben Herzen und mit Gedanken ständig woanders. Aber die Zeit wurde begrenzt, um es ihm leicht zu machen, von *ganzem Herzen* bei ihr zu sein.

Als beide wieder *gemeinsam* laut beten konnten, hatten sie fast ein Jahr therapeutischer Seelsorge hinter sich. Die Gespräche hatten sich gelohnt. Die Frau war nahezu beschwerdefrei. Die Medikamente waren voll abgesetzt.

Kapitel 10

Wenn die Organe schreien

„Glücklich sind alle, denen vergeben ist,
was sie Verkehrtes getan haben.
Glücklich sind alle, die sich nicht selbst betrügen,
die sich über ihre Fehler im klaren sind
und denen der Herr nichts mehr zur Last legt.
Erst wollte ich meine Schuld verschweigen
und machte mir vor, es sei alles nicht so schlimm,
ich sei eigentlich ganz in Ordnung.
Aber etwas in mir blieb unruhig.
Etwas in mir seufzte,
etwas in mir sehnte sich nach Klarheit und Freiheit.
Herr, es muß deine Hand gewesen sein,
die lag schwer auf mir
und machte mich niedergeschlagen, freudlos und lustlos.
Da machte ich mich auf
und machte mir meine Lage klar,
ich verbarg nichts vor dir.
Ich suchte mir einen Menschen zur Aussprache.
Ich sagte mir: Ich will dem Herrn bekennen, wer ich bin.
Und jetzt merkte ich,
daß du mir meine Schuld
schon längst vergeben hattest . . ."[73]

Der Psalm Davids in einer modernen Übersetzung beschreibt

das Leib-Seele-Geist-Problem des Menschen prägnant und hilfreich. Die Bibel hat es immer mit dem *ganzen* Menschen zu tun, vom Scheitel bis zur Sohle. Auch Seelsorge und Beratung haben es immer mit dem ganzen Menschen zu tun, der an Leib, Seele und Geist – also in allen drei Dimensionen – Störungen zeigen und durch und durch krank werden kann, der psychosomatisch reagiert und darum Hilfe für alle Bereiche benötigt.

Der Gott, zu dem wir beten und den wir ernst nehmen, hat es nicht nur mit einem abstrakten Glaubensleben zu tun, mit einer Art abgehobener geistlicher Einstellung ohne Bezug zur Realität in dieser Welt. Die gesamte Existenz wird vom Glauben erfaßt, oder wir machen uns etwas vor.

- Glaube ist Tat und wird gelebt,
- Glaube ist niemals abstrakt,
- Glaube ist immer konkret,
- Glaube muß sich bewähren,
- Glaube muß man sehen und erleben können, und zwar im Privaten, im Ehe- und Familienleben und im Beruf.

Unser Herr ist für geistliche, seelische und körperliche Störungen zuständig

Dieses ganzheitliche biblische Denken wurde mir sehr früh im CVJM eingeimpft. Das Zeichen des CVJM ist das gleichseitige Dreieck. Es symbolisiert den Menschen nach Leib, Seele und Geist. Die drei Dimensionen gehören *unauflöslich* zusammen. Und das Ziel des CVJM ist es,

Menschen ganzheitlich zu dienen,
Menschen mit Jesus bekannt zu machen,

. . . der für *geistliche* Probleme,
. . . der für *seelische* Konflikte,
. . . und der für *körperliche* Störungen zuständig ist.

218

Wenn das stimmt, hat es unser Herr mit unserer gesamten Krea-
türlichkeit zu tun, die
  Glück und Unglück,
  Freude und Leid,
  Heil und Unheil,
  Gesundheit und Krankheit widerspiegeln kann.

Zum ganzen Menschen gehört die Seele

Die Seele spiegelt ein vielfältiges Geschehen wider. Sie demonstriert
... unseren *Haß,*
... unsere *Lieblosigkeit,*
... unseren *Neid,*
... unsere *Eifersucht,*
... unseren *Ehrgeiz,*
... unsere *Bitterkeit,*
... unsere *Depressionen,*
... unsere *Resignation.*

Mit anderen Worten, sie spiegelt gute und schlechte Gefühle
wider. Und mit diesen Gefühlen ist jeweils eine gute oder
schlechte Gesinnung verbunden.

Zum ganzen Menschen gehört der Geist

Er verkörpert
... unsere richtigen und falschen Glaubensvorstellungen,
... unsere richtigen oder falschen Gottesbilder,
... unsere richtige oder falsche Frömmigkeit,
... unsere richtigen oder falschen Überzeugungen, die wir aus
    der Bibel abgeleitet haben.

Zum ganzen Menschen gehört der Leib

Vielfach wird der Leib nicht mit dem Glauben in Verbindung gebracht. Und doch sind wir ein Tempel des Heiligen Geistes. Dieser Leib hat es mit dem Glauben zu tun, und er hat es mit Christus zu tun. In diesem Sinne stehen wir vor unserem Herrn ganzheitlich. Darum ist es notwendig, diesen Leib mit einzubeziehen,

... mit seinen Stärken und Schwächen,
... mit seinen Fehlern und Krankheiten,
... mit seinen Magengeschwüren und dem Bluthochdruck,
... mit seinen Kreislaufbeschwerden und Funktionsstörungen.

Es ist unbestreitbar, daß Gott uns in Jesus Christus retten und befreien will – und nicht nur von Sünde und Tod. Er will uns *heil* machen, und dazu gehören auch psychische Konflikte und alle unsere Krankheiten.

Vier Denkanstöße im Hinblick auf diesen Psalmtext:

Denkanstoß Nr. 1:
Befreiung und Vergebung setzen einige wichtige Schritte voraus

Wie diese Befreiung vor sich geht, schauen wir uns seelsorgerlich *und* therapeutisch etwas genauer an. Was die Bibel im Telegrammstil ausdrückt und David in diesem Psalm dichterisch komprimiert, ist in der Regel ein ernster und langwieriger Prozeß.

Vers 1: „Glücklich sind alle, denen vergeben ist, was sie Verkehrtes getan haben." Eine andere Übersetzung (Gute Nachricht) lautet: „Freuen dürfen sich alle, denen Gott ihr Unrecht vergeben und ihre Verfehlungen zugedeckt hat."

Wie kann der Mensch heute Glück und Freude erfahren?

Was muß geschehen, daß der Mensch diese Veränderung erlebt?

Schritt Nr. 1:
Die Verfehlungen müssen aufgedeckt, bevor sie von Gott zugedeckt werden.

Wer eine zudeckende Seelsorge betreibt, hilft den Menschen nur oberflächlich. Die Motive und Ziele unserer destruktiven Verhaltensmuster in allen Beziehungen in Partnerschaft und Familie müssen *bewußt* gemacht werden. Was nicht offenbar wird, schwelt weiter. Unbewußt werden die eingefahrenen und eintrainierten Verhaltensmuster weiter praktiziert. Verfehlungen müssen beim Namen genannt werden. Die Verhaltensmuster, die ja in der Regel unverstanden ausgelebt werden, müssen im Lichte Gottes den Menschen durchschaubar werden. Wir alle müssen *er*kennen und *be*kennen, wo wir vor dem anderen und dem lebendigen Gott schuldig geworden sind. Es muß ans Licht, wie wir es anstellen, daß problematische Verhaltensmuster unsere Beziehung und uns selbst krank machen. Fritz Künkel, Theologe und Psychotherapeut, drückt es so aus:

„Wenn Theologie die Lehre vom Licht ist, ist die psychotherapeutische Charakterkunde die Lehre von der Unzuträglichkeit der Finsternis. Sie zeigt, warum alle die Wege, die in die Dunkelheit führen, notwendigerweise ungangbar sein müssen. Aber sie hat nicht die Macht, die Menschen zur Umkehr zu bringen. Sie kann ihr nur beweisen, inwiefern die Richtung falsch ist und inwiefern sie darum in immer wachsenderes Elend hineinführt. Und sie kann auf diese Weise die Bereitschaft zur Umkehr verstärken. Die Umkehr selber kann weder durch die Selbsterziehung noch durch die Psychotherapie erzwungen werden. Hier stimmt die praktische Erfahrung der Wissenschaft überein mit der Lehre des Christentums: Die Umkehr ist die Gnade."[74]

Die Umkehr, die Gesinnungsänderung, setzt
- *Einsicht* in die falsche Lebensführung,
- *Eingeständnis* in die mitverschuldeten ungeistlichen Verhaltensmuster und
- *Bejahung* neuer geistlicher Umgangsformen – nach erfolgter Vergebung – voraus.

Seelsorger, die Verfehlungen, Sünde und unerkannte Verhaltensmuster kommentarlos *zudecken* und den Ratsuchenden im Namen Jesu vergeben, helfen mit, daß die alten Reaktionen und gewohnten destruktiven Mechanismen wieder eingesetzt werden.

Schritt Nr. 2:
Das Gebet wird konkret

Ratsuchende, die in der Seelsorge ihre ungeistlichen Motive und ihre falschen, lieblosen Denk- und Verhaltensmuster durchschaut haben, können konkret ihren Herrn um Kraft bitten, die positiven Denk- und Verhaltensmuster einzutrainieren, die zuvor im Beratungsprozeß erarbeitet wurden. Unkonkrete Gebete sind geistliche Pflichtübungen, sie beinhalten aber kein echtes Ringen um *Klarheit,* daß ihnen der Heilige Geist schenken möchte.

Das *unkonkrete* Gebet will ein plötzliches Wunder, aber keine Veränderungsarbeit leisten;

das *unkonkrete* Gebet will eine augenblickliche magische Befreiung, aber keinen Wandlungsprozeß durchleben und durchleiden. Wie lauten Gebete, die in der Regel eine falsche Einstellung verraten:

„Herr, befreie mich von meiner Gastritis!"

„Herr, nimm mir meine Rückenschmerzen weg!"

„Herr, rette meine Ehe!"

Die *Einsicht* in die falsch beschrittenen Wege, die *Einsicht* in negative Gewöhnungen und die *Einsicht* in ungeistliche Prakti-

222

ken werden ausgeblendet. Wir erwarten das Wunder der Veränderung vollständig von Gott, das ist geistlich korrekt. Und doch brauchen wir mehr. Wir beten um Klarheit und Einsicht, welchen Sünden wir zugestimmt haben, welche eintrainierten Verhaltensmuster wir bejaht haben.

Wie müßten die Gebete im Hinblick auf die Probleme, die oben genannt wurden, lauten?

„Herr, ich möchte von meiner Gastritis befreit werden, aber zeige mir, was ich gegen deinen Willen falsch gedacht, gehandelt und eintrainiert habe!" Vergessen wir nicht: Zur Vergebung gehört die Aufdeckung der Verfehlungen. Nach der Vergebung werden neue Verhaltensmuster eingeübt.

Der alte Mensch muß *abgelegt* werden,

der neue Mensch muß *angezogen* werden, und dieser Vorgang kostet – in der Regel – Zeit und Arbeit. Auch diese Veränderungsprozesse sind ohne seinen Heiligen Geist nicht möglich.

Schritt Nr. 3:
Zur Befreiung gehört Vergebung

Der verstorbene Dichter und Schriftsteller Manfred Hausmann, der uns eine Reihe guter Bücher hinterlassen hat, schreibt in einem mit dem Titel: „Liebende leben von der Vergebung!": „Wer nicht vergeben kann, darf nicht heiraten." Dieser Satz gilt nicht nur Verheirateten. Ein Leben ohne Vergebung ist Krieg.

Wir brauchen die Vergebung von Gott. Dann können wir auch ehrlicher und echter dem anderen vergeben. Wer die Zusage der Vergebung von Gott in Christus glauben kann, der ist in der Tat erleichtert und befreit, und er kann dem anderen vergeben, der an ihm schuldig geworden ist. Anders ist eine ganzheitliche Befreiung nicht zu haben. Wer Gottes Vergebung erfahren hat, der kann frei werden von Bitterkeit, von Wut und Rechthaberei, von lieblosen Verhaltensmustern, die sich leicht in unsere Beziehungen einschleichen.

Vers 2 unseres Psalms lautet: „Glücklich sind alle, die sich nicht selbst betrügen, die sich über ihre Fehler im klaren sind."

Menge übersetzt: „In dessen Herzen kein Selbstbetrug oder Selbsttäuschung wohnt." Selbsttäuschungen und Selbstbetrug sind teuflische Verführungen, die uns unglücklich machen. Seelsorge *und* Therapie machen deutlich: Nicht die bewußten Lügen sind das schlimmste in unserem Leben, sondern

... die unbewußten Lügen,

... die Rationalisierungen,

... die Selbstrechtfertigung und der Selbstbetrug,

... die Lügen, an die wir auch noch glauben.

Vor kurzem ist ein lesenswertes Buch auf den Markt gekommen, das ein amerikanischer Psychiater geschrieben hat. Es trägt den Titel: „Lügen, die wir glauben". Im Klappentext heißt es: „Kaum zu glauben, welchen Lügen wir in den unterschiedlichsten Lebensbereichen auf den Leim gehen ... Die Heimtücke der Lebenslügen besteht eben darin, daß sie uns so lange schaden, wie sie uns als die reine Wahrheit erscheinen. Damit vernebeln sie uns die wirklich freie Lebensgestaltung. Aber mit fachkundiger Hilfe kann dieser Schleier vor dem wahren Lebensglück zerrissen werden!" Der Wuppertaler Theologe Professor Röhricht sagte mal, und den Satz habe ich mir gemerkt:

„Der Verzicht auf Rechtfertigung ist der erste Schritt zur Heilung."

Der Verzicht auf Selbstrechtfertigung,

der Verzicht auf Rationalisierung,

der Verzicht auf Selbstbetrug und Lebenslüge ist wirkliche Nachfolge Jesu.

In Beratung, Seelsorge und Therapie begegnen uns ständig diese Lebenslügen. Aber wozu brauchen wir sie? Wozu trai-

nieren wir sie? Was wollen wir Christen und Nicht-Christen –
denn beide praktizieren sie – damit erreichen?

Einige Möglichkeiten:
... Der Mensch belügt sich selbst, weil er die Wirklichkeit nicht
ertragen kann. Alkohol und Tabletten machen das Leben
erträglich, glaubt er.
... Der Mensch belügt sich selbst, indem er die Schuld auf andere schiebt, auf die Umstände, auf die miese Herkunft, auf
die Eltern, auf die Lehrer und auch auf Gott.
... Der Mensch belügt sich selbst, weil er die Krankheit benutzt, um sich vor der Verantwortung zu drücken.

Pastor Hermann Betz schrieb in einer christlichen Zeitschrift
einen Artikel über diese Lebenslüge, über eine fromme Lebenslüge. Bei ihm heißt es:
    „Du sollst dich nicht belügen! Nein, Sie haben sich nicht ver-
lesen! Es geht um die Lüge, mit der ich mir selber etwas vor-
machte ... Mit winkelzügigen Rechtfertigungen, mit geschick-
ten inneren Ausreden, mit manchmal vernünftigen Gründen
tue ich alles, um das wahre Motiv meines Handelns zu ver-
schleiern. Ich habe in letzter Zeit bei mir und in der seelsorgerlichen Beratung bei anderen erstaunt festgestellt, wie perfekt wir
Menschen diese Technik einsetzen, damit wir gut vor uns selbst
und anderen Menschen dastehen.
    Beispiel: ‚Hugo Immerauftrapp‘ ist pausenlos im Dienst für
Jesus tätig. Jeden Abend ist er in der Gemeinde. Wenn seine
Frau protestiert, sagt er: ‚Jesus ist die Nummer 1 in meinem Leben. Ich muß ihm mit meiner ganzen Kraft zur Verfügung stehen‘. Das hört sich vorbildlich an. Aber bei Hugo Immerauf-
trapp wird es in der seelsorgerlichen Beratung schnell klar: Mit
diesem Satz belügt er sich selbst. Was ihm bisher nicht bewußt
war: Er hat Schwierigkeiten mit seiner Frau und seinen Kindern. Sie brauchen ihn als Mann und als Vater. Er aber flieht
vor den Problemen, die schon seit Jahren anstehen und auf eine
Lösung warten. Er flieht in den Dienst für Jesus, um nicht mit

Frau und Kindern sprechen zu müssen. Mit dieser Wahrheit aber kann er nicht leben. Deshalb biegt er seine Flucht in einen Einsatz für Jesus um und kommentiert diesen inneren Trick mit dem Satz: „Jesus ist die Nummer 1 in meinem Leben', damit er auch selbst daran glauben kann. Seine innere Aktion ist geglückt. Seine Lüge hat Erfolg."[75]

Der schon zitierte Fritz Künkel hat die Lebenslügen und den Selbstbetrug so charakterisiert: „Was hier unter der Maske des Gutseins auftritt, ist in Wirklichkeit die Liebe zum eigenen Ich. Nur hier gibt es so viel Hinterlist und Selbstbetrug ... Gründliche Einsicht und Selbstbetrug können nicht nebeneinander bestehen, darum wird die Einsicht durch die Ichhaftigkeit verhindert, und darum gibt es bei jedem Menschen (denn ein Stück weit ist jeder Mensch ichhaft) ein Stück Selbstbetrug aufzudekken und ein unbewußtes Gaukelspiel zu enthüllen. Je ichhafter ein Mensch ist, um so listiger gestaltet sich der Selbstbetrug und um so listiger sind auch die Vorwände, mit denen er sich gegen die Entlarvung verteidigt. Denn er fühlt sehr genau, ohne es sich einzugestehen, daß vor der Wahrheit seine Ichhaftigkeit zusammenbrechen müßte."[76]

Es lohnt sich, noch einmal die wesentlichsten Gesichtspunkte ans Licht zu heben:

... Je ichhafter der Mensch ist, desto mehr neigt er zur Rationalisierung und zum Selbstbetrug;

... je ichhafter der Mensch, desto mehr Widerstand setzt er der Einsicht in seinen Selbstbetrug entgegen;

... der Selbstbetrug und die Lebenslüge verlaufen weitgehend unbewußt;

... nur wenn der Ichhafte sich der Wahrheit, sich seinem Herrn stellt, bricht die fromme Lüge zusammen, und die Ichhaftigkeit kann abgebaut werden.

Der 2.Vers des Psalms sagt es uns deutlich: Wir müssen uns über unsere „Fehler im klaren" sein. Das ist die Aufgabe der therapeutischen Seelsorge, diesen Selbstbetrug mit dem Ratsu-

226

chenden zu entlarven, diesen Selbstbetrug bewußt zu machen. Wie sagt der Text: „Freuen darf sich jeder, dem die Schuld vom Herrn nicht angerechnet wird und dessen Leben frei von Selbstbetrug ist."

Glücklich sind wir, wenn wir diesen Selbstbetrug vor unserem Herrn, vor unserem Nächsten und vor uns selbst erkennen und bekennen können. Er nimmt die Schuld von uns.

Denkanstoß Nr. 3:
Wer Schuld verdrängt, reagiert psychosomatisch

Vers 3: „Erst wollte ich meine Schuld verschweigen, doch davon wurde ich so krank, daß ich von früh bis spät nur stöhnen konnte. Ich spürte deine Hand bei Tag und Nacht, sie drückte mich zu Boden, ließ meine Lebenskraft entschwinden" (Gute Nachricht). Luther übersetzt: „Da verzehrten sich meine Gebeine."

Für heute müßte diese Übersetzung lauten: „Als ich schweigen wollte, da redeten meine Organe." In Medizin und Psychotherapie sprechen wir von „Organdialekt". Bestimmte Organe melden sich zu Wort. Bestimmte Organe schmerzen und schreien auf, weil wir unvernünftig denken, fühlen und handeln. Wir wollen unsere Lebenslügen nicht bearbeiten, weil wir unsere Falschheit für richtig halten.

Auch das gilt für die therapeutische Seelsorge: Unsere Magenschleimhautentzündungen und Magengeschwüre, unser Bluthochdruck, viele Hautkrankheiten, Asthma bronchiale, Pubertätsmagersucht und andere Krankheiten sind in *erster Linie* Symptome und nicht die Krankheit selbst. Symptome sind Krankheitsanzeichen, Symptome weisen auf tieferliegende Störungen hin.

Warum schweigen wir?

Was wollen wir mit Schweigen bezwecken? Die Antworten fallen unterschiedlich aus, so unterschiedlich, wie wir Menschen sind, so unterschiedlich, wie unsere Verhaltensstrategien lauten.

Wir schweigen,
... weil die Einsicht unser gesamtes Leben verändern würde,
... weil die eingefahrenen Verhaltensmuster uns hilfreich erscheinen,
... weil wir die volle Verantwortung nicht tragen brauchen,
... weil wir von der Umgebung geschont werden.

- Die Neurose ist ein Kunstwerk,
- die Neurose ist ein Lebens-Mittel,
- die Neurose ist ein raffiniertes Selbstbetrugsspiel,
- die Neurose ist die überzeugendste Entschuldigung, die wir produzieren können.

Als ich noch Dozent an einer Krankenpflegeschule war, habe ich regelmäßig die angehenden Schwestern mit einer Frage in Verlegenheit gebracht: „Was ist der Sinn der Neurose?" Die meisten schüttelten ihren Kopf.
„Eine Neurose ist doch sinnlos!"
„Sie hat den Menschen doch seelisch krank gemacht."
„Die Menschen leiden doch unter der Neurose."
Das ist in der Tat die eine Seite. Und die andere?

Die Neurose hat einen Sinn,
... den Menschen zu *entschuldigen*,
... dem Menschen ein *Alibi zu verschaffen*,
... dem Menschen die *Verantwortung abzunehmen*.

Der Begründer der Individualpsychologie, Alfred Adler, hatte recht:
„Der Neurotiker läuft seinen eigenen Ohrfeigen nach!" Er

verläßt sich auf sein seelisches Leiden, auf diesen „Kunstgriff der Seele". Der Neurotiker will gesund sein, aber nicht gesund werden.

Der Neurotiker erwartet ein *Wunder, aber er will keine intensive* Arbeit an sich leisten.

Wer nicht darüber spricht, zerbricht

„Leiden, das nicht spricht, preßt das beladene Herz, bis daß es bricht", so heißt es in Shakespeares Macbeth. Und tatsächlich verlieren seelische Belastungen viel von ihrer Brisanz für den Körper, wenn man über sie spricht. Die „freiwillige Selbstkontrolle", das Verschweigen von Leiden, von Schmerzen, von Kränkungen, von Wut und Ärger geht stets mit Aufwallungen im Körper einher, die sich in einem verminderten elektrischen Hautwiderstand messen lassen.

In einer psychologischen Zeitschrift „Psychologie heute" las ich folgenden Aufsatz von Rolf Degen:

„Verkneift man sich z. B. die Offenbarung eines Seelenkummers, gerät nicht nur das vegetative Nervensystem in Aufruhr, sondern zusätzlich wird das belastende Moment zur fixen Idee, die einen nicht mehr losläßt. Wie sehr ‚vertuschte‘ Gemütsbewegungen den Körper in Rage versetzen, zeigen u.a. Studien zur nonverbalen Kommunikation. Menschen, die ihren Gefühlszustand deutlich im Gesicht ausdrücken, sind danach vegetativ besonders ruhig. Wer jedoch seine Emotionen hinter einer reglosen Maske verbirgt, sitzt körperlich auf glühenden Kohlen . . . Tragikomische Ausmaße nimmt dieses Phänomen bei Gesetzesbrechern an, die per Lügendetektor verhört werden. Solange sie leugnen, sind sie körperlich hypererregt. Nach dem Geständnis, das sie möglicherweise auf Jahre in den Knast bringt, sind sie körperlich ruhig.

Wer sich also zur Gewohnheit gemacht hat, seine Gefühle totzuschweigen, setzt buchstäblich seine körperliche Gesund-

heit aufs Spiel. Er ist gefährdeter, an Bluthochdruck, Krebs und anderen psychischen Beschwerden zu erkranken ... Es ist, als würde das Leid alleine dadurch unschädlich, daß es einen Zeugen findet."[77]

Seit Jahrhunderten haben wir das Sprichwort weitergegeben: „Geteiltes Leid ist halbes Leid." Aber auch das andere pflegen wir zu sagen: „Geteilte Freude ist doppelte Freude." Die chemischen Reaktionen in unserem Organismus scheinen die Jahrhunderte alten Weisheiten zu bestätigen.

Wenn die Organe reden

Eines Tages wird mir ein gläubiger Mann von einem Neurologen überwiesen. Er hat Lähmungen in beiden Beinen und ist seit einem halben Jahr arbeitsunfähig. Er sagt: „Ich weiß nicht, was ich bei Ihnen soll!" Ich sage: „Ich weiß es auch nicht. Aber wenn Sie möchten, können wir uns auf die gemeinsame Suche begeben, was die Lähmungen ausgelöst haben könnte. Beide wollen wir uns fragen, was Sie *vielleicht* mit Lähmungen sagen wollen. Ich weiß es nicht, aber es ist möglich." Er schaute sehr fragend und zweifelnd. Seine Lähmungen hält er für eine organische Krankheit und ist bestenfalls bereit, sie als „Strafe Gottes" zu interpretieren. Daß der Arzt keinen Organbefund erkannt hat, deutet er als ärztliches Versagen.

Ich möchte an dieser Stelle noch einmal deutlich machen: Lähmungen, psychogene Lähmungen in beiden Beinen, sind ein *Symptom*. Wir haben schon einige Male betont: Symptome sind Krankheitsanzeichen, aber nicht die Krankheit selbst. Symptome weisen auf tieferliegende Störungen hin, sie zeigen uns wie ein Barometer,

... im Inneren stimmt etwas nicht,
... im Zentrum der Persönlichkeit läuft etwas schief,
... auch im Glaubensleben liegt eine Störung vor.

Der Psychiater Dr. Samuel Pfeifer kennzeichnet das Krankheitsbild so:

„Hysterische Personen leiden oft unter erhöhten Erwartungen an sich selbst und an ihren Partner ... Selten kommt es zu sogenannten Konversionssymptomen: Die Betroffenen drücken ihre innere Hilflosigkeit beispielsweise dadurch aus, daß sie eine Lähmung der Beine entwickeln, die sich organisch nicht erklären läßt. In diesen Fällen spricht man von einer hysterischen Neurose im engeren Sinne."[78]

Erwin Wexberg macht noch deutlicher den unbewußten „Krankheitsgewinn" der hysterischen Lähmung klar:

„Was man übereingekommen ist, *Hysterie* zu nennen, ist vor allem durch das Auftreten grober körperlicher Erscheinungen gekennzeichnet, die auf den ersten Blick, insbesondere für den Laien, als ernste Krankheitserscheinungen imponieren ... Alle Lähmungserscheinungen der Hysterie, Ohnmachtsanfälle, Unbeweglichkeit der Gliedmaßen, Sprachverlust, hysterische Blindheit, Taubheit usw. führt nun *Kretschmer* auf jenen primitiven Totstell-Reflex zurück und betrachtet als das Charakteristische der Hysterie eben dieses Zurückgreifen auf ganz primitive Mechanismen ... Sie stellen (die hysterischen Lähmungen) Versuche dar, aus einer Minderwertigkeitsposition zum Gefühl der Geltung zu gelangen, den Entscheidungen, Aufgaben des Lebens, die man fürchtet, auszuweichen, die Umgebung unter Wahrung der Unverantwortlichkeit des Krankseins zu beherrschen."[79]

Der Ratsuchende ist ca. 45 Jahre alt, verheiratet, hat drei Kinder und ist als leitender Angestellter bei einem Großunternehmen beschäftigt. Ihm untersteht ein wichtiger Arbeitsabschnitt, der für alle Bürger der Stadt lebensnotwendig ist. Eines Tages fällt in einem Stadtteil etwas Entscheidendes aus. Die Bürger sind empört, und das Großunternehmen gerät in Panik. Der Verantwortliche, dieser Mann, wird als erster zur Rechenschaft gezogen. Ihm wird die Schuld angelastet. Die Direktion, bei der er vorher hoch im Kurs stand, greift ihn persönlich an. Er fühlt sich unschuldig beschuldigt. Er fühlt sich zutiefst gekränkt und sagt in tiefer Bitterkeit zu sich: „So geht das nicht weiter." In äußerlicher Pflichterfüllung geht er weiter zur Firma, aber seine Beine knicken um. Der Körper verwehrt ihm den Dienst. Er kann nicht mehr gehen.

Er ist wie gelähmt, nein, er *ist* gelähmt.

Die amerikanischen Therapeuten Bateson und Jackson sind der klaren Überzeugung: „Das rein verbale Kopfweh, das als konventionelle Entschuldigung für die Nichtausführung einer Aufgabe vorgeschützt wird, kann subjektiv wirklich werden und damit eine tatsächliche Intensität im Schmerzbereich erhalten."[80]

Der Hysteriker hat eine starke Einbildungskraft, daß der Körper mit Schmerzen, Lähmungen, Erbrechen usw. reagiert. Der Ratsuchende demonstriert unmißverständlich:

- *So geht es nicht,*
- *so darf es nicht gehen,*
- *so kann es nicht gehen,*
- *das laß ich mir nicht durchgehen,* eure unbewiesenen Vorwürfe haben mich *total gelähmt.*

Ich habe mit ihm eine Lebensstilanalyse gemacht. Sie lautet in Kurzfassung: „Ich bin perfekt und fehlerfrei. Als Christ muß ich in dieser Welt ein Vorbild sein. Überkorrektheit ist mein Markenzeichen. In 20 Jahren Tätigkeit ist mir noch kein schwerer Fehler unterlaufen. Das läßt mein Gewissen nicht zu. Ich bin übergewissenhaft, ich bin übersauber, ich bin übermoralisch. Ich darf keinen Fehler machen, Fehler stellen mich als Versager hin. Wenn ich Fehler mache, bin ich nichts wert.

Wenn ich Fehler mache, gelte ich nichts.

Wenn ich Fehler mache, ist mein Selbstwert in Frage gestellt."

Er ist Presbyter in einer Kirchengemeinde und nimmt sein Amt sehr ernst. Alle sechs Wochen muß er am Altar die Evangeliumslesung übernehmen. Den Text liest er mindestens zehnmal vorher durch, um ihn betont und fehlerfrei vorzutragen. Macht er doch einen Sprechfehler, ist er drei Tage ungenießbar. Er selbst kann sich den Fehler nicht verzeihen. Sein Körper reagiert mit Bluthochdruck. Nach außen hin ist er beherrscht und ruhig, aber innen „kocht" er.

Weil er Christ ist und nicht mit Worten und Werken rachsüchtig reagieren darf, reagiert der Körper mit Lähmungen. Er rächt sich unbewußt, weil er beschuldigt wird. Er flieht in die Krankheit, um zu verhindern, daß er bloßgestellt wird. Er geht nicht mehr, weil er sich tiefverletzt fühlt. Er geht der Verantwortung aus dem Wege – durch Lähmung. Die Krankheit wird zur *Ausrede* – und doch hat er sich die Krankheit nicht *bewußt* zugelegt,

– die Krankheit kam ihm wie gerufen,
– die Krankheit wird zur Rache,
– die Krankheit wird zum Alibi,
– die Krankheit wird zur Lebenslüge.

Die Krankheit erlaubte es ihm, bis er in die Seelsorge kam, ein sauberes Gewissen zu behalten. Die Krankheit erlaubte es ihm, seine Wut, seine Beleidigung, sein Gekränktsein zu leben. Die Krankheit erlaubte es ihm, die Firma zu bestrafen.

Es war ein *langwieriger Seelsorgeprozeß*, die unbewußten Ziele, diese unbewußten Reaktionsmuster herauszuarbeiten und ins Bewußtsein zu heben. Es war ein langwieriger Prozeß, die geistlichen Fehlhaltungen durchschaubar zu machen,

... seinen Perfektionismus,
... seine eingeredete Fehlerlosigkeit,
... sein neurotisches Vollkommenheitsstreben.

Eine wirkliche Buße und Gesinnungsänderung brachten eine Umkehr im Verhalten,
     erbrachten eine Kurskorrektur in der Familie,
     erbrachten eine Kurskorrektur in der Arbeitshaltung,
     erbrachten eine Kurskorrektur in seiner gesamten Persönlichkeit.

Deutlich wird:

... hinter vielen sogenannten „psychosomatischen Störungen"
können echte Glaubensprobleme deutlich werden;

... wir reden mit unseren Organen,

... wir benutzen *unbewußt wohlgemerkt* Funktionsstörungen
der Orange als Ausrede, als Alibi.

Denkanstoß Nr. 4:
Die Befreiung erfaßt in der Regel die ganze Person

Vers 5: „Darum entschloß ich mich, dir meine Verfehlungen zu
bekennen. Was ich getan habe, gestand ich dir; ich verschwieg
dir meine Schuld nicht länger. Und du – du hast mir alles vergeben" (Gute Nachricht). Wer Probleme mit sich und anderen
hat, wer von seelischen, körperlichen und zwischenmenschlichen Störungen befreit sein will, muß sich ernstlich entschließen, sein Tun zu hinterfragen. Dieser ehrliche Entschluß ist der
erste Schritt zur Befreiung und Vergebung. Kein Schuldbe-
kenntnis ohne Schulderkenntnis! Unser Herr vergibt uns alles,
darum müssen wir ihm auch *alles* bekennen.

Auch Seelsorger brauchen einen Seelsorger

Dieter Koller schiebt in seiner Psalmübertragung einen Satz ein,
der im Urtext nicht da steht:

„Ich suchte mir einen Menschen zur Aussprache." Wir alle
brauchen einen Seelsorger. Warum? – Weil wir betriebsblind
sind. Wir durchschauen in der Regel unsere Verhaltensmuster
nicht selbst. Jeder von uns ist so mit seinen Umgangseigenarten
verheiratet, daß uns die Augen gehalten sind, die fragwürdigen
Mechanismen zu durchschauen. Uns müssen die Augen von
anderen geöffnet werden. – Weil wir Seelsorge an uns selbst erfahren müssen.

Eduard Thurneysen hat recht, wenn er schreibt:

„Seelsorge beruht auf Demut. Und nichts ist im heilsameren Sinne demütigender für uns als ein Gang zu unserem eigenen Seelsorger. Wer erkannt hat, daß er selber auf dem letzten Loch pfeift, d. h. daß er selber immer neu der Gnade bedarf und von Gnade lebt und sich auf solche Gnade hinweisen lassen muß durch einen Bruder, dem er sich anvertraut, der wird dann auch andere recht trösten, lehren und ermahnen können."[81]

Wer anderen seelsorgerlich beisteht, muß selbst Seelsorge erfahren haben. Wer die Demut eines Ratsuchenden verstehen will, der den Mut hat, sein Versagen zu bekennen, muß selbst diese Demut gelebt haben. Wer anderen helfen will, muß selbst Hilfe in Anspruch genommen haben. Wer Betroffene trösten will, muß selbst Betroffener gewesen sein. Wer Beichte abnehmen will, muß selbst gebeichtet haben.

Vergebung bringt den Organismus in Ordnung

Vergebung im Namen Jesu ist ein heilsamer Prozeß, der den ganzen Menschen erneuert. Die ganze Person gesundet. Wer von Bitterkeit, von Haß und Depression befreit wird, erfährt eine Veränderung im Organismus. Es ist doch einleuchtend,

... wenn böse Gedanken, Wut und Ärger krank machen,
... wenn Haß und Unversöhnlichkeit die Seele aus dem Gleichgewicht bringen,
... wenn Neid, Ehrgeiz und Eifersucht die Lebenskraft ruinieren,

dann müssen gute Gedanken und Gefühle, positives Denken und eine geistliche Gesinnungsänderung für Leib und Seele heilsam sein.

Als ich vor Jahren noch Lektor im Aussaat-Verlag war, bekam ich eines Tages ein wunderbares Buch aus Amerika zugeschickt, das uns zur Übersetzung ins Deutsche angeboten wurde. Es ist ein aufregendes Buch und wurde inzwischen ein kleiner Bestseller im Verlag. Viele Auflagen hat es erlebt. Es trägt den verheißungsvollen Titel: „Vermeidbare Krankheiten" und ist von einem gläubigen Arzt geschrieben. Die ersten Zeilen des Vorwortes lauten: „Frieden bekommt man nicht durch Tabletten! Das ist bedauerlich, aber eine Erkenntnis der medizinischen Wissenschaft. Sie hat nachgewiesen, daß Gefühlsregungen, wie Furcht, Trauer, Neid, Ärger und Haß verantwortlich für die Mehrzahl aller Krankheiten sind – schätzungsweise für 60 von 100 Fällen.

Seelische Belastungen können hohen Blutdruck verursachen, toxische Kröpfe, Kopfschmerzen, Arthritis, Schlaganfall, Herzbeschwerden, Darmgeschwüre und andere ernsthafte Krankheiten, die gar nicht alle genannt werden können (. . .) Ich bin fest davon überzeugt, daß die meisten Leser interessiert sind, die biblischen Ratschläge kennenzulernen, die uns vor bestimmten Infektionskrankheiten, vor vielen tödlich verlaufenden Krebsleiden und der langen Liste der psychosomatischen (seelisch-leiblichen) Erkrankungen, die sich trotz aller Erfolge der modernen Medizin weiterhin ausbreiten, bewahren können."[82]

In den Sprüchen heißt es:

„Ein fröhliches Herz ist die beste Arznei. Ein betrübter Sinn aber dörrt den Leib aus" (Sprüche 17,22).

„Ein gelassenes Herz ist lebendige Kraft. Eifersucht ist wie Wurmfraß in den Knochen" (Sprüche 14,30).

„Ein freundliches Antlitz erfreut das Herz; eine gute Botschaft belebt das Gebein" (Sprüche 15,30).

Forschungen auf dem Gebiet der Immunologie haben deutlich gemacht:

– *Liebe* ist ein gewaltiger Kraftstrom,
– *Liebe* bewirkt chemische Prozesse, die lindern,
– *Liebe* stärkt das Immunsystem,
– *Liebe* regt die Produktion der weißen Blutkörperchen an.

Dieses Glück wird nicht nur in bestimmten Hirnregionen empfunden, wo das Glücksempfinden zentriert ist, sondern es strahlt in *alle* Bereiche unseres Lebens hinein. Wir singen beispielsweise: „Nun danket alle Gott, mit Herzen, Mund und Händen." Glück und Dankbarkeit erfassen jeden Zentimeter unseres Körpers. David hat es erfahren und in Worte gefaßt. So sieht Befreiung aus.

Wir alle brauchen immer wieder diese *Er*kenntnis und das *Be*kenntnis, vor unserem Herrn, vor den anderen und vor uns selbst schuldig geworden zu sein. Viele Symptome, die uns belasten, sind hausgemacht. Viele Symptome spiegeln ein ungeistliches Verhalten wider. Gott schenke uns – wie dem David – diese *Entschlossenheit,* unseren Widerstand, unsere Verdrängung und unser Verschweigen und unsere Selbstrechtfertigungen aufzugeben, damit wir froh werden, damit wir Wohlsein erleben und Glück für Leib und Seele erfahren.

Literaturangaben

1 *Das ärztliche Gespräch,* Tropon Arzneimittel, Köln 1967, Nr. 7, S. 76.
2 A.a.O., S. 80.
3 A.a.O., S. 81.
4 Klaus Thomas, *Eine falsche Frömmigkeit kann Christen krank machen,* Informationsdienst der Ev. Allianz, 7/1989, S. 17.
5 Hans Wulf, *Wege zur Seelsorge,* Neukirchener Verlag 1970, S. 141 f.
6 Heinz Zahrnt, *Warum ich glaube?,* Piper Verlag, München/Zürich 1977, S. 347.
7 Samuel Pfeifer, *Die Schwachen tragen,* Brunnen Verlag, Gießen 1988, S. 56.
8 A.a.O., S. 61.
9 Albert Ellis, *Die rational-emotive Therapie,* Pfeiffer Verlag, München 1977, S. 57.
10 A.a.O., S. 61.
11 Henry Jacoby, *Alfred Adlers Individualpsychologie,* Fischer Taschenbuch 1974, S. 70.
12 A.a.O., S. 70.
13 Samuel Pfeifer, *Der neurotische Mensch und seine Lebensnöte,* Seminarunterlagen Lundbeck Druck, Zürich 1990, S. 27.
14 Viktor E. Frankl, *Der unbewußte Gott,* Herder Verlag, S. 27.
15 J. H. Schultz, zitiert nach *"Psychologisches Wörterbuch"* Friedrich Dorsch, Richard Meiner, Hamburg/Huber Bern, 1963, S. 233.
16 William Glasser, *Realitätstherapie,* Beltz Verlag, Weinheim/Basel 1972, S. 24 f.
17 Hrsg. Albert Ellis/Russel Gringer, *Praxis der rational-emotiven Therapie,* Urban und Schwarzenberg 1979, S. 28 ff.
18 Erwin Scharrer, *Psychisches Fehlverhalten und die Heilung der Gottesbeziehung,* Francke-Buchhandlung, Marburg 1984, S. 56.
19 J. E. Adams, *Befreiende Seelsorge,* Brunnen Verlag, Gießen 1982, S. 26.
20 Paul Tournier, *Die Starken und die Schwachen,* Herder Verlag, Freiburg 1985, S. 170 ff.
21 Tilmann Moser, *Gottesvergiftung,* Frankfurt 1976.
22 Paul Schürrle, in: *Nicht vergeblich* (Gemeindetag unter dem Wort), Stuttgart 1985, S. 114 f.
23 Friedrich Wilhelm Förster, *Christus und das menschliche Leben,* Paulus Verlag, Recklinghausen 1953, S. 256 ff.
24 Aus: *Neukirchener Kalender 1991* (16. 2.), S. 61.
25 J. Eichler, Psyche und Kreuz, in: *Die Säule,* 1/1989, S. 10–12.
26 Hans-Dieter Kempf, *Die Rückenschule,* Rowohlt Verlag, Hamburg 1990, S. 63 f.

27 William Barclay, *Aus dem Wortschatz des Neuen Testamentes*, Verlagsverein Lebendiges Wort, Augsburg 1966, S. 36 f.

28 McMillen, *Vermeidbare Krankheiten*, Aussaat Verlag 1970, S. 140.

29 Frederic Vester, *Phänomen Streß*, DVA, Stuttgart 1976, S. 96.

30 Amy Bjork Harris/Thomas A. Harris, *Einmal O.K. – immer O.K.*, Rowohlt Verlag, Hamburg 1990, S. 89.

31 A.a.O., S. 349.

32 Willi Hoffsümmer, *Kurzgeschichten 2*, Grünewaldverlag, 1. und 2. Teil.

33 Helmut Thielicke, *Wie die Welt begann*, Quell Verlag, Stuttgart, 1963, S. 233 ff.

34 Bernhard Shulman, *Individualpsychologische Schizophreniebehandlung*, Ernst Reinhard Verlag, München/Basel 1980, S. 33 ff.

35 A.a.O., S. 39.

36 A.a.O., S. 40.

37 Oswald Chambers, *Mein Äußerstes für sein Höchstes*, Berchtold Haller Verlag, Bern 1981, S. 237.

38 Alfred Adler, *Neurosen*, Fischer Taschenbuch, Frankfurt 1981, S. 71.

39 William Backus/Marie Chaplan, *Befreiende Wahrheit*, Projektion J Verlag Hochheim / Main 1980, S. 23.

40 Josef Rattner, *Psychosomatische Medizin heute*, Fischer Taschenbuch, Frankfurt 1977, S. 114 f.

41 Hilde Bruch, *Der goldene Käfig*, Fischer Taschenbuch, Frankfurt 1989, S. 44.

42 A.a.O., S. 100.

43 Gerhard v. Rad, *Das Alte Testament* Deutsch, Das erste Buch Mose, Vandenhoeck und Ruprecht, Göttingen 1953, S. 65.

44 Aus: *Technics for behavior change*, von Arthur G. Nickelly, Springfield 1971, übersetzt von Regula Jensen, Heidelberg.

45 Horst E. Richter, *Der Gotteskomplex*, Rowohlt Verlag Hamburg, 1990, S. 5 f.

46 Aufwärts, 9/1989.

47 Rolf Kaufmann, *Die Krise des Tüchtigen*, Walter Verlag, Olten/Freiburg 1983.

48 A.a.O., S. 123.

49 Alfred Adler, *Praxis und Theorie der Individualpsychologie*, J. F. Bergmann, München 1927, S. 148.

50 Aus: *DSM III-R, Diagnostische Kriterien und Differentialdiagnosen*, Beltz Verlag, Weinheim/Basel 1989, S. 284 f.

51 Heinz L. Ansbacher/Rowena R. Ansbacher, *Alfred Adlers Individualpsychologie*, Ernst Reinhardt Verlag, München/Basel 1972, S. 226.

52 Erwin Wexberg, *Individualpsychologie*, Wissenschaftliche Buchgemeinschaft, Darmstadt 1969, S. 258 f.

53 A.a.O., S. 25

54 Viktor E. Frankl, *Das Menschenbild der Seelenheilkunde*, Hippokrates Verlag, Stuttgart 1959, S. 36 f.

55 Elisabeth Lukas, *Von der Tiefen- zur Höhenpsychologie*, Herder Verlag, Freiburg 1983, S. 274.

56 A.a.O., S. 275 f.

57 Paul Tournier, *Antwort, die das Leben gibt*, Herder Verlag, Freiburg 1987, S. 36.

58 A.a.O., S. 40.

59 A.a.O., S. 34.

60 Christoph Blumhardt, *Gedanken aus dem Reich Gottes*, Harder I., 1885, S. 146.

61 Jörg Müller, *Und heilt alle deine Gebrechen*, J. F. Steinkopf Verlag, Stuttgart 1989, S. 18.

62 A.a.O., S. 19.

63 Aus: *Neukirchener Kalender*, 14. 1. 1991, Übersetzung des Psalms von Jörg Zink.

64 Amy Bjork Harris/Thomas A. Harris, *Einmal o. k. – immer o. k.*, Rowohlt Verlag, Hamburg 1990, S. 113.

65 A.a.O., S. 303.

66 Ernest Borneman, *Lexikon der Liebe*, List Verlag, München 1968, S. 57 f.

67 A.a.O., S. 390.

68 Klaus Thomas, a.a.O., S. 27 f.

69 Hans Seleye/Fred Kerner, *Streß bedroht das Herz*, Goldmann Verlag, München 1973, S. 51 f.

70 Thore v. Uexküll, *Grundfragen der psychosomatischen Medizin*, 1963, S. 73 f.

71 Jürg Willi, *Koevolution*, Rowohlt Verlag, Hamburg 1985, S. 29 f.

72 Aus: *„Was die Seele krank macht"*, Stern 48/1989, S. 106.

73 Dieter Koller, *Laß dir diesen Psalm gefallen*, Claudius Verlag, München 1986, S. 34 f.

74 Fritz Künkel, *Die Arbeit am Charakter*, Friedrich Bahn Verlag, Konstanz 1964, S. 149.

75 Hermann Betz, in: *Der Gärtner*, 8/1988.

76 Fritz Künkel, *Einführung in die Charakterkunde*, S. Hirzel Verlag, Stuttgart 1962, S. 4 f.

77 Aus: *Psychologie heute*, Rolf Degen, *Wer nicht darüber spricht, zerbricht*, 2/1986, S. 18 f.

78 S. Pfeifer, a.a.O., S. 88.

79 Erwin Wexberg, a.a.O., S. 251 f.

80 Paul Watzlawik/Janet H. Beavin/Don D. Jackson, *Menschliche Kommunikation*, Verlag Hans Huber, Bern/Stuttgart/Wien 1974, S. 102.

81 Eduard Thurneysen, *Die Lehre von der Seelsorge*, 1946, S. 318.

82 McMillen, a.a.O., S. 4 f.

Stichwortverzeichnis

Reinhold Ruthe

Mimosen und Dickhäuter

Formen der Partnerschaft
Paperback, 140 Seiten, Bestell-Nr. 55755

Ruthe behandelt hier Konflikte, Machtkämpfe und Partnerschaftsstörungen und bietet konkrete Hilfen an.

Sieben Fragen, die uns plagen

Paperback, 140 Seiten, Bestell-Nr. 55786

Hinweise aus Ruthes Beratungspraxis zur Lösung der sieben Grundfragen des Lebens: Angenommensein, Angst, Leiden, Schuld, Sinn des Lebens, Depression und Sterben.

Reinhold Ruthe
Das Ehebuch
Wege zu
partnerschaftlicher
Sexualität

Brendow Ratgeber

Paperback, 176 Seiten,
Bestell-Nr. 57169

Die Sexualität ist für viele Menschen mit zahlreichen Tabus behaftet. Ruthe beschreibt hier offen und verständlich Probleme, die auftreten können, und will konkrete Hilfestellungen geben.

Brendow Ratgeber